日本学研究

郭连友 主编

北京日本学研究中心、教育部国别和区域研究基地日本研究中心

33

第33辑

社会科学文献出版社
SOCIAL SCIENCES ACADEMIC PRESS (CHINA)

《日本学研究》编委会

学术顾问：

曹大峰	当作靖彦〔美国〕	姜跃春
李康民〔韩国〕	笠原清志〔日本〕	刘建辉
刘晓峰	柳川隆〔日本〕	小峰和明〔日本〕
修　刚	徐一平	严安生
于乃明	园田茂人〔日本〕	张季风
周异夫		

主编：

郭连友

副主编：

宋金文　丁红卫

编辑委员会：

陈冬妹	丁红卫	房　迪	费晓东	葛东升	龚　颖	郭连友
孔繁志	林　洪	林　璋	刘川菡	马　骏	倪月菊	潘　蕾
谯　燕	秦　刚	宋金文	王　成	王　青	王　伟	王中忱
武　萌	毋育新	徐　滔	姚逸苇	张龙妹	张彦丽	周维宏
朱桂荣	朱京伟					

编辑部：

主任：潘　蕾

成员：武　萌　樊姗姗

目　录

特别约稿

夹在日本与中国之间的在日华人移民第二代
　　对"中国崛起"的评价及其特征 …… 〔日〕园田茂人 著　严立君 译 / 3
绘画史料的解读方法
　　——肖像画的胡须与年龄 ………… 〔日〕黑田智 著　赵小菁 译 / 23
德川体制与儒教的关系
　　——基于津田学说与丸山学说之比较
　　　　　　……………… 〔日〕平石直昭 著　张厚泉 译 / 38
"柿柿如意"与"涩味"之别
　　——中日有关柿子的不同艺术审美取径 ………… 李雪涛 / 46

日本语言与教育

语篇理论视域下日语论元语序的制约机制及翻译原则 ………… 陈燕青 / 63
概念隐喻视域下视觉虚拟位移表达的日汉对比研究 ………… 韩　涛 / 77
跨语言视域下日语塞音感知与生成界面的动态发展 ………… 刘佳琦 / 90
汉日被动句式在从属小句中的使用倾向及其原因探讨
　　——基于口语语料的定量调查 …… 陈冬妹　〔日〕古贺悠太郎 / 105
关于日语教科书的文化呈现研究 ………………………… 朱桂荣 / 122

日本文学与文化

《本朝一人一首》再考 ……………………………………… 陈可冉 / 145

村上春树文学中的父亲意象与历史认识
　　——从《弃猫》一文谈起 …………………………… 张小玲 / 156
平安时代内侍所镜烧损事件的思想史考察 ………………… 刘琳琳 / 169
贵族·私学·贡举
　　——以菅原氏为核心的日本"科举学"一瞥 …………… 梁　青 / 183
儒学日本化的一个典型
　　——以古学对《孟子》评价的分歧为中心 ……………… 张晓明 / 196
论民国学人的中日关系史研究
　　——以史学家陈乐素为中心 ……………………………… 李　炜 / 208

书　评

谁能摹画出时代的空气？
　　——严安生《陶晶孙坎坷的生涯——另一类型的中国人留学
　　精神史》读后 ……………………………………………… 刘晓峰 / 223
汉字：文言的互化与他者的意义 ………………………………… 顾　春 / 227
《朱子家礼》在近世日本的接受与实践
　　——评田世民《近世日本儒礼实践的研究》 …………… 周　江 / 235

《日本学研究》征稿说明 ……………………………………………… 244
《日本学研究》稿件撰写体例要求 …………………………………… 246

特别约稿

夹在日本与中国之间的在日华人移民第二代对"中国崛起"的评价及其特征[*]

〔日〕园田茂人 著[**]　严立君 译[***]

【摘　要】20世纪90年代从中国到日本的移民人数急剧增加，现在其第二代已陆续结束高等教育，进入劳动市场。这一代人在青春期经历了中日政治关系紧张时期，其中一部分人取得日本国籍，另一部分则保留了中国国籍，生活在日本。

本文以就读于东京大学、1991年后出生的在日华人移民第二代为焦点，分析他们如何看待"中国崛起"、如何评价其与自身人生的结合。许多研究集中于第二代在日本的文化适应、语言学习、身份认同等微观方面，本文旨在通过将他们对中国的评价与中国学生和日本学生进行对比，考察他们的特点，从而开启新的研究领域。

考察采用问卷调查法，将30名被访者的回答记录与以中国和日本学生为对象的亚洲学生调查结果（2018~2019）进行比较。结果发现，即便针对同样的中国崛起，他们关于经济和政治的评价呈现不同态势；而在中日两国间存在巨大评价差异的政治方面，也同样存在分歧。

【关键词】在日华人移民　第二代　中国崛起　中日比较　政经分离

---

[*] 感谢各位抽出宝贵时间协助问卷调查的同学。另外，本文执笔时，受到科学研究费基础研究（B）"中国崛起的国际心理：以亚太地区后冷战时代的中国认识为中心"（课题编号19H0447）的财政支持。

[**] 园田茂人，东京大学东洋文化研究所教授、副所长，北京日本学研究中心日方主任教授。

[***] 严立君，北京外国语大学国际新闻与传播学院博士研究生。

序　言

2019 年 4 月，日本开始实施修订后的入管法（根据《出入境管理及难民认定法及法务省设立法部分修改法》修订后的《出入境管理及难民认定法》），其中，特殊技能制度被正式引入。这说明一直未被正式承认的从事单纯劳动的外国劳动者的接受问题[①]，自此由日本政府掌控。

在此之前，日本已有大量移民。2018 年 12 月，日本在留外国人总数为 342.3060 万人，其中中国籍 95.8257 万人，占总数的 28%。中国是日本最大的移民来源国。事实上，永住者（在留无期限，无须更新在留资格的外籍居民）26.0963 万人（占总数的 33.8%），拥有日本人配偶的 2.9501 万人（占总数的 25.6%），拥有永住者配偶的 1.5592 万人（占总数的 41.0%），华人移民在各范畴均人数最多。且，如果包含取得日本国籍的人在内，可以说数量相当大。

中国成为日本最大的移民来源国，并非久远之事。战后很长一段时间内，韩国、朝鲜籍移民占压倒性比例，之后这种态势逐渐下降，1990 年代以后中国籍移民数量急速增加，2009 年则超过韩国籍、朝鲜籍。此后 12 年来，中国一直是日本最大的移民来源国（参见图 1）。

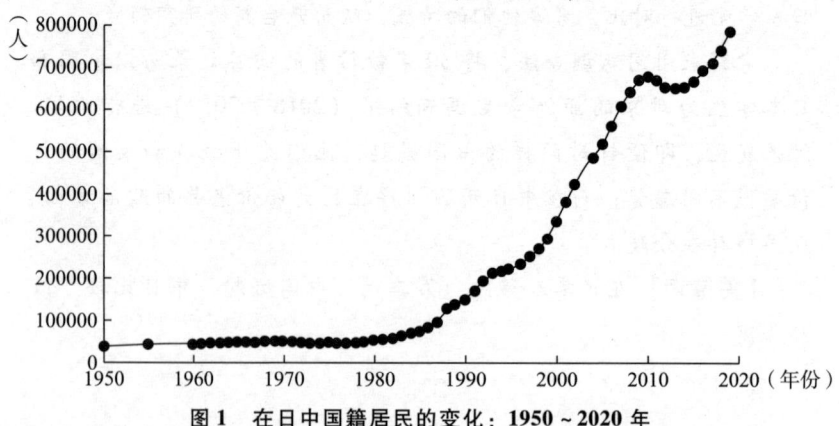

图 1　在日中国籍居民的变化：1950～2020 年

说明：据出入境在留管理厅主页 http://www.moj.go.jp/isa/policies/statistics/toukei_ichiran_touroku.html 等制图。

---

① 〔日〕早川智津子：「外国人労働者をめぐる政策課題―労働法の観点から」，『日本労働研究雑誌』第 715 号，2020。

夹在日本与中国之间的在日华人移民第二代对"中国崛起"的评价及其特征

近年来，1990年代移居日本的华人第二代（本文将其定义为冷战结束的1991年以后出生、调研时在上大学的学生，父母双方或一方在日本拥有永住权，本人至少在日本接受中等教育以后的人）接受高等教育，陆续进入劳动市场。也有已到适婚年龄、考虑选择配偶的，他们同样也是研究的对象①。

笔者执教于东京大学，也切身感受到在日华人移民第二代很多进入大学这一事实。如中日学生会议、京论坛等②，这些以中日交流为目的的学生社团里，有在日本长大的中国籍学生，他们发挥着领导作用。其中，多数人希望参加与中国大学的联合项目以及交换留学③。2017年4月在东京大学驹场校区举行的留学说明会上，笔者曾看到许多华人学生的母亲参加，现场她们利用LINE交换有关留学信息等。

这些华人移民第二代，他们在青春期经历了中日政治关系紧张时期，其中一部分人取得日本国籍，另一部分则保留了中国国籍，生活在日本。那么，他们是如何感受和评价中国的崛起呢？再者，他们是如何评价中国，并将其与自己的人生相结合呢？

本文旨在利用笔者独自进行的多个调查数据，回答这些问题。

一 调查设计

（一）相关先行研究及研究重要性

以在日华人移民为对象的社会学调查并不少。从之前奥田、田岛以东京接受和再生视角来研究中国改革开放后产生的人口迁移为课题的城市社会学研究④，到Liu-Farrer开展广泛调查的2000年后不断增加的通过留学和就业定居日

---

① 〔日〕坪田光平・劉麗鳳：「中国系移民第二世代の配偶者選択に関する定量分析—出身階層とエスニック・アイデンティティに注目した予備的検討—」，『技能科学研究』第36卷第3号，2019。
② 中日学生会议是1986年成立的学生组织，中日学生围绕特定主题，相互担任主持人定期召开会议（https://jcsc-japan.org/aboutus/）。京论坛是2005年成立、由北京大学和东京大学学生联合运营的论坛，与中日学生会议相比，参加条件严格（https://www.jingforum.org/）。
③ 在中国，有些大学不允许中国籍学生作为交换留学生，所以第二代学生不一定能利用交换留学计划。
④ 〔日〕奥田道大、〔日〕田嶋淳子：『池袋のアジア系外国人』，めこん，1991，以及奥田道大・田嶋淳子『新宿のアジア系外国人』めこん，1993。

本的华人移民的社会学移民研究[1]，再到牧野笃通过来日华人学生的留学动机变化解读中日关系变化的教育社会学研究[2]等，许多社会学家以在日存在感不断增强的华人移民为研究对象。然而，大多是以第一代移民为研究对象，而以作为其子女的第二代为研究对象的，只有上述坪田、刘关于配偶选择的研究[3]以及力图掌握其复杂身份认知的永井的研究[4]。至于在日华人的第二代研究，虽然围绕旧华侨（改革开放前来日定居的华人）和"中国归国者"（改革开放后才回到日本的归国者）的第二代研究数量庞大[5]，但由于难以被认定为研究对象，以其他在日华人移民第二代为对象的研究还是欠缺的。这些研究并不一定是以日本和中国的双边关系为研究范畴，而是以文化适应、语言学习、其独特的身份认知等微观方面作为研究兴趣点。

此外，围绕中国崛起的认知与评价的研究，近年来数据日益充实、呈盛行趋势。笔者也曾利用大规模的舆论调查数据，如进入中国市场的日韩商人[6]以及中国的邻国[7]，就世界各地[8]对中国崛起的评价进行了广泛的研

---

[1] Liu-Farrer, Gracia, 2009, "Educationally Channeled International Labor Mobility: Contemporary Student Migration from China to Japan," *International Migration Review*, 43（1）: 178 - 204; Liu-Farrer, Gracia, 2011, "Making Careers in the Occupational Niche: Chinese Students in Corporate Japan's Transnational Business," *Journal of Ethnic and Migration Studies*, 3（5）: 785 - 803; Liu-Farrer, Gracia, 2012, *Labour Migration from China to Japan: International Students, Transnational Migrants*, London: Routledge.

[2] 〔日〕牧野笃:「酒田短期大学，閉校す（2002年）—日中留学生交流秘史」，園田茂人編『日中関係史 1972 - 2012 Ⅲ 社会・文化』東京大学出版会，2012。

[3] 〔日〕坪田光平・劉麗鳳「中国系移民第二世代の配偶者選択に関する定量分析—出身階層とエスニック・アイデンティティに注目した予備的検討—」，『技能科学研究』第 36 卷第 3 号，2019。

[4] 〔日〕永井智香子:「『新華僑二世』のアイデンティティを探る」，『多文化関係学』第 12 号，2015。

[5] 〔日〕永井智香子:「中国帰国者の子弟のアイデンティティ形成に関する追跡調査—思春期に中国からやってきた子供たちの来日10年目と18年目のインタビューの記録—」，『長崎大学留学生センター紀要』第 14 号，2006。〔日〕大橋春美:「文化間移動とキャリア形成—中国帰国者二世という経験から—」，『異文化間教育』第 33 卷，2011。張玉玲:「ミクロな視点から見る在日華僑のアイデンティティの形成過程：二世，三世および『リターン者』のライフ・ヒストリーを通して—」，『国立民族学博物館研究報告』第 30 卷第 1 号，2005。

[6] 〔日〕園田茂人・蕭新煌編『チャイナ・リスクといかに向き合うか—日韓台の企業の挑戦』，東京大学出版会，2016。

[7] 〔日〕園田茂人/デヴィッド・S・G・グッドマン編『チャイナ・インパクト—近隣からみた「台頭」と「脅威」』，東京大学出版会，2018。

[8] 〔日〕園田茂人・謝宇編『世界の対中認識—データで探るその特徴と変化』，東京大学出版会，2021（計画）。

究，但彼时，考察对象并未包括本文所涉及的中国移民二代。

在这一意义上，本文开拓了新的研究领域，因此意义重大。

（二）以第二代为问卷调查对象

本文使用"澳日华人第二代意识调查"中的日本方面的数据。① 该调查为比较研究项目，调查对象为出生于冷战结束的1991年以后、现在悉尼大学或东京大学学习的学生，父母双方或一方在澳大利亚/日本拥有永住权，本人至少在澳大利亚/日本接受过中等教育。样本数量为30，男女各占一半。

实际调查是在2018年8月9日至2019年10月30日间进行的，最初是以参加笔者主办的暑期活动的学生为对象，之后随着新合作者加入，研究对象也不断增加，采用了滚雪球式抽样。

采访时，笔者签订隐私保护协议，并在征得受访者同意后录音。首先，在询问出生年月日、出生地及成长环境、专业、大学/研究生入学前的简单经历和父母国籍、学历、职业等基本属性问题后，问询其与中国的接触点以及对中国崛起的意见和态度。

表1 受访者一览

ID	性别	文理	采访日期	出生年	年级	来日年份	国籍
1	女	文科	2018年8月9日	1999	1	日本出生	中国
2	男	文科	2018年8月20日	1997	3	1998	中国
3	女	理科	2018年8月20日	1999	1	日本出生	中国
4	男	文科	2018年8月20日	1998	2	日本出生	中国
5	女	文科	2018年8月21日	1998	2	2008	中国
6	男	理科	2018年8月22日	2000	1	日本出生	中国
7	女	文科	2018年8月28日	1997	3	日本出生	日本
8	女	文科	2018年9月11日	1997	3	日本出生	中国
9	男	理科	2018年10月2日	1999	1	日本出生	中国
10	女	文科	2018年10月9日	1999	1	2004	中国
11	女	文科	2018年10月10日	1997	3	2000	中国
12	男	理科	2018年10月10日	2000	1	日本出生	中国

---

① 澳大利亚的调查伙伴是悉尼大学的陈明璐博士。日澳双方数据的比较分析正在进行，近期将出版。

续表

ID	性别	文理	采访日期	出生年	年级	来日年份	国籍
13	男	理科	2018年10月11日	1998	2	日本出生	中国
14	女	文科	2018年10月12日	1996	4	2002	中国
15	女	文科	2018年10月17日	1999	2	日本出生	日本
16	女	文科	2018年10月25日	1999	1	日本出生	日本
17	女	文科	2018年11月5日	1996	4	日本出生	中国
18	男	文科	2018年11月7日	1999	1	日本出生	中国
19	男	文科	2018年11月21日	1996	4	日本出生	日本
20	女	文科	2018年12月8日	1999	1	日本出生	日本
21	男	理科	2018年12月19日	1996	4	日本出生	中国
22	男	理科	2018年12月20日	1998	3	日本出生	中国
23	男	理科	2018年12月27日	1996	4	日本出生	中国
24	男	理科	2018年12月27日	1996	4	日本出生	中国
25	女	文科	2019年1月10日	1996	4	日本出生	日本
26	男	文科	2019年2月25日	1998	3	日本出生	日本
27	男	文科	2019年10月8日	1995	研究生2年	日本出生	日本
28	女	理科	2019年10月11日	2001	1	日本出生	中国
29	女	理科	2019年10月24日	1995	研究生2年	日本出生	中国
30	男	理科	2019年10月30日	2001	1	日本出生	日本

和一般东京大学的学生一样，受访者的父母学历非常高，父亲是本科毕业的12名（其中日本大学本科毕业的5名），研究生毕业的17名（其中日本研究生院毕业的12名），母亲是本科毕业的17名（其中日本大学本科毕业的5名），研究生毕业的5名（其中日本研究生院毕业的4名），从中国整体学历情况来看，该群体的父母拥有极高学历。另外，共计60名父母的出生地中，上海较多，为11名，其他北至黑龙江省，南到福建省，分布广泛。

有关对"中国崛起"的评价，具体问题为：（1）回中国频率；（2）普通话水平；（3）是否同意有关"中国崛起"的一些看法及其原因；（4）听到"中国崛起"会联想到什么；（5）如何评价中日关系；（6）是否想回到中国从事工作或研究等。采访结果汇总成文字记录，超11万字。本文主要分析其中的（3）（4）（6），并根据需要提及（1）和（2）的调查结果。

（三）源于亚洲学生调查的中日比较

要理解评价特征，需有比较对象。因此，本文使用第 3 次亚洲学生调查中日本（2019 年）和中国（2018 年）的数据，与本次调查结果进行比较。事实上，第 2 次亚洲学生调查（2013 年）中也曾设置有关中国崛起的问题，但考虑到调查时间较远，只使用第 3 次调查数据。

第 3 次亚洲学生调查概要如表 2 所示。收集数据时，年级、性别、专业（文科还是理科）各占一半。①

表 2　第 3 次亚洲学生调查概要：日本和中国

国家	所在大学	调查日期	样本数量
日本	东京大学	2019 年 4 月 26 日 ~ 7 月 19 日	216
	早稻田大学		231
中国	北京大学	2018 年 9 月 15 日 ~ 12 月 12 日	207
	清华大学		203
	复旦大学	2018 年 9 月 18 日 ~ 10 月 1 日	216
	上海交通大学		245

亚洲学生调查中，设置了 10 个与中国崛起相关的问题，回答需从"1. 非常同意""2. 同意""3. 不同意""4. 非常不同意""5. 不知道"5 个选项中选择。本次问卷调查也采用完全相同的问题，以便于比较。②

本文采用了将定量数据和定性数据合用的混合研究法。

二　结果分析

以下分析中，首先展示中日学生及移民第二代的回答，引用第二代的回答理由等受访数据的同时，阐明其特征。引用数据时，标明受访者 ID，以及选择 5 个选项中的哪一个。

有关中国崛起的问题表述，大致分为经济和政治两类。如下所示，关

---

① 亚洲学生调查详情，请参阅〔日〕园田茂人：『アジアの国民感情』，東京：中公新書，2020，第 253 ~ 258 页。
② 无论问卷调查对象，还是亚洲学生调查对象，中日两国都是非常优秀的学生群体，很难代表全体学生。但是，从本文的比较目标来看，这种调查设计还是十分恰当的。

于经济方面的问题，总体上中日学生的评价差异较小，而第二代的回答，较中国学生有时则更为肯定。与此相对，在政治相关问题上，中日之间的意见差异很大，第二代的答案则具有中间特征，且呈分裂倾向。

（一）对经济的积极评价

（1）"中国崛起"是中国人民努力的结果吗？

很显然，"中国崛起"是经济快速增长的结果，那么，经济增长如何成为可能呢？问题设置为"'中国崛起'是中国人民努力的结果"，询问赞成与否。

图 2 显示中日学生和第二代的回答分布，从"1. 非常同意"和"2. 同意"的合计数值看，中日之间差异只有 17.7 个百分点。"1. 非常同意"的比例虽然差别较大，但总体上肯定意见占主体地位。

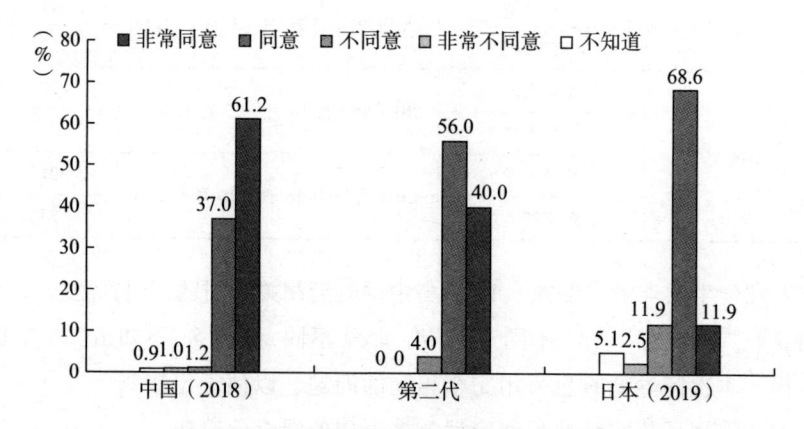

图 2 "中国崛起"是中国人民努力的结果

第二代的回答则处于中日之间，这是他们作为中国人的真实感受和通过家庭对中国的理解，与自身对日本作为外国在中国发展中起到政策引导作用以及外国资本的贡献作用做出肯定评价相结合的结果。从以下阐述中也可看出，这些因素并存于受访者陈述中。

> 没有中国人民的努力，就不会有中国的崛起。虽说外资做出了很大贡献，但利用它本身也是努力之一。也许会受到周边国家的影响，但中国人民的努力是不可或缺的。（ID 3：1）
> 因为父母经常这么说。虽然不知道因果关系，但发展的地方就有人努力，人努力的地方便有发展。包括政策制定者在内都是中国人，所以即便承认政策引导的重要性，中国人民的努力也是很重要的，这

一点是不会变的。(ID 11：1)

父母小时候很穷,到国外打拼才过上了现在的生活。近30年来,像父母这样的情况应该很多。不过,考虑到国际形势不错、人口众多等因素,不能说中国发展是100%努力的结果。这种问题,无论如何都要从身边的事例来判断。(ID 19：2)

在国家发展进程中,需要人民努力是很自然的。与其说中国人特别勤奋,倒不如说发展过程中努力是不可缺少的。中国人的努力,回老家时也能真实感受到。(ID 23：2)

如果重视政策引导和外国资本贡献等后一个因素的话,很容易对这些表述产生怀疑,日本学生回答"3.不同意"的占11.9%也是因为这一原因。第二代回答"3.不同意"的只有1人,但如下所示认为是政策、体制上的原因,而非否定人民努力本身。

我认为,现在中国的发展,例如房价走高等,与其说是个人的努力,不如说是由于国家政策和政府动向。(ID 1：3)

(2) 对"中国崛起"带来机会的肯定

中国的经济增长是否惠及自身,中日之间的分歧还是比较大的(参照图3)。赞成"'中国崛起'给我们带来很多机会"的中国学生占98.8%,接近100%。相较于此,赞成这一说法的日本学生占48.6%,不足半数。这是因为多数希望就职于日本企业的日本学生认为,中国的崛起在促进中国企业成长的同时,也削弱了日本企业的相对优势。[①]

不过,就这一问题,很多受访者会问:"我们是谁?"由于定义一旦改变,回答也会随之改变,笔者对此类疑问一律解答为"希望自己决定"。多数人理解"我们"是生活在日本的中国学生,其结果是,比起日本学生,回答更接近中国学生。当然,也有人用接近日本学生的视角做出判断,此种情形下,会听到"如果输给中国企业,就无法在世界市场上立足"诸如此类苛责日本企业的评价。

---

① 〔日〕園田茂人:「中国台頭の国際心理―アジア域内の温度差をめぐって―」,『社会学評論』第70巻(第3期),2019。

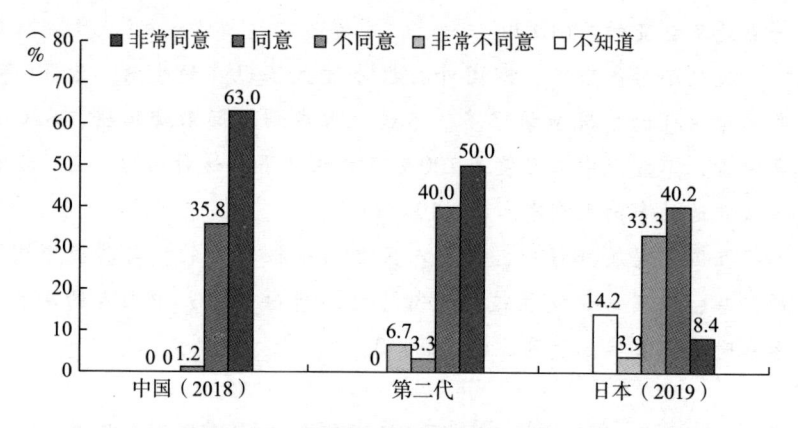

图3 "中国崛起"给我们带来很多机会

随着中国的崛起，经济交流增加，这会产生很多机会。像我们这种会说中文的人，机会只会增加，因此并不认为这是一种危机。（ID 10：1）

中国的经济增长确实刺激了全球购买力，增加了人与人之间的接触，从拓展商业可能性意义上而言，机会明显增加了。一直以来，日本处于领先地位，如果没有中国的"威胁"，日本会失去危机意识。因此应该趁此机会，掌握新的东西，从而保持继续领跑。（ID 16：1）

日本也因游客爆买而获利，中国巨大的市场对日本企业来说是巨大商机。但对于打算留在日本国内的人来说，可能会面临产业空洞化危机。（ID 15：2）

（3）对说中文的人增加的肯定

认为中国经济增长带来很多机会，是出于一种判断，即自身中文能力以及对中国的认知、亲近感可作为资源加以利用。有趣的是，关于说中文的人的增加，日本学生比中国学生赞成的比例高，而第二代则比日本学生还要肯定，"1. 非常同意"超过半数（参照图4）。

第二代的这种肯定，除自身具备中文能力外，还通过观察周围日本学生得到加强。以下阐述，即为典型说法。

日常生活中，也感受到讲中文的人的增加。姑且不论选择中文的学生能不能学透彻，选择中文的人确实在增加，这也是因为商务中文的实用性提高了。当然英文也在普及，但这和讲中文的人的增加并不

矛盾，应该理解为在中国会中文非常有利。自动翻译机无法克服细小的商务问题，有些地方不得不依靠人。（ID 6：1）

因为自己周围学中文的日本学生很多。虽说中国的知识分子会说英语，但一般人并不会。没有高学历的人同样也活跃在商务活动中，和他们对话就需用中文。因此，出于商务目的而说中文的人确实增加了。（ID 17：1）

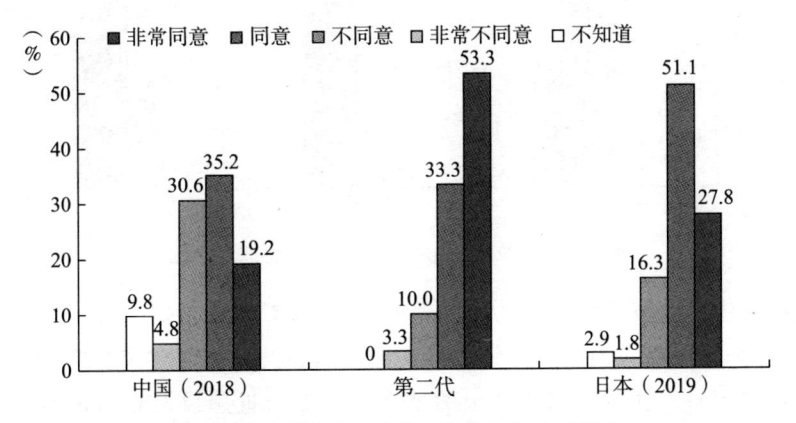

图 4　随着"中国崛起"，说中文的人将增加

不过，也有人认为英语今后仍将继续作为商务语言保持其功能性，因对重要性的理解不同，回答也会因人而异。也有人认为，随着ICT的发展，自动翻译成为可能，随着与语言运用相关环境的变化，中文能力将不再被需要，但这种说法仅占一成左右。

全球希望了解中国的需求不断增加，实际沟通不能依靠机器，通晓语言很重要。从这一意义上来说，说中文的人确实增加了。我对AI很感兴趣，但AI也只不过是工具罢了。（ID 9：2）

在中国，由于独生子女政策，人口不断减少。优秀的中国学生在好的企业普遍使用英语，因为受过的教育就是认为英语很重要，所以最终不还是要说英语吗。（ID 28：3）

（4）在对亚洲的影响方面，中国将取代美国

对讲中文的人的增加的肯定，与对中国在亚洲范围内存在感的增强和影响力上升的肯定是一致的。

调查进行时正值中美摩擦，围绕会给亚洲带来怎样的结果，我们进行了多番讨论。中日学生，对于未来中美在亚洲的影响力变化，意见也有分歧（参照图5）。

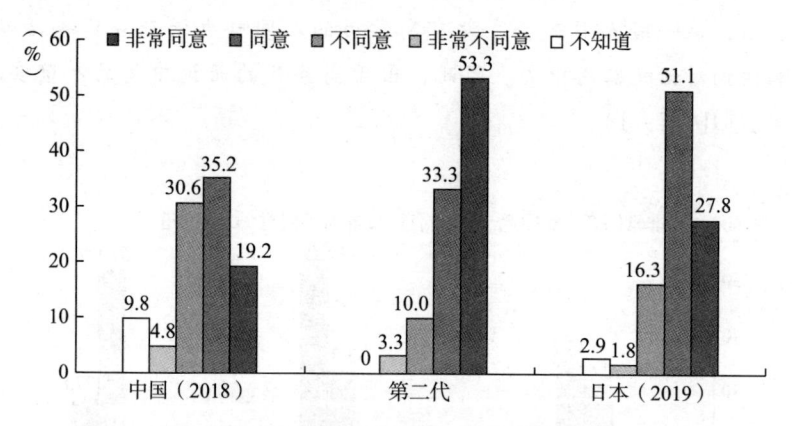

图 5　在对亚洲的影响方面，中国将取代美国

第二代对中国经济影响力增加和中文需求扩大持肯定态度，因此回答"在对亚洲的影响方面，中国将取代美国"时，与中国学生和日本学生同样呈现肯定倾向。这与亚洲和中国的地缘、历史亲近感以及自身的日本经历有关。

虽然不像日本和韩国深受美国影响一样，但在东南亚，中国的影响力已经相当大了。我个人想去美国，所以不否定美国的影响力，但在经济实力上中国力量已不容小觑。（ID 13：1）

这里的亚洲让我想到的是东亚。英语今后也还是会有很多人讲，从历史潮流来看是必然的，但这与美国影响力的衰退无关。中国超过美国的影响力是必然的，中美"只有并存"这种观点，目光短浅。（ID 24：1）

和美国相比，中国在地理上处于亚洲，与朝鲜等接壤。从地理环境来看，中国的影响变大也是自然而然的。话虽如此，能否取代美国还有些犹豫，所以选择了2而不是1。（ID 22：2）

我认为近十年来，特别是对日本，中国的文化影响确实在变大。（ID 25：2）

关于中美贸易摩擦的不同观点，这也是基于其自身在日本的经历。说起来，美国和中国并非争夺同样的影响力，如果必须在中美间选边，日本

夹在日本与中国之间的在日华人移民第二代对"中国崛起"的评价及其特征

必然选择美国。

  日本要维持与美国的关系,那么中美关系当然会紧张,中国很难取代美国。(ID 4:3)
  中国本来就位于亚洲,与美国影响力的性质不同。日本也有将中国视为大国而建立外交关系的历史渊源。如果立足于这样的历史,那么"取代美国"的说法是不恰当的。(ID 30:3)

(二) 有关政治方面意见的分裂

(1) 围绕政治不稳定的各种意见

  一国在在亚洲的影响力,不仅与经济相关,还与政治、文化、移民等各种因素相关,因此很难做出判断,特别是政治因素,由于没有亲身经验,所以受访者需要根据该地区的媒体报道、朋友和亲属交流、课堂话题等做出判断。经济上,可以根据自身环境以及中国亲属的情况来判断,但政治感受困难,意见容易出现分歧。

  围绕"尽管经济高速增长,但中国政治不稳定"这一问题,中国学生赞成的占23.0%,而日本学生赞成的达到74.5%,两者之间有50个百分点以上的差异(参照图6)。在日本,2000年以后,各种"中国崩溃论"甚嚣尘上①,

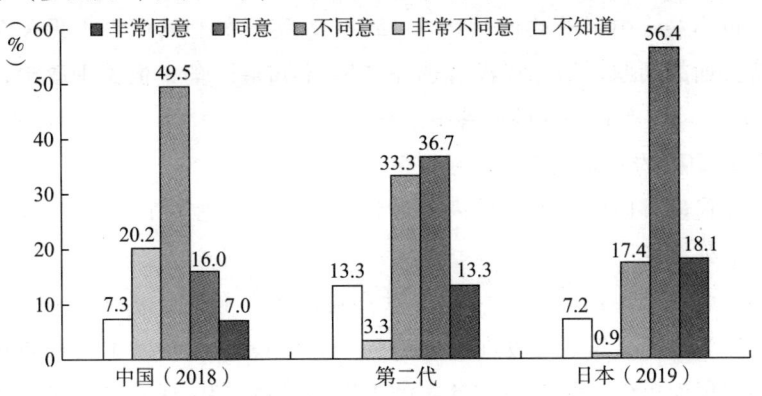

图6 尽管经济高速增长,但中国政治不稳定

中国(2018): 非常同意 7.3, 同意 20.2, 不同意 49.5, 非常不同意 16.0, 不知道 7.0
第二代: 13.3, 3.3, 33.3, 36.7, 13.3
日本(2019): 7.2, 0.9, 17.4, 56.4, 18.1

---

① 〔日〕園田茂人:「中国台頭の国際心理—アジア域内の温度差をめぐって—」,『社会学評論』第70卷(第3期),2019。

这也可以充分理解为何多数日本学生相信中国政治不稳定。

而第二代赞成这一表述的人，大多对日本的媒体报道框架具有亲近感，以下是代表性评价。

>媒体报道说中国各地经济开发，结果是到处鬼城，这也是过度干预经济造成的，国家投入救助金等，市场原理无法充分发挥。（ID 12：1）
>
>我觉得中国的政治虽然不稳定，但还不至于崩溃。（ID 8：2）

与此相反，熟悉中国国情、常与中国国内亲属交流的人，对日本媒体报道框架持怀疑态度。

>确实，日本媒体有这种说法，但自己周围有在政府部门工作的人，感觉既无政治不稳定感，也无体制崩溃论。（ID 2：3）
>
>中国虽然有个别贪污案例，但总体而言政府能很好地治理国家，政策失误很少，很难想象人民的不安会爆发出来。因此，不认为政治不稳定。（ID 21：4）

这种对日本媒体报道框架的不同评价，与回答出现分歧以及"我不太了解，也不关心中国的政治（ID 9：5）"等漠不关心的回答不无关系。关于经济方面的问题，第二代没有选择"5. 不知道"的，但关于政治，如图7文所示，可以看到这样的回答。

（2）中国的发展威胁到国际秩序了吗？

第二代虽难以体会中国国内的政治稳定性，但较中国学生，他们更容易感受对外关系。

对于中美摩擦时使用的"国际秩序挑战者"议程，由于"国际秩序"的定义较为含糊，第二代较难做出回答。[①] 但如若从保护基本人权和知识产权等法律层面出发，想到国际秩序的人则会赞成（ID 18）"中国崛起威胁到世界秩序"，与此相反，联想到古代通商制度的人则呈反对倾向（ID 5 和

[①] 同样的倾向在日本学生中也可以看出。〔日〕園田茂人：「中国台頭の国際心理―アジア域内の温度差をめぐって―」,『社会学評論』第70卷（第3期），2019。

ID 7）。其结果是，与判断政治稳定性一样，第二代的回答居日本学生和中国学生的中间地带（参照图7）。

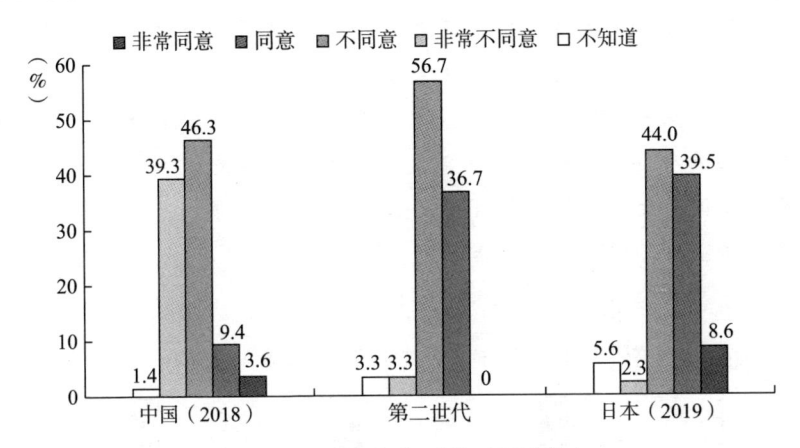

```
图例：■非常同意 ■同意 ■不同意 ■非常不同意 □不知道

中国（2018）：1.4, 39.3, 46.3, 9.4, 3.6
第二世代：3.3, 3.3, 56.7, 36.7, 0
日本（2019）：5.6, 2.3, 44.0, 39.5, 8.6
```

图 7 "中国崛起"威胁到国际秩序

美国似乎想从亚洲抽身，在这种情况下，中国的崛起似乎被特写了，有时感觉中国太有"攻击性"了，因此选择3而不是4。中国应该再下点功夫，努力让人看起来不那么带有攻击性。(ID 5：3)

中国并不谋求霸权，也没有把中国理论强加给其他国家，比如说领土问题，其背后原因很多，中国方面主张并不都是以自我为中心的。(ID 7：3)

（3）是否与亚洲保持和平关系

了解国际秩序实质非常困难，若提到和平，因可切身体会，则容易做出判断；但围绕今后是否保持和平关系，评价则因人而异。

中国虽公开主张"和平崛起"，但如同评价政治稳定性一样，第二代意见仍有分歧（参照图8），这源于中日间对中国对外行动评价的不同。

受访者判断中国保持和平的根据是：（1）至今没有发生军事对立；（2）在经济联系如此广泛的情况下，破坏和平对中国不利。与此相反，关心国际法和维护和平的学生则对中国的和平"崛起"进行批评（ID 20和ID 26）。

看现状就知道是和平的，与亚洲的关系也是以经济为中心，没有

政治干预。任何时代都有领土问题，无法理解这与中国崛起有何关系。（ID 10∶2）

不关心，说实话也不太清楚。我认为中国不会做出改变现状、与亚洲各国为敌的愚蠢行为，因此选2。（ID 27∶2）

在聚焦国际目光的时代，中方很难单方面做出进攻，但如果由于中国人进入当地，与当地社会发生摩擦，就不能说和平了。中国有时会把本国巨大的市场规模用于与周边国家的交涉中，这使得其对外态度变得强硬。（ID 20∶3）

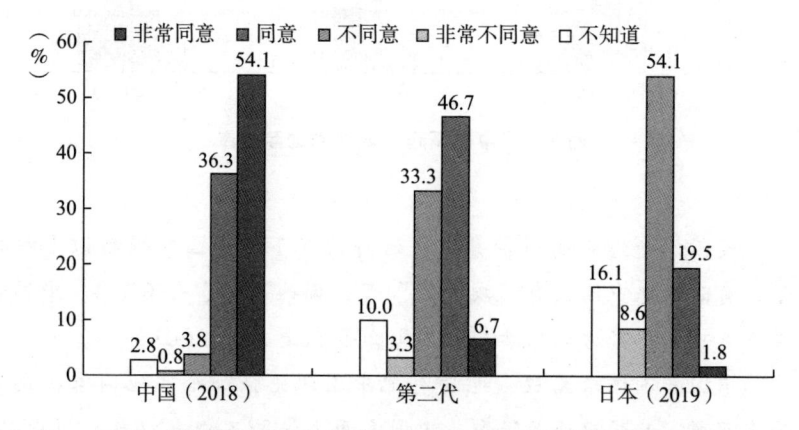

图8　崛起的同时，中国将继续保持和亚洲国家的和平关系

围绕"中国崛起"的政治性评价分歧，因受访者的国籍（是否归化到日本）、专业（是文科还是理科）不同而尚不明确。另外，对国内政治稳定性评价和对外行动评价没有产生联动。第二代根据各种信息来判断"中国崛起"，这使得结果产生内部温差。

（三）"中国崛起"被认为是经济发展

那么，听到"中国崛起"时会联想到什么呢。以自由回答形式进行提问时，77%的第二代回答是"经济发展（包括经济增长等类似表达）"，占压倒性优势（图9）。

"第一是经济增长。第二是以前优秀的人早早出国，现在不一定了。第三，中国人对海外的目光从仰视变为平视"（ID 14）或"经济持续增长"，"这种情况下，具体会联想到人均GDP和收入所得等"（ID 29）

这样的回答占主导地位，但问到这与自身有什么联系时，回答却是五花八门。

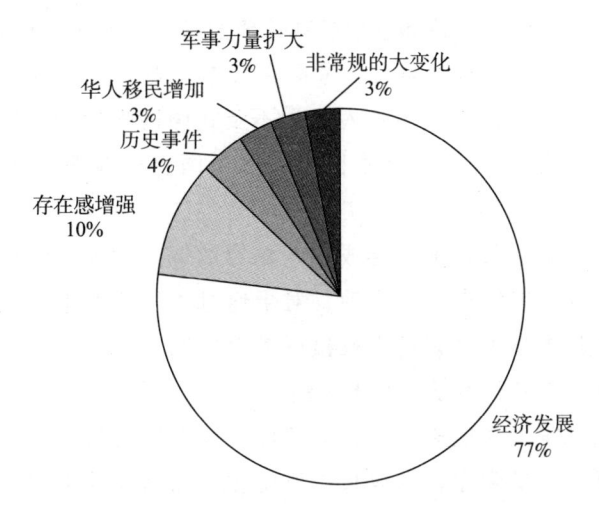

图 9 听到"中国崛起"会想到什么（自由回答）

ID 14 认为"对自己而言意味着机会"，而 ID 29 则评价为"只能说几乎没有关系"，差异巨大。"对于想学医的自己来说，并无直接关系"（ID 3）、"虽无直接的，但会间接影响到自己"（ID 9）、"和自己有关，但也是间接的"（ID 19）等，回答多有微妙差距感，很少直接把中国的经济发展和自身未来重合在一起。

（四）对于自身而言的"中国崛起"

这与一些情况有关。

第一，多数第二代对从中国来的父母努力打拼下的日本生活表示敬意和感谢，因此他们并不想放弃日本的生活。还有一些则是像亲戚一样定居日本，在中国国内失去生活根基，对中国抱有不同文化感，虽然说有机会想去中国，但并不想脱离日本。与对中国怀有强烈情感的父母相比，第二代的情感并没有那么强烈，且考虑到父母的晚年，认为在福利充实的日本生活会更好，这也是做出这样判断的原因。

第二，日语作为母语，在适应了日本的饮食、文化、生活环境等情形下，第二代不是在日本还是中国二者选一，而是在日本、中国，甚至其他国家广泛地寻找机会。像计划取得医生、律师等国家资格的第二代，原本就没有计划到中国就业①，很多想从事其他事业的人，也在考虑通过派驻或短期停留等方式访问中国。他们批判地看待中国社会存在的竞争性、互赠礼物的麻烦习惯等，这种违和感也是其转移据点时产生犹豫的原因之一。

第三，身边有很多日本朋友、考虑在日本企业就业和创业的人也不在少数。虽然会讲中文，但大多数人认为不及在中国长大的中国学生，考虑将来会和日本人结婚或取得日本国籍，在中国企业就职或永住并非第一选择。

获得东京大学这张日本社会成功入场券的调查对象，以在日本生活为前提设计自己的未来。在高考之前，对于通过了严苛的中学及高中入学考试，在优秀的日本学生聚集的学校接受教育的第二代来说，去中国无疑是一种冒险，这一点和日本学生并无区别。

如此，在日华人移民第二代，既关注中国的经济发展，期待着可能享受红利的同时，又受到在日本成长中所受教育和周围的影响，与"中国崛起"保持着微妙距离。

结　语

本文所涉及的就读于东京大学的在日华人第二代，与其他第二代相比，学历方面具有很大优势。日语水平高，身边拥有许多优秀的日本学生朋友。其父母学历也非常高，因此所受见识必然非同一般。但同时，其父母作为华人第一代，凭借学历进入日本劳动市场，且作为白领获得成功；作为其子女的他们与其他第二代有着诸多共同点，因此以他们为调查对象，从中可以得到很多启发。

第一代来自竞争激烈的中国，为孩子的教育投入了许多资源，强烈希望子女获得社会成功。为了保持中国人身份认知，多数家庭仍然使用中文，但多数第二代日常使用日语，平日里忙于参加各种考试和社团活动，因此在他们看来，中国是父母的亲人居住的地方，自身接触不如父母多。这种微观环境，成为孕育第二代对中国崛起的评价和姿态的

---

① 在中国，只有中国籍才能获得律师国家资格，但日本没有这种规定，所以有些第二代想在保留中国籍前提下在日本考取律师资格，同时也在中国获得律师资格（ID 10）。不过这位学生也表示，"父亲讨厌人际关系，我认为不可能以中国为据点"，因此对于职业规划，始终抱着以日本为据点，往返中国的想法。

夹在日本与中国之间的在日华人移民第二代对"中国崛起"的评价及其特征

摇篮。

2005 年到 2015 年,第二代进入多愁善感的青春期,中日关系则从"政冷经热"和"战略互惠关系"逐渐转向和平维护的对立时代①。在日本国内,对于中国经济增长所带来的红利,以及"中国崛起"所带来的影响充满担忧,并投去复杂目光。这种双边关系,对第二代围绕中国崛起的评价和态度产生莫大影响。

在使用通常的舆论调查以对中认识为主题的调查研究中,很少对特定的社会集团进行考察。内部意见分歧用标准偏差、方差等数值来表示,其背后的原因却几乎无人知晓。本文是一种投石问路的尝试,剩余课题以及尚未提到的论点也不在少数。

在今后的十年里,在日华人第二代将逐渐在日本社会起到核心作用。这期间,中日之间可能会产生各种各样的问题,他们会发出怎样的声音,如何改变日本社会及中日关系?让我们拭目以待。

Sandwiched between Japan and China: Evaluations to the Rise of China by Second Generation of Chinese Migrants in Japan and Their Characteristics

Abstract: After the drastic increase of Chinese migrants in 1990s, their second generation has now started to enter into labor market after finishing tertiary education in Japan. They were grown up in a time when Sino-Japan political relations were strained, but many of them still preserve their Chinese nationality.

This paper will focus on the second generation of Chinese migrants in Japan who are born after 1991 and now studying at the University of Tokyo to analyze how they evaluate the rise of China from their life experiences. Most of the previous researches have focused on microscopic issues including their cultural adapta-

---

① 〔日〕園田茂人・丸川知雄・高原明生,「新たな日中関係に向けて」,園田茂人編『日中関係史Ⅳ民間』,东京大学出版会,2014,第 244 页。另外,在采访调查中也明确了第二代感受到这个时代的变化,但不知是否因为同学们理解第二代的立场并作为"伙伴"来对待,几乎没有人说两国关系恶化给自身带来了痛苦经历。

tions, language acquisition, and changing identities, while this paper will try to develop new type of research by comparing their evaluations to the rise of China with those of Chinese students as well as Japanese students.

Interview results of 30 cases as well as Japan portion and China portion of Asian Student Survey Third Wave data (2018 – 2019) will be used to compare responses to the different dimensions of the rise of China in this paper. As a result, we'll observe different evaluations to economic aspects and political aspects, which eventually creates greater diversity among second generation toward the evaluations of political aspects of the rise of China.

Keywords: Chinese migrants in Japan; second generation; the rise of China; comparison between Japan and China; separation between politics and economy

绘画史料的解读方法
——肖像画的胡须与年龄*

〔日〕黑田智 著** 赵小菁 译***

【摘　要】所谓绘画史料论，是一种从绘卷或肖像画等视觉史料中解读历史情报，从而掌握文化、社会历史演变的研究方法。本文以《公家列影图》与《丰臣秀次家眷像》两组绘画为例，用图像学的方式分析、解读集团肖像画中的年龄表现，并阐明中世日本有关年龄秩序的特质。

【关键词】绘画史料　肖像画　年龄秩序

一　"胡须时代"的肖像画与年龄

本文以"绘画史料的解读方法"为题，以肖像画为讨论对象，就绘画史料论方面的研究做一介绍。

长期以来，我的研究中心领域是日本史，并未系统地学习过文学或美术史。但在20世纪80年代之后，日本史研究开始汲取文学或美术史的成果，并随之出现了一种名为"绘画史料论"的研究。从前的历史学研究只是依据古代文书或古代记录等特定的文献史料进行考察，现在则开始活用各种各样的史料。在这样的环境之中，利用绘画来阐明历史性事实和心态[①]

---

* 本文是2021年2月27日在北京日本学研究中心与日本国文学研究资料馆共同举办的讲座会"奈良绘本、绘卷、肖像画"上的题为"絵画史料の読み方——肖像画の髭と年齢"的演讲。

** 黑田智，金泽大学人类社会研究域学校教育系教授，主要研究方向为中近世日本文化史。

*** 赵小菁，北京日本学研究中心博士研究生，主要研究方向为日本古典文学。

① 法语mentalité，表达精神状态，也有时代精神的含义。勒高夫在《试探另一个中世纪》中指出，心态指个人或群体对事物的精神内涵以及自发的心理行为。——译者注

的潮流便诞生了。

绘画史料论，或称历史图像学，并非针对绘画进行鉴赏或评价，而是创造了从绘画中解读出历史信息，从而把握日本的文化、政治、社会的历史性演变的研究方法。在这40余年里，有关绘画史料的历史学著作与论文可谓百花齐放、层出不穷。① 特别是黑田日出男作为绘画史料论的领头人，著有入门级别的读物②。在各种以绘卷、绘本、图画和屏风画等绘画作品为研究对象的绘画史料论中，也存在着分析、解读肖像画的研究③。而我长期以来从事的，就是有关中世日本肖像画的研究。

本文讲述的，是如何对这些绘画作品中描绘的面容进行图像学考察题。现如今，只要打开手机，就会找到大量面部年龄辨识之类的应用程序。除此之外，在随处可见照相机、电脑等的日常生活中，也充满了使用AI的面部辨识系统。今天我想要讲述的内容，即将肖像画以图像学的方式加以解读的这种尝试，或许相较之下会显得朴素得多了。就此问题，我想讲几个具体的例子。

请问，图1这个人看上去有多大年纪呢？这是京都神护寺收藏的室町幕府第四代将军足利义持的肖像画。八字眉、

图1　足利义持肖像

---

① 有关绘画史料论，黑田日出男的『絵画史料で歴史を読む』（東京：筑摩書房，2007，首出2004）可以作为入门书籍。如果想了解更为详尽的方法论和研究史，我推荐『姿としぐさの中世史』（東京：平凡社，2002，首出1986）的最终章「絵画史料を読むために」或其附录「図像の歴史学」、藤原重雄：「中世絵画と歴史学」［石上英一編『日本の時代史』（30），東京：吉川弘文館，2004］、黒田智：「中世絵画史料論　絵画にかくされたもうひとつの日本文化」（秋山哲雄、田中大喜、野口華世編『増補改訂新版 日本中世史入門』，東京：勉誠出版，2021）等文献。

② 主要的研究有『王の身体　王の肖像』（東京：筑摩書房，2008，首出1995）、『歴史としての御伽草子』（東京：PERIKANSHA Publishing Inc，1996）、『謎解き　洛中洛外図屏風』（東京：岩波書店，1996）、『龍の棲む日本』（東京：岩波書店，2003）、『国宝神護寺三像とは何か』（東京：角川学芸出版，2012）、『豊国祭礼図を読む』（東京：角川学芸出版，2013）、『岩佐又兵衛と松平忠直』（東京：岩波書店，2017）等。

③ 〔日〕黒田智：『中世肖像の文化史』，東京：PERIKANSHA Publishing Inc，2007、〔日〕黒田日出男：『肖像画を読む』，東京：KADOKAWA，1998。

三角眼、双下颌，最有特色的当属这独特的胡须。这幅肖像画上方的画赞写着应永二十一年（1414），由义持的出生年份可以推断出该肖像画描绘的是27岁的他。① 是不是不太看得出来呢？义持的年龄看上去如此扑朔迷离，当然和他面相老成不无关系，但究其原因，还是在于这独特的胡须形状。义持的胡须造型十分复杂。最有特色的固然是从脸颊延展的两缕长髯，此外还有嘴唇上的髭以及颏须，还有从咽喉部位生出的喉须，竟然比颏须还要长。

像这样独具特色的胡须出现在人物肖像画中，应该是中世后期。这是14世纪到16世纪肖像画的一种特征②。例如桓武天皇、嵯峨天皇等古代天皇的肖像画在15世纪被大量制作，这些肖像几乎都有着长长的颏须。另外，后醍醐天皇、足利义满和足利义辉等将军，以及连歌师宗祇等人的肖像画中的人物也均有相当独特的髯或是颏须。由此可见，中世后期乃是日本历史中极为特别的"胡须肖像画"的时代。

在中世的最后登场的丰臣秀吉，也被描绘为拥有长颏须和茂盛髯须的人物③。事实上，同一时代的朝鲜王朝官吏的肖像画里，就有不少和秀吉容貌相似或是胡须形状相似的人物。我认为，一方面，肖像画中秀吉的容貌是受到朝鲜官吏肖像文化的影响而形成的。另一方面，被称为乌纱帽的秀吉所戴帽子，与明朝编撰的《帝鉴图说》中中国皇帝的形象也有关联。秀吉人像背后的山水屏风画则是承袭了牧溪、玉涧等人的中国水墨画，也就是"唐物"的传统，从中可以看出画师有效地利用这些绘画传统的创作意图。由此可见，肖像画的"胡须时代"是在以中国、朝鲜为首的亚洲形象的巨大影响之下形成的。

接下来到了江户时期，人们不再流行留胡须，迎来了没有胡须的时代。

---

① 〔日〕黑田智：「とり違えられた肖像」,『鹿島美術研究』第24期, 2007。
② 〔日〕黑田日出男：「髭の中世と近世」,『週刊朝日百科・歴史の読み方』, 大阪: 朝日新聞社, 1988, 第26~31頁。
③ 〔日〕黑田智：「天皇と天下人の美術戦略」, 高岸輝、黒田智：『天皇の美術史3: 乱世の王権と美術戦略』, 東京: 吉川弘文館, 2017, 第111~223頁。〔韩〕赵善美：「朝鮮王朝時代肖像画の類型及び社会的機能」,『美術研究』第374期, 2002, 第233~256頁。〔日〕石田佳也：「狩野光信『倣玉澗山水』考」,『サントリー美術館論集』第3期, 1989, 第233~256頁。〔日〕松島仁：「豊臣、その失われた風景を求めて」,『聚美』, 第11期, 2014, 第24~39頁。〔日〕入口敦志：『武家権力と文学』, 東京: PERIKANSHA Publishing Inc, 2013, 第157~257頁。

而经过开国再到明治维新，在西洋文化的影响之下，胡须的时代再一次来临①。

在上述胡须文化的相互影响之下，准确辨认中世时期肖像画中的人物年龄并非易事。即便如此，我认为通过对集团肖像画中的多个人物进行比较，还是可以总结出有关年龄表象的法则。在这里，我想以两部作品为例，在其中寻找出肖像画中年龄表现的代码，进而就中世日本社会的年龄秩序进行一些思考。

二 《公家列影图》的年龄秩序

首先我想举出的是《公家列影图》②。这是早于"胡须时代"的绘卷，于13世纪中期问世。进入镰仓时代之后，人们开始描绘一种名为"似绘"的肖像画。现在普遍认为，在制作"似绘"的时候，画师采用的是当面对照本人的脸进行写实描绘的绘画方式。《公家列影图》这一绘卷，就是这种"似绘"的代表作之一。

画卷中，总计57名曾担任过大臣③职位的人物像闪电符号那样呈N型左右交错排列，虽然绘卷中的一张图上7名大臣的画像现已散佚，但依然可以确定绘卷中排列的是12世纪后期到13世纪前期的大臣们。有关该绘卷的创作年代，现在认为介于两个时间之间，即卷末登场的花山院定雅初次就任内大臣的建长四年（1250），和所描绘的人物中最先去世的二条道良的殁年，即正元元年（1259）。跋文中写有"年中行事着座 土佐信实朝臣笔（印）"。由此可知，该绘卷乃是以藤原隆信、信实为首的画师家中积累的画稿、模本之类为依据，于13世纪中期制作而成的。

绘卷描绘的大臣个个身着线条挺括的正装④，长袍在身，裙裾曳地，腰系石带，手中持笏。身躯部分的画法统一，均止于朴素的白描，服饰花纹也不遵循朝廷的新旧制度。相对的，人物的面部表现则以细线重复勾勒轮

---

① 〔日〕阿部恒久：『ヒゲの日本近現代史』，東京：講談社，2013，全242頁。
② 参照〔日〕加須屋誠編『日本美術全集8：中世絵巻と肖像画』，東京：小学館，2015，第250~251頁。
③ 特指日本律令制时代的太政官上官，如太政大臣、左右大臣和内大臣等。——译者注
④ 原文为"强装束"，与"柔装束"相对，是平安时代末期产生的贵族着装，浆得特别挺括，大概与当时武士势力逐渐抬头的社会背景有关。——译者注

廓，敷以单薄的黄色颜料，嘴唇点有淡红，将老幼胖瘦等人物特征表现得淋漓尽致。

细看《公家列影图》中描绘的公家贵族的面容，能够在藤原氏、源氏和平家的血缘（父子或兄弟、亲属）之间找到一些面部细节的共通点，可见其人物具有家族肖似性。例如几乎会被误以为是同一个人的德大寺公能、实定父子，一样体态丰满的藤原忠通、赖长兄弟，吊梢眼颇有特色的平重盛、宗盛兄弟，拥有粗浓八字眉的九条教实、忠家父子等。

另外，在同一肖像人物还留存有其他肖像画的情况下，可以发现一些肖似性的根据。例如27岁就任内大臣的镰仓幕府第三代将军源实朝，绘卷中他的目光落在近处，视线朝下，这表情明显与甲斐善光寺或京都大通寺所传承的实朝木像十分相似。此外，49岁的平清盛被罕见地描绘了侧脸，吊梢眼、长下颌，这一形象和六波罗蜜寺所藏的持经僧人形象的清盛木像大相径庭。

将这57人以年龄顺序排列，能清晰地看出其中的年龄秩序。《公家列影图》是以初次就任的顺序排列人物的①。这些肖像画应该都是大臣们任官之后不久绘制而成的，由此可以推断绘卷中反映的很大可能是他们初次任官时的年龄。正是因为排列顺序贴合初任的顺序，画师会在某种程度上意识到年龄问题而在绘画时加以区分，因此应该能在图中解读出有关表现年龄的代码。为了弄清这一点，我将大臣们初次任官的年龄按递增顺序排列，同时确认人物面部是否蓄有胡须、发色和皱纹，将结果整理为表1。这样一来，似乎就可以看出些年龄表现秩序的端倪了。

表1 《公家列影图》中的年龄秩序

No.	姓名	初任大臣年龄	卒年	有无胡须	发色	眼尾皱纹	嘴角皱纹
24	藤原 师家	12	67	○	黑	×	×
52	鹰司 兼平	14	67	×	黑	×	×
9	藤原 基实	15	24	×	黑	×	×
37	近卫 家通	15	21	×	黑	×	×
15	九条 兼实	16	59	○	黑	×	×
53	九条 忠家	16	47	×	黑	×	×
3	藤原 赖长	17	37	○	黑	×	×

---

① 〔日〕三田武繁：「『公家列影図』に関する二、三の問題」，『北海道大学文学部紀要』第87期，1996。

续表

No.	姓名	初任大臣年龄	卒年	有无胡须	发色	眼尾皱纹	嘴角皱纹
12	藤原 基房	17	86	○	黑	×	×
56	二条 道良	17	26	×	黑	×	×
42	九条 教实	18	26	○	黑	×	×
43	近卫 兼经	18	50	○	黑	×	×
50	一条 实经	18	62	×	黑	×	×
1	藤原 忠通	19	68	○	黑	×	×
2	源 有仁	20	45	○	黑	×	×
21	近卫 基通	20	74	○	黑	×	×
25	九条 良通	20	22	×	黑	×	×
34	九条 道家	20	60	○	黑	×	×
45	二条 良实	20	55	○	黑	×	×
30	近卫 道径	24	55	○	黑	×	×
31	九条 良辅	24	34	○	黑	×	×
36	源 实朝	27	28	○	黑	×	×
38	久我 通光	33	62	○	黑	×	×
29	花山院 忠经	34	57	○	黑	×	○
32	德大寺 公继	35	53	○	黑	×	×
47	九条 基家	35	78	○	黑	×	×
57	花山院 定雅	35	77	○	黑	×	×
22	平 宗盛	36	39	○	黑	×	×
35	三条 公房	37	71	○	黑	×	×
19	藤原 师长	38	55	○	黑	×	×
27	藤原 隆忠	38	83	○	黑	×	×
44	西园寺 实氏	38	76	○	黑	×	×
20	平 重盛	40	42	○	黑	×	○
41	九条 良平	41	57	○	黑	×	×
49	大炊御门 家嗣	42	75	○	黑	×	×
17	花山院 忠雅	44	70	○	黑	×	×
48	三条 实亲	44	69	○	黑	×	×
23	德大寺 实定	45	53	×	黑	×	○
11	德大寺 公能	46	47	×	黑	×	○
14	大炊御门 经宗	46	71	○	黑	×	○
54	德大寺 实基	46	73	○	黑	×	×

绘画史料的解读方法

续表

No.	姓名	初任大臣年龄	卒年	有无胡须	发色	眼尾皱纹	嘴角皱纹
40	大炊御门　师经	47	84	○	黑	×	×
55	堀川　具实	48	75	○	黑	×	×
16	平　清盛	49	64	○	黑	×	○
46	土御门　定通	49	60	○	黑	×	×
51	衣笠　家良	49	73	○	黑	×	×
18	源　雅通	51	58	○	黑	×	○
26	源　通亲	51	54	○	黑	×	×
39	西园寺　公经	51	74	○	黑	×	×
33	坊门　信清	53	58	○	黑	×	×
6	德大寺　实能	55	62	○	黑	×	○
10	三条　公教	55	58	○	黑	×	×
5	源　雅定	56	69	○	白	○	○
28	西园寺　实宗	61	69	○	黑	×	×
8	藤原　伊通	64	73	○	白	×	×
4	三条　实行	70	83	×	白	×	×
13	中御门　宗能	78	86	×	白	○	×
7	中御门　宗辅	80	86	×	白	○	○

图2　15岁以下大臣　　　　　图3　70岁以上大臣

一方面，如果关注胡须，会发现 15 岁以下的大臣几乎没有胡须（如图 2），而 20 岁以上的大臣都长有胡须。看来至少对镰仓时代公家的上层阶级来说，16 岁到 19 岁期间蓄胡须是一件约定俗成的事。另一方面，如果关注老龄的大臣们，会发现只有 45 岁以上的大臣才会描绘嘴角的皱纹或法令纹。眼角的皱纹和白发则是 56 岁之后才会出现的。最后到了 70 岁以上，这个年龄阶段的特征则是胡须会再次消失，如图 3。

　　根据黑田日出男的论文《"童"与"翁"》可知，在中世社会，孩子被看作非人的存在。① 虽然最近的研究开始对"七岁的界限"持否认态度，大体来说，当时人们的观念中，一个人长到 15 岁才成为真正意义上的人，到了 60 岁则成为老人，70 岁则成为存在于更加神圣的世界里的老翁。我利用黑田日出男制作的图将《公家列影图》的年龄秩序做成图，得到的结果如图 4 所示。

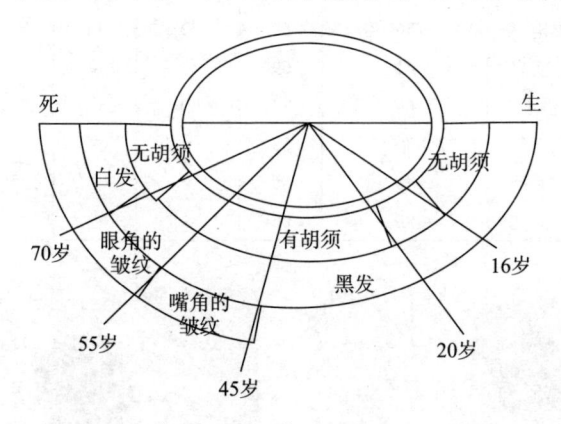

图 4　《公家列影图》年龄与须发、皱纹

　　就我解读的结果来说，图中人物 20 岁之前不蓄胡须，16 到 19 岁期间开始长胡须，若到了 20 岁还没有胡须，很可能就不会被看作贵族了。而到了 70 岁之后，又会再次出现没有胡须的情况。人物到了 55 岁左右白发开始变多，到了 70 岁以上就会变成满头白发。嘴角的皱纹出现于 45 岁以后，眼角的皱纹则和白发一样，可以被认为用于描绘 55 岁以上的人物。

　　以上内容，就是我所思考的《公家列影图》中所描绘的图像学层面的年龄秩序。

---

① 〔日〕黒田日出男：「『童』と『翁』」,『境界の中世　象徴の中世』,東京：東京大学出版会，1986，第 217~232 頁。〔日〕島津毅：「古代中世の幼児と葬送」,『歴史学研究』第 995 期，2020。

三 《丰臣秀次家眷像》的年龄秩序

接下来，我想以《丰臣秀次家眷像》①为例。京都的瑞泉寺至今仍传承着一组三幅一对的肖像挂画，上面描绘着丰臣秀次、他的家臣和家眷（图5）。秀次是丰臣秀吉的外甥，原本因为秀吉膝下无子而承袭了他的关白之位，而后由于秀吉亲生骨肉秀赖的降生，就被秀吉下令切腹而死。17世纪末，一幅描绘了秀次、一同殉主的家臣、被处刑的妻妾34人和5个子女的集体肖像画诞生了。②

图 5　《丰臣秀次家眷像》

中央的挂画中描绘着秀次和殉主而死的、身着白装束③的家臣们的肖像。顺带一提，秀次也是拥有特色胡须的"胡须时代"的人物。中央两侧的挂画上段绘有5个孩童，最大的是9岁的长女，最小的是还在母亲怀中的婴儿。挂画共绘有包括正妻、侧室在内的34名妻妾女眷，年龄从12岁到68岁不等。这些女性被描绘在分割为诗笺般大小的长方形区域里。

---

① 〔日〕黑田智：「豊臣秀次・妻子像を読み解く」，『文学』第1015期，2009，第138~149頁。
② 据齐藤研一的指教，图中孩童的发型和都玉神社所藏"相马都胤（1711~1715）像"类似，可以认为是18世纪初武家子孙的发型。
③ 纯白的服装，多用于神事或丧事——译者注。

文禄四年（1595）七月八日，丰臣秀吉突然下令，让自己的外甥，同时也是位居关白之位的丰臣秀次前往高野山蛰居。秀次立刻动身离京，和悲伤的家臣们迁到高野山进行落魄的隐居。然而不到一周之后，秀吉的使者再次到来了。这一次秀次被怀疑意图谋反，不容分辩，便在高野山自尽。与他一同前往高野山的家臣们也追随主人切腹而亡。

两周后的八月二日，秀次的妻室和子女合计39人于京都的三条河滩被悉数斩首。妻妾们纷纷被剪落长发，身穿白装束，被牛牵引着在京都市内集体慢行示众，最后被带到三条大桥下方的河滩。依据瑞泉寺保存的《秀次缘起绘卷》所描绘的情景来看，河滩上放着秀次的头颅，妻妾们向头颅双手合十，然后被依次斩首。被斩首的妻妾孩童39人直接被埋在三条河滩，后来那里修建了名为畜生冢（恶逆冢）的坟墓。

这座三条大桥因为鸭川时常洪水泛滥而几度损坏，建在河滩上的畜生冢也随之溃塌。但江户时代问世的《洛中洛外图》中，时常还能见到畜生冢的身影。最初是类似金字塔形的双层坟墓，顶部修有小小的祠堂，逐渐变得只剩下状似小山模样的物体①。在制作于19世纪的《瑞泉寺缘起绘卷》中可以看到瑞泉寺始建于鸭川洪水泛滥之后，一般认为那时修建了带有六角形伞盖的塔以及带伞盖的柱状墓碑。

就算现在去往瑞泉寺，寺内仍存放着六角形的墓碑和位于两侧的伞盖柱状墓碑。中央的四角形石塔上写着"文禄五年"和"秀次"的名字，左右的墓碑上的文字虽然磨损严重，难以阅读，但也能看出大约雕刻着妻妾们的法名。另外，寺内有一座名为地藏堂的佛堂，其中安置着制作于昭和时代的秀次妻妾们的人像。人像前面立有一个牌位，一般认为其可以追溯到江户时代。我本以为牌位上所写的法名理应和《丰臣秀次家眷像》中描绘的妻妾们的法名一致，然而对照之下结果却不令人满意。因此，我再次调查了江户时代记录秀次事件的史料。

自秀次事件发生以来，诞生了很多有关记录和物语。进入近代之后，谷崎润一郎和司马辽太郎等人撰写了许多与秀次事件相关的小说。经过查阅这些资料之后，《丰臣秀次家眷像》中的妻妾们是以怎样的顺序进行排列的这一

---

① 畜生冢最初被修造成巨大的四角锥形坟丘，其顶部修有带屋顶的小型罩堂。这在『洛中洛外图屏风』舟木本、堺市博物馆本，或是大阪市立美术馆所藏『祇园祭礼图屏风』、瑞泉寺所藏『秀次公缘起』中均能看到。高津古文化本中则没有描绘坟墓顶部的建筑物，到了万野A本、胜兴寺本、神户市立博物馆本，则变化为只描绘圆形的假山残留的痕迹。

问题的答案就水落石出了。就结论而言，她们的排列顺序和《聚乐物语》中记载的处刑顺序几乎一致。《聚乐物语》成书于17世纪前半，是诞生于秀次事件之后不久的作品。将《聚乐物语》中女性们在三条河滩上被处刑的顺序代入《丰臣秀次家眷像》中，就能发现后者的妻妾位置排列遵循着相应的秩序。

也就是说，这组三幅一对的肖像挂画中，中央绘有秀次及家臣主从，左右的最上段是子女，读者视角的右侧挂画上绘有"一局（正室）"（图6）因此可推测顺位较高，左侧的挂画顺位较低。这或许可以视作反映了主从、父子、夫妇，即所谓的"三世因缘"[①] 这一带有中世性质的人际关系和伦理观念。[②] 图上妻妾们的位置排列按照《聚乐物语》中的处刑顺序由内向外，由上至下，以右、左、右、左交错的法则进行排列。很明显，这是遵循了中国儒教的昭穆制度的排列方式。

图6 一局（正室）　　　　图7 D类

那么，图上34名女性的年龄又是如何表现的呢？我按照发型、袖口和称呼（局、殿、前、无敬称）三种标准来分类，发现她们可以被分为七类。分别是：垂发披肩、不束发的"A类"，束发、短袖口的"B类"，束发、长袖口的"C类"，束发、有耳前垂发（耳发）、长袖口的"D类"（图7）。此外，束发、有耳发、短袖口的"E类"有一例，还有由束发、短袖口、无敬称的女仆们构成"F类"，剃发、短袖口的老年尼姑的"G类"也只有一例。

[①] 中世的俗语，指父子是一世的因缘，夫妻是今生和来世的因缘，主从关系则是横跨前世、今生、来生的深刻因缘。——译者注

[②] 〔日〕黑田日出男：「政治秩序と血」，『歴史としての御伽草子』，東京：PERIKANSHA Publishing Inc，1996，第147~175頁。

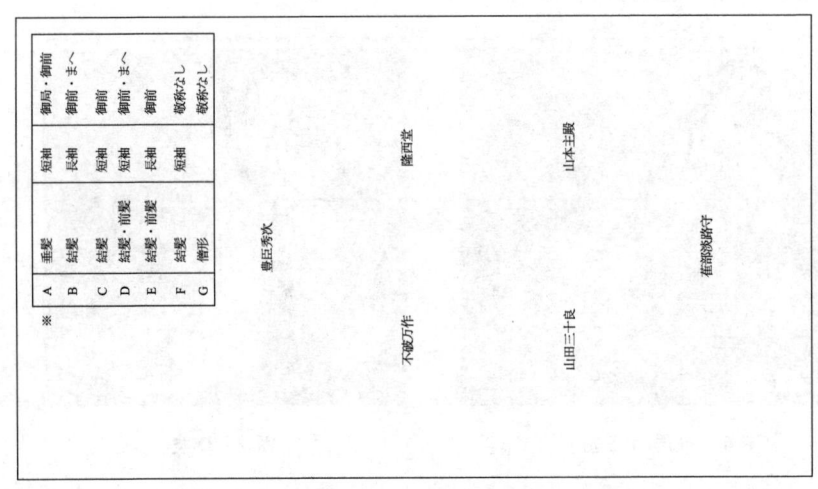

图8 《丰臣秀次家眷像》人物位置排列

*说明：根据法则，此处敬称应为"局"或"殿"，但原文文为"前"，此处尊重原文。

将这些类型代入《丰臣秀次家眷像》中加以整理，结果如图8所示。可以看到包括"一局"在内的"A类"只存在于最上段，由女仆构成的"F类"则被排列在最低顺位，最下段的最外侧。这幅肖像画中的人物位置排列很可能清晰地反映了妻妾们的身份秩序。

剩下的从"B类"到"E类"，可以认为是按照年龄加以区分的。如果参照将这34位女性按照年龄排序得出的表2，可以清晰地看到20岁以下的女性是身着长袖口的"B类"，20岁以上的是短袖口的"C类"及"D类"。在穿长袖口的女性中，17岁及以下的几乎都是垂着耳发的"D类"，18岁及以上就几乎不留耳发，而是结发的"B类""C类"。此外，对29岁以下女性的敬称是"前"，而30岁以上的女性则是"局"或"殿"，这也是年龄表现的一种吧。

表2 《丰臣秀次家眷像》的年龄秩序

20	于松前	D		12岁	
17	于美屋前	D		13岁	
18	于菊前	D		14岁	
11	于伊万前	D		15岁	
19	于喝食前	C		15岁	17岁及以下
21	于佐伊前	D		15岁	
22	于古保前	D		15岁	
2	小女腾之妻御前	C	长袖口	16岁	
27	于牧前	D		16岁	
23	于假名前	D		17岁	
4	于和子前	C		18岁	
6	于知屋前	C		18岁	
5	于辰前	A		19岁	18~19岁
7	于佐子前	D		19岁	
29	于须义前	C		19岁	
26	于藤前	B		21岁	
25	于爱前	E		22岁	
28	于国前	B	短袖口	22岁	21岁及以上
8	于满无前	E		23岁	
13	小少将前	B		24岁	

续表

24	于竹前	B	24岁	
9	于予兔前	B	26岁	
10	于阿子前	B	30岁	
1	一台御局	A	30岁	21岁及以上
3	中纳言局	B	33岁	
12	阿世智前	B	35岁	
15	右卫门后前	B	35岁	短袖口
14	左卫门后前	B	38岁	
30	于阿屋	F	30岁	
31	日樫	F	31岁	
32	于参	F	32岁	女仆
33	津保巳	F	33岁	
34	于智保	F	34岁	
16	妙心老尼	G	68岁	

我根据以上《丰臣秀次家眷像》的年龄秩序进行整合制作了图9。关注服饰和发型就会发现：在20岁之前，女性们身穿长袖口的衣物；21岁以后，开始穿短袖口；在17岁之前留耳发，而之后则变为束发。另外，身份高贵的女性不束发，而是长发披肩。有关敬称，则可以确认依照着这样的法则：30岁之前使用"前"，年长于30岁的则被称呼为"局""殿"，随着女性削发，称呼就变为"尼"。

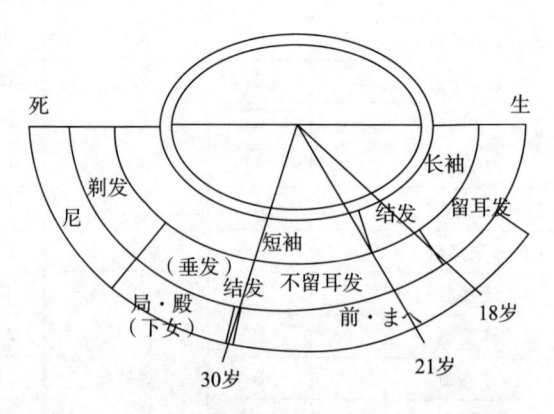

图9 《丰臣秀次家眷像》年龄与服饰、发型

四　绘画史料论的未来

以上，我以两个作品为例，介绍了用图像学来分析、解读集体肖像画中年龄秩序的方法。其他应该还有不少类似的作品例，如果不断提取集体肖像画的图像学特质，我想最终一定可以从绘画中解读出时代或社会中的年龄秩序。这次的讲解只停留在人物的面容、发型和衣物等简单的分类上，若深入下去，还能遇到更多图像学分析和解读的乐趣。另外，将这样朴素的图像学解读进行下去，我梦想着，说不定会迎来开头提到的面部辨识系统发挥作用的未来。利用 AI 进行历史图像学研究的时代离我们或许已经很近，这样的想法令我兴奋不已。

How to Read Painting Historical Materials: Beard and Age in Portraits

Abstract: The theory of historical painting materials is a research method that attempts to capture the historical transformation of Japanese culture and society, by reading historical information from visual historical materials, such as picture scrolls and portraits. In this paper, I will take two paintings into consideration, *The Portraits of Court Nobles* and *The Portraits of Toyotomi Hidetsugu's Family*. By analyzing and interpreting the expression of age in group portraits in an iconographical way, I will clarify the characteristics of the age order in medieval Japan.

Keywords: Painting Historical Materials; Portraits; Age Order

德川体制与儒教的关系[*]
——基于津田学说与丸山学说之比较

〔日〕平石直昭 著[**]　张厚泉 译[***]

【摘　要】 丸山真男在他 1940 年的一篇文章中提出了朱熹学派理学成为德川政权正统教学的学说。后来，这篇文章被收录在丸山 1952 年出版的专著中，他的学说被广泛接受。但在丸山之前，津田左右吉早在 1917 年就已经提出了相反的学说。

津田指出，德川家康既没有将林罗山视为政治顾问，也没有将理学当作正统教学。津田认为，德川政治基于武士阶层的传统和实践智慧，与儒家思想几乎没有太大的关系。

从历史上看，津田的观点是正确的，后来丸山本人对先前的学说进行了修正，在 1966 年和 1967 年的大学讲座中提出了新的学说，并于 1974 年发表在英文版（*Studies in the Intellectual History of Tokugawa Japan*，《日本政治思想史研究》）的序言中。但这篇序言直到 1983 年该书的日文新装版出版时才被翻译成日文。因此，虽然丸山在 1966 年首次修订了这一学说，但直到 17 年后，日本读者才意识到这一事实。一部分由于这个原因，尽管他后来做过修改，但丸山在 1940 年提出的旧学说在国内外有时仍然被沿用。

【关键词】 德川体制　儒教　津田左右吉　丸山真男

---

[*] 本文原题「德川体制と儒教との関係」，载于『福澤手帖』第 182 号，福澤諭吉協会，2019 年 9 月，第 15~20 页。后收录于平石直昭著『福澤諭吉と丸山眞男——近現代日本の思想の原点』（《福泽谕吉与丸山真男——近现代日本的思想原点》），北海道大学出版会，2021 年 12 月，第 191~197 页。译成汉语时，作者做了相应的改动和补充。译文为教育部人文社会科学研究规划基金项目"儒学思想在《百学连环》抽象概念译词形成过程中所起作用的研究"（21YJA740049）的阶段性成果。

[**] 平石直昭：东京大学社会科学研究所名誉教授，研究领域为日本思想。

[***] 张厚泉：上海财经大学外国语学院教授，研究领域为日语学、翻译学。

德川体制与儒教的关系

一

现在书店在售的岩波文库《文明论之概略》初版，是根据松泽弘阳的翔实校注和现代假名书写标准于1995年出版的、现代人非常易读的读本。与此相对比，笔者学生时代在丸山真男教授1967年度冬季指导课程时阅读的是此前的旧假名版，且没有任何校注类的注释。版权页的信息显示，该版是1962年对旧版[①]进行改订的修订版。丸山后来将其为岩波书店编辑举办的读书会时所撰写的讲义结集成册，出版了《读〈文明论之概略〉》（岩波新书，1986年），书中引用的"概略"部分就是旧假名，可以说这是读书会上使用的、旧版的余韵。

旧版的正文后附有津田左右吉的"解题"（同时录有富田正文的"后记"、远山茂树的"为了理解谕吉"）。根据"凡例"可知，津田的文章原本是附于1951年出版的《福泽谕吉选集》（福泽谕吉著作篇集会编，岩波书店）第二卷《概略》的"解题"，而文库本也采用了津田的"解题"，由此可见，当时的福泽著作编纂会认为津田是能够担当起该书解说者重任的。

津田在"解题"中对《概略》的梗概、主要思想、执笔时的历史背景、历史观、所参考西方著作的影响等进行了分析，最后写道，但凡通读了该书就能理解福泽的见解"不仅在当时的时代潮流中是卓越的，即便是在今

---

① 旧版指岩波文库1931年绿皮版。『文明論之概略』岩波文库版首版是1931年（昭和6年）出版的。只是，需要注意一点，那就是日本当时受世界恐慌的影响，经济不景气、就业难、农村凋敝、政治功能不健全，因此军部右翼势力不断扩大，加之媒体为了迎合军部操纵舆论，导致急速的右倾化。特别是1935年（昭和10年），美浓部达吉的天皇机关说被视违反了"国体"而遭到贵族院的批判。以此为契机，军队和学校下达了"国体明征"训示和训令，政府也发表了去除天皇机关说的声明。在这种"国体明征运动"高涨的年代里，福泽在『文明論之概略』第4章「一国人民の智德を論ず」（论一国人民之智德）中所写的后醍醐天皇论（一般来说，在日本中世纪南北朝的争乱中，血统上应该是正统的南朝一方败北的观点，与当时的众论不相吻合）被检阅当局视为不合时宜。经过岩波书店与当局交涉，1936年（昭和11）11月第2次印刷之后，原文有三处被删除了。相关情况请参照丸山真男著『「文明論之概略」を読む』（岩波新书，上卷第26页，中卷第73~76页）中的介绍。根据现行（1995年初版）岩波文库『文明論之概略』中的松泽弘阳"解说"第372页，该书"从1945（昭和20）年10月第7次印刷的、战后最初的重版可以确认，删除的地方被复原了，但恐怕在那之前的都沿袭了有删节的版本"。这个第7次印刷的版本一直持续到1962年。也就是说，这个版次从1931年以来一直沿用到1962年，尽管期间也包含原文在检阅中被部分删除的版本。删除的部分，在以上松泽"解说"第372页也有介绍。作者注。未标明处为译者注。

天也充分具有权威性，毋宁在今天的时势中包含了特别恰当的东西"。

战后没不久，津田就能够如此高度评价该书，值得引起关注。因为这与战争时代年轻时的丸山真男对该书的评价有相通之处。丸山写道："字里行间完全是对我所处时代的猛烈批判，读来酣畅淋漓。"（《读〈文明论之概略〉》上卷31页）。也即，在以《文明论之概略》为标准对近现代日本持批判态度的视点上，津田和丸山是共通的。

另一方面，两者对于近代之前的德川日本的统治体制与儒教的关系，或者儒教在江户时代所具有的影响力这一点上，两者的看法是相当不同的。而且丸山后期在东京大学法学部的授课中，修改了初期的观点。但是这一事实即便是专家也未必都了解。因此，以下就这个问题，有必要对津田和丸山的学说进行比较探讨，这对于考察福泽自身如何看待这一点，也有一定的启示作用。

二

丸山真男在1952年出版的《日本政治思想史研究》（东京大学出版会，以下简称《研究》）的第一篇论文（首次发表于1940年）中认为，德川幕府的鼻祖德川家康重用林罗山为政治顾问，为了巩固自己获取的政权基础，意识到有必要振兴各宗派的教义学问，于是重视起朱子学，而朱子学则在近世[①]初期的思想界占据了垄断地位。

类似的观点其实早在丸山之前就已有之，而作为公共知识在战后日本学界得以广为流传，在很大程度上应该是受到了该书的影响。但实际上早在1917年，津田左右吉就从正面对此观点提出了否定意见。

> 在幕府，家康等人注意到儒教也是事实，但据此就认为<u>家康重用儒者、幕府的政治是儒教主义等</u>，则是大错特错的，特别是<u>后来的儒者所谓幕府尊信宋儒之学的说法，毋庸置疑是违背事实的</u>。因为家康重视天海和崇传更甚于道春，所以家康如果需要具备一些政治含义的顾问或文职秘书，那应该是这两个僧人，而<u>像道春这样的充其量是因为多少掌握一些文字，只不过起到字典的作用罢了</u>。另外，虽然道春

---

① 日本时代的划分法之一。指安土桃山、江户时代，是室町幕府灭亡到明治维新的时代。

信奉宋学是事实，但家康启用他并不是因为他信奉宋学，而只是为了阅读汉籍。家康让诸宗的僧侣讲解并听取了佛经教义，也向五山①僧咨询过生命与事物，向吉田梵舜咨询过神道。家康不论什么人，都毫不顾忌地利用获取应该获得的知识，所以不会拘泥于儒家还是佛家。毋庸赘言，<u>更不可能有宋学这种学派观念</u>。如武家法令也是崇传起草的（骏府记），其条款除了约束各大名、规范社会秩序所需的实际问题之外，大多是从建武式目②和战国大名的条规等系统中引用的，丝毫没有儒教的气息。<u>德川的政治都是从武家的传统习惯思想、常识和实际经验中推导出来的</u>。③

津田的这种见解，似乎是超前批判了丸山在《日本政治思想史研究》第一篇论文中的论述，即：（1）家康启用罗山并不是作为政治顾问，而只是作为单纯的读书和尚而已；（2）即便作为撰写政治性文件的秘书，罗山尚年轻，与崇传等几无可比性；（3）家康和幕府完全没有扶植儒教的想法，更不用说采用朱子学这种特定学派的意思等。他几乎论及所有预设问题之处，对此展开了尖锐的批判并指出了问题所在。作为对历史性事实的认识，津田学说较丸山学说更为正确。

此外，有关津田承认儒教对德川时代的日本社会具有一定的适应性的观点，丸山在前述论文中做过介绍（参照《研究》第8页和第14页注1。中文参见王中江译《日本政治思想史研究》，生活·读书·新知三联书店，2000年1月，第5页和第125页注7。以下同）。因此，丸山也深谙上述津田关于幕府与朱子学关系的观点，只不过没有采用津田之说，而是以家康重用朱子学者罗山的脉络来创建了自己的学说。丸山是根据以下几点构建的。

（1）年轻的罗山在京都以朱子注释的《论语》开设讲座而广受欢迎。对此，朝廷的博士家④清原秀贤提出申诉，认为罗山未经敕许就讲授经学是

---

① 禅宗寺院中由幕府任命住持的、寺格最高的官寺。1251年建立了镰仓五山制度，1334年重新制定了京都五山，1386年确定了京都五山，镰仓（关东）五山的制度。
② 建武式目是1336年足利尊氏建立室町幕府时提出的政治方针纲要，共17条。
③ 津田左右吉：《文学中出现的我国国民思想的研究》第4卷，岩波文库版，第255~256页，下划线为平石所加。
④ 平安时代中期之后，大学寮、阴阳寮等博士职位的世袭家族，中世以后成为家学。

不可原谅的，应该定罪，但家康驳回了清原的申诉，支持罗山的逸闻（《研究》第19页，王中江译本第129页注25）。

（2）关于家康的内容，是基于"从马上得天下，是因为生来就具备生知神圣的秉性。所以能够充分理解不能在马上治理天下，而应该恪守尊信圣贤之道，大凡治理天下国家，行为人之道，除此之外绝无其他（圣贤）之道的道理"的记载①。丸山认为，家康为了使武力获取的统治永久化，具有采用作为舶来的教化手段的儒教的动机（《研究》第12页，王中江译本第9页）。

以上两点都记载于幕府的正式记录《德川实纪》，但该史料是19世纪后幕府的儒者编纂的（1809年起稿，43年完成），从彰显家康为有德君主的角度进行了加工，因此，使用时需要加以注意（如上述"马上"云云，是基于在马上夺取天下的汉高祖对《诗书》不以为然的言论，陆贾劝谏刘邦"居马上得之，宁可以马上治乎？"的故事。参照《史记·陆贾传》。深知该道理②的家康似乎比高祖还要高明）。

（3）关于罗山作为政治顾问被重用的内容，引自《先哲丛谈》（原念斋编著，1816年出版）（《研究》第12页，王中江译本第8页），这也是后世儒者根据传闻用来颂扬罗山的，作为阐明罗山在幕府中所起作用的史料并不充分。综上所述，不得不说丸山所依据的史料作为根据都不够充分。

为了慎重起见，这里需要补充的是，罗山在天海、崇传等前辈僧侣相继去世后，从三代将军家光时就起草《武家诸法度》等受到重用，因此，作为幕府的智囊发挥了一定的作用，但这并不意味着当时的幕府将儒教或者朱子学作为体制教学。事实上，罗山在侍奉幕府时以"道春"的法号自称，不得不剃发。这对于一边提倡激烈的排佛论，一边被强迫以僧人的身份出仕，这种有悖于罗山自己思想的仕官，象征着近世初期武士权力与儒教的关系。为此，罗山遭到了中江藤树和山崎暗斋等人的批判，还不得不写了辩解的文章。换言之，在当时的武家政权的状况下，儒教所处的环境并不像年轻时的丸山所描述的那样良好。林家的当家人不得不以束发的形

---

① 接上文，后续"从治世之始就不断受到文道的影响"。此处"文道"即指儒学、罗山所推行的朱子学。

② "该道理"，指的是要治理在马上得到的天下，在马上是行不通的，必须要有圣人之道。高祖是通过陆贾的谏言明白该道理的，而拥有圣智的家康是自己天生而知，所以比高祖更高明。当然是后世幕府儒者对家康的谄媚。作者注。

式接受大学头这个官职是从五代将军纲吉时开始的，而幕府承认朱子学为正统、排斥其他学派开始统制，始于18世纪末松平定信推行的所谓"宽政异学的禁"（宽政2年/1790年）。

三

在研究史领域，将朱子学视为幕府体制教学的丸山学说在战后一段时期内作为公共知识广为流传，但从1960年前后开始，出现了在津田学说的基础上，对丸山学说提出的批判和疑问，尾藤正英的《日本封建思想史研究》（1961年）就是其中的代表，而丸山自己也在1966、1967年度东京大学法学部的讲课中修正了自己的见解，并在之后的1974年英译版《日本政治思想史研究》的作者序文中公开了修改意见。只是普通的日本读者对于这一修改意见是1983年出版的新装版《日本政治思想史研究》卷末刊载了英译文序文的日语版才知道的。也就是说，丸山对自己见解的修正是在1966、1967年度的课堂上进行的，对于当时听过他课的学生来说是已知的事情，但对于普通的日本读者来说，直到1983年以后才被广泛知晓。这当中，实际上产生了十几年的时间滞差①。

与此相关值得注意的是，《丸山真男集》是按照著述刊发的时间顺序排列的，但用外语刊发的论文不是以首发的时间为基准，而是以对应的日语版刊发的时间为基准的。所以，序文也没有收录在1974年的部分（第10卷），而是收录在1983年的部分（第12卷）。因此读者可能会产生丸山到了晚年（1983年当时69岁）才修改其主张的印象，但实际上在10多年前的1966年的讲义（52岁）中就已经做了修改（在该年度的讲义中，丸山在1957年度分发的、尚主张体制教学观点的讲义为基础，对旧学说进行了修改。详请参照《丸山真男讲义录（第六册）》（2000年）的"解题"，第288~290页）。

进一步说，丸山的修订意见之所以出现在1966年度讲义中的背景，是因为他从1961年到1963年在欧美长期逗留，回国后的讲义从1963年度到

---

① 《日本政治思想史研究》英译版作者序文的汉译收录于王中江译本的正文之前、孙歌著《丸山真男的两难之境》（代译序）之后。对于中国读者来说，知晓丸山真男的修正意见滞后于日本30多年。

1965年度导入了"原型"①的视点，在1966年度的课堂上，首次以古代、中世纪为主论述了近世。因此，这种有必要修订的认识可能在1966年以前就有了。在1966年的《讲义录》中，丸山主张应该将作为狭义的体系性教义的儒学与卡尔·曼海姆（Mannheim）提出的、作为思考方式的儒学区别开，应该对各自的社会渗透度分开来思考。而后者，即对德川时代的人们来说，从儒教在形成观察世界的视角结构这一点上，儒教可以说是近世日本体制的意识形态。

实际上丸山在1942年发表的《福泽谕吉的儒教批判》开头，对于在德川时代儒教作为思想体系在日本国民之间多大程度上被接受，另外在国民生活中作为具有实质性的限制力发挥了多少作用也是有疑问的，他认为儒教在思想界几乎占据垄断地位的仅限于德川前期。他在书中还写道："儒教的强大性并不在于其作为体系的影响力，而是在于儒教的各种理念对于封建社会的人们而言，可以说是一种思维典范的存在"（《丸山真男集》第2卷，第140页）。也就是说，丸山在战前就已经将作为体系性教养的儒教和作为一般性思维典范（观察世界的视角结构）的儒教区分开了，基于这种早年就已经形成的区别，在66年的讲义里，丸山对幕府采用朱子学作为体制教学这一点上修改了旧说，而在儒教＝视角构造论方面则维持了旧说。

以上，有关德川体制与儒教的关系，结合津田学说对丸山学说的变化（时期和内容）进行了探讨。关于津田和丸山对近代思想史的整体发展的学说内容的继承和批判关系，在拙稿『戦時下の丸山眞男における日本思想史像の形成——福澤諭吉研究との関連を中心に』（《战时丸山真男的日本思想史像的形成——以福泽谕吉研究的关联为中心》）（《思想》964号，2004年8月。后作为第六章收录于拙著『福澤諭吉と丸山眞男—近現代日本の思想的原点』）中进行了探讨，可供相关人员参考。

---

① 丸山真男后来又分别使用了"古层"和"执拗低音"概念，在其『原型・古層・執拗低音』一文中对这三个概念做过解释。参见『日本文化のかくれた形』（《日本文化的深层形式》），岩波书店，1984年，后收录于『丸山眞男集』第12卷，岩波书店，1996年。

On the Relation of the Tokugawa regime to Confucianism: Comparing Tsuda's theory with Maruyama's

Abstract: Maruyama Masao set out in his 1940 article a theory that Neo-Confucianism of the Zhu Xi school became the orthodoxy of the Tokugawa regime. Later the article was included in Maruyama's 1952 book, and his theory was widely accepted. But prior to Maruyama, Tsuda Soukichi had already brought forth an opposite theory in 1917.

According to Tsuda, neither did Tokugawa Ieyasu treat Hayashi Razan as a political advisor, nor did he accept Neo-Confucianism as the Government's orthodoxy. Tsuda argued that Tokugawa politics, which rooted from warrior class tradition and practical wisdom, had little to do with Confucianism.

Historically, Tsuda's viewpoint is correct, and later Maruyama himself revised his previous theory, proposing a new one in university lectures in 1966 and in 1967, and publishing it in the author's preface to the English version of Studies in the Intellectual History of Tokugawa Japan in 1974. But it was not until 1983 that this preface was translated into Japanese when the book's new Japanese edition came out. Therefore, while Maruyama first revised the theory in 1966, it was not until after 17 years later that Japanese readership came to be aware of the fact. Partly because of this reason, Maruyama's old theory in 1940 sometimes still holds true at home and abroad despite the fact that his theory was revised later.

Key words: the Tokugawa regime; Confucianism; Tsuda Soukichi; Maruyama Masao

"柿柿如意"与"涩味"之别

——中日有关柿子的不同艺术审美取径[*]

李雪涛[**]

【摘　要】 作为中国土生土长的一种植物,柿子在中国有着3000年以上的栽培历史。自秦汉以来,从柿蒂发展而来的"柿蒂纹"就被用作玉器、青铜器、陶器、瓷器、丝绸的装饰图案,后来也成为中国的吉祥图案。柿子传入日本后,在14～15世纪的室町时代,日本艺术家从柿子未成熟的味道抽象出"涩味"一词,用来特指柿子的酸味。而到了17世纪江户时代初期,"涩味"开始成为一个美学范畴。"柿子"反映出了中日两个民族的审美差异。

【关键词】 柿子　柿柿如意　涩味　侘寂　中日艺术审美差异

13世纪,南宋到元时期的中国画家牧溪是谜一般的人物,而在传统的中国绘画史中,他并没有特殊的地位。牧溪殁后,包括《六柿图》在内的他的大部分作品传到了日本,[①] 对日本的绘画、园林、茶道,乃至美学都产生了极大的影响。日本人欣赏牧溪,给他以"和尚"的爱称,这一全称名词在当时的日本画坛上成为特称名词,专指牧溪。牧溪在日本茶道中的地位,也是不可替代的。[②]

---

[*] 本文系作者向"中华思想文化术语传播工程"举办的"中华思想文化术语国际传播力建设学术研讨会"(2021年12月23日)提交的论文,其中部分内容在会议上做了宣读,特此说明。
[**] 李雪涛,北京外国语大学历史学院教授。
[①] 室町时代能阿弥(1397～1471)编辑的《御物御画目录》中所记录的中国绘画中就有牧溪的作品,足利义政(1436～1490)将军手中珍藏着的279幅中国绘画作品中,牧溪所绘的释道人物、花鸟、山水等各种题材的画作达103幅之多,占到将近百分之四十。〔日〕后藤亮子:《中日美术界笔墨观差异之探源——从赵孟頫和牧溪在日本画坛的不同际遇谈起》,载《中国美术学院学报》2018年第9期。
[②] 〔日〕后藤亮子:《中日美术界笔墨观差异之探源——从赵孟頫和牧溪在日本画坛的不同际遇谈起》,载《中国美术学院学报》2018年第9期。另请参考〔日〕户田祯佑《牧溪序说》,徐建融编著《法常禅画艺术》,上海人民美术出版社,1989,第105～153页,此处见第127页。

近现代以来，日本佛教界乃至文艺界对牧溪极为推崇。到了20世纪上半叶，随着日本禅宗在西方世界的风靡，牧溪的禅画，特别是这幅《六柿图》也在欧美得到了广泛的接受。牧溪因而被认为是禅画的开创者，他的《六柿图》也被认为是"禅画中最具典型意义的作品"。[①] 近两年笔者从艺术史和思想史的角度研究这幅《六柿图》，发现除了在文人画和禅画方面的不同之外，对作为水果的柿子，中日文化的审美趣味也迥异。

图1 藏于日本京都大德寺龙光院的牧溪作品《六柿图》

一 中国柿子

瑞士植物学家康多尔（Alphonse de Candolle, 1806～1893）在19世纪对人类的栽培植物进行过研究，他认为应用果实的植物共有41种，而原产于中国的有10种之多，其中就有柿子。[②]

[①] 参见 Charles Lachman, "Art", in Donald S. Lopez (ed.), *Critical Terms for the Study of Buddhism*, Chicago: University of Chicago Press, 2005, pp. 4-5。

[②] Alphonse de Candolle, *Origin of Cultivated Plants*, New York: D. Appleton and Comp, 1885, p. 18.

· 47 ·

图 2、3　瑞士植物学家康多尔（左）及其《栽培植物起源》
一书英文版（1885）扉页书影

柿子为柿科柿属植物，落叶乔木，原产地就在东亚，在中国已有 3000 多年的栽培历史。《礼记》的"内则"篇内容为在家庭内部父子、男女所应遵行的规则，其中就有对周代人饮食的规定，柿子是国君日常食用的 31 种食物之一，可以从中知道古人心目中柿子的高贵身份。梁简文帝（503～551）称赞柿子："悬霜照采，凌冬挺润，甘清玉露，味重金液，虽复安邑秋献，灵关晚实，无以疋此嘉名，方兹擅美。"[1] 从秋后霜重柿子变红的美感，到柿子汁液浓香的美味，萧纲认为柿子是堪称完美的一种水果。唐朝段成式（803～863）称柿树有所谓"七绝"："一多寿，二多阴，三无鸟巢，四无虫蠹，五霜叶可玩，六嘉实，七落叶肥滑，可以临书也。"[2] 段成式描述了柿树的七大好处，认为柿树可谓一种尽善尽美的植物。陆羽（8 世纪）在《茶经》中引用晋代傅巽（3 世纪）《七诲》，列举出八样珍奇的果子：

---

[1]《谢东宫赐柿启》，见萧纲著，肖占鹏、董志广校注《梁简文帝集校注》（2），南开大学出版社，2015，第 653 页。

[2] 邵博：《邵氏闻见后录》卷二十九（汲古阁本）。此处转引自李时珍《本草纲目》（点校本·第三册），人民卫生出版社，1978，第 1778 页。

蒲桃、宛柰、齐柿、燕栗、峘阳黄梨、巫山朱橘、南中茶子、西极石蜜。①在世界艺术史上占有一席之地的《韩熙载夜宴图》，共有五段的画作，在第一段"听乐"中，每位食客面前都摆放了四大碗四小碟，其中的果盘上最明显的就是带蒂的柿子。

北宋诗人张仲殊，俗名张挥，出家后的法号为"仲殊"。他在《西江月》词中如此描写其所见柿饼的味道和外貌："味过华林芳蒂，色兼阳井沈朱，轻匀绛蜡裹团酥，不比人间甘露。神鼎十分火枣，龙盘三寸红珠。清含冰蜜洗云腴。只恐身轻飞去。"在仲殊看来，柿子的香味堪比花的甜美，而其外表又呈现出金红色的色泽，光滑油亮，仿佛裹了一层腊釉一般，而里面却酥软，堪比人间的甘露。不仅仅是一般的美味，在仲殊看来，柿饼堪比天上仙家炼出来的仙丹，是被放在龙盘上的贡品，甚至担心吃了它会随时升天而去。这当然是一种夸张的游戏之说。但从这首词中可以清楚地看到一种古典的对柿子的认识：甜美的味道，金红色的完美色调……体现出一种中国传统文人的审美。

二　柿柿如意

由于"柿"与"事"、"世"等字谐音，有吉祥的寓意，古人便将诸多喜庆吉祥的内涵融入其中，如"事事如意""事事安顺"等。"事事如意"也是汉族传统吉祥图案之一，由两个"柿子"和一只"如意"构图，取吉祥之意。而在中国一些地方也有过年吃柿子的习俗，或者在婚俗中柿子也是必备的吉祥果品之一，寓意"事事如意"。

1. 柿蒂纹

不仅仅是实物，柿子在中国文化中的吉祥如意的象征含义，也体现在各种图案之中。跟其他诸如桃李等果实不同，从柿花开放后，就留下一个相对很大的蒂，随着果实的生长，柿蒂（也被称作"柿子盖"）一直紧紧护托着果实，与果实相伴相生。这在自然界中是相当独特的现象，并且柿蒂大而厚实，形态美观。"柿蒂纹"的图案，兴起于战国之前，至今已有3000余年的历史，这一图案在汉代颇为流行。汉代流行五行学说，而柿蒂与四

---

① 陆羽：《茶经·七之事》（"格致丛书本"）。此处转引自《四库提要著录丛书》（子部103），北京出版社，2010，第103~456页。

个萼片正好代表着中央与四方:五方对应五行——东方木、南方火、中央土、西方金、北方水。这既是对宇宙间万事万物的五种不同属性的抽象概括,也是对事物的结构关系和运动形式的形象描绘。

从艺术史的角度来看,柿蒂纹的设计形象美观、大方、装饰性很强、线条简单明快。《酉阳杂俎》(9世纪)一书就柿子的根写道:"木中根固,柿为最。俗谓之柿盘。"① 由于柿树的寿命很长,根部最为坚固,这也赋予了柿蒂纹以"永久""牢固"的寓意,象征着家族、国家的坚实牢固、人丁兴旺、传承祥瑞。所以柿蒂纹被用在战国时代的玉剑首、玉灯、玉盒、玉环以及金缕玉衣等玉器上,也用在铜镜、酒樽等青铜器上,或者用在陶罐、茶壶盖、壶嘴等陶器的装饰上,也用在伞盖、漆奁盖上,同时也见于汉代墓室天井上、墓门上。柿蒂纹有时也会用在门楣、银镯、银碗、水烟筒等物件上。明代锦衣卫飞鱼服、蟒服、斗牛服等皆使用柿蒂纹作为装饰刺绣。当代复兴汉服的人们,也一再将柿蒂纹刺绣装饰在服饰上。白居易(772~846)有一首《杭州春望》,其中颈联的两句为:"红袖织绫夸柿蒂,青旗沽酒趁梨花。"② 这里的"柿蒂"就是指杭州出品的织有柿蒂花纹的绫布。

图4 清代的白玉柿蒂纹剑首

---

① 段成式:《酉阳杂俎》续集卷九(通行本)。此处转引自段成式撰,曹中孚校点《酉阳杂俎》(历代笔记小说大观),上海古籍出版社,2012,第179页。

② 彭定求等编《全唐诗》卷0443(扬州诗局本)。此处转引自元稹、白居易《元白诗选注》,中州书画社,1982,第227页。

今天在汉砖中，我们依然可以看到柿蒂纹的图案，这些汉砖有些被改造成为了砖砚。在汉景帝（前157年～前141年在位）阳陵博物院可以看到出土的一件"柿蒂四乳龙虎纹镜"：其钮座即为柿蒂纹，主纹区以四个柿蒂座乳钉分为四区，有对称的两组龙虎纹。图案线条流畅逼真，形象生动。在南昌汉代海昏侯国刘贺（？～前59年）墓发掘的漆木上，也发现了柿蒂纹。除了漆器外，出土的瓦当，中间圆圈内便是柿蒂纹，周围是卷云纹。而鎏金青铜镜，镜钮周围的花纹也是柿蒂纹。

　　2021年6月在北京古天一拍卖会上，有一件清代的"白玉柿蒂纹剑首"：中间阴刻四片柿蒂，中心有圆孔。柿蒂纹外围雕饰勾连云纹，组成四组变体夔龙纹。尽管是清玩，但其整体纹饰细腻精美，具有战国晚期的风格。

2. 借"柿"谐音的图案与绘画

　　在中国文化中，由于汉字具有形音义的特征，中国人常常用象征、谐音等手法设计具有一定吉祥寓意的装饰纹样，以表达对幸福、欢乐喜庆的向往。吉祥图案滥觞于商周，发展于唐宋，昌盛于明清。吉祥图案所针对的常常是人生的几个重要阶段，一般包括四个方面的内容：象征财富的"富"；代表权力、功名的"贵"；可保平安，有延年之意的"寿"；与婚姻、友情、多子多孙等均有关的"喜"。以"富贵寿喜"为主题的吉祥图案的构成方法，具体到柿子来讲一般来说有三种：一是以纹样表示，二是以谐音表示，三是以文字来说明。以纹样形象来表示，就是将一些中国人认为具有吉祥寓意的动植物的自然属性、特性等延长并引申。例如前文提到的"柿蒂纹"就是以写意的手法，将柿蒂的形状描绘出来的纹样。以谐音表示，如前文提到的"柿"与"事"的谐音。而柏树因冬夏常青、凌寒不凋，象征着人的长生不老，用以祝福长寿万年。柏树枝与柿子常常以图案的方式组合在一起，象征着"百事如意"。

　　旧时在中国的很多地方，大年初一要将柏树枝、柿子（或柿饼）与金橘放在一个盘子里，组合成为一个吉祥图案，置于堂前的几案上，其谐音为"百事（柏柿）大吉"。明宪宗朱见深（1447～1487，其中1464～1487年在位）留下一幅著名的《岁朝佳兆图》（1481年，现藏北京故宫博物院）。画面中有两个人物：右手持如意的钟馗，双手捧着盛有柿子和柏树枝的盘子的小鬼。小鬼将盘子举过头顶，寓意"百事如意"。作品的右上方御题为："柏柿如意：一脉春回暖气随，风云万里值明时。画图今日来佳兆，如意年年百事宜。"可见当时"柏柿"的谐音搭配已经深入人心了。

图 5　明宪宗朱见深留下的著名画作《岁朝佳兆图》（1481）

德国汉学家艾伯华（Wolfram Eberhard，1909~1989）在《中国象征物词典》中选择了一幅集百合、柿子和如意（灵芝）为一体的吉祥图案，象征着"百事如意"。① 这一题材后来在齐白石（1864~1957）的绘画中也曾出现过。

民间也有将柿子与如意组合在一起的图案，象征着"事事如意"，见图6、图7、图8。

齐白石的绘画中尽管有时也会出现黄色或青灰色的柿子，不过从主题上来讲依然是吉祥如意的寓意，画家常常也会题上"事事平安"一类的吉祥用语。齐白石自己也以"柿园先生"自喻，意味着柿子可以给人带来洪福吉利。

---

① Wolfram Eberhard, *Lexikon chinesischer Symbole: Die Bildsprache der Chinesen*, München: eugen Diederichs Verlag, 2. Aufl., 1989, p. 221.

"柿柿如意"与"涩味"之别

图6 为艾伯华《中国象征物词典》中所选的"柿柿如意"图

图7 选自日本学者野崎诚近编绘的《凡俗心愿——中国传统吉祥图案考》,(九州出版社,2018,第9页)

图8 事事如意(选自上揭《凡俗心愿》第8页)

三 涩味

1. 涩味的来源

"涩"味缘于柿子中含有大量可溶性单宁(tannin)。单宁通称鞣酸或单宁酸,是植物细胞的单宁体中的一种防卫用化学成分,它刺激口腔黏膜上的触觉神经末梢,让人有"涩"的感受。这其实是很多植物自我"保护"的一种方法,可以防止其果实在成熟之前被动物采食。单宁会与唾液中的蛋白质发生反应,给口腔带来不适的干涩感。单宁具有抗氧化作用,这就

· 53 ·

是为什么富于单宁的柿饼，会有一种香醇细致的厚实味道。

图 9　塑料容器中的单宁

在汉语里，"涩"所表示的是这种使舌头感到不滑润不好受的滋味，杜甫《病橘》中有"酸涩如棠梨"之句。①"涩"也被引申出不光滑、不滑溜的意思，例如"轮轴发涩"；以及文字难读难懂，不流畅，例如"晦涩"。

《六柿图》的主题一改在中国所突出的是谐音"事事如意"，在日本所强调的是"涩味"（渋み），这不仅仅指未成熟柿子的涩味，还是一种雅致、素雅的审美。

2. 日本的涩味

室町时代（1336~1573）的日本艺术家从柿子未成熟的味道抽象出"涩味"（渋み shibumi）一词，这一术语最初用来特指柿子的酸味或涩味。②"涩味"的字面含义显然与"甘甜"（甘い）正好相反。而到了江户时代（1603~1868）初期，"涩味"逐渐脱离了原本的含义，开始指代令人愉悦的一种美学形态。江户时代的人们为了表达他们的品位，用"涩味"来指代从歌谣到时尚再到手工艺的任何东西，这些东西通常拥有一种发自其自身的淡雅和美丽，而无须精心地予以装饰。从本质上讲，"涩味"的审美理想是以直接、简单的方式寻求美丽的事件、表演、人物或对象，因此它是

---

① 彭定求等编《全唐诗》卷 0219（扬州诗局本）。此处转引自杜甫著，杨伦笺注《杜诗镜铨》（上），上海古籍出版社，2019（第 2 版），第 370 页。
② 参见 Allan Casebier, "Japanese Aesthetics with Some Western Analogues", in Mazhar Hussain, Robert Wilkinson, *The Pursuit of Comparative Aesthetics: An Interface between East and West*, Ashgate Publishing, Ltd, 2006, pp. 227 - 228。

反对浮华的。"涩味"作为日本美学的概念，其后除了艺术和时尚之外，也应用于更加广泛的主题。①

作为美学的概念，"涩味"拥有一种丰富、柔和的外观和体验，具有内在的优秀品质，同时具有形式、线条和精进的简练性，并会从中产生永恒的宁静。"涩味"的对象总体上看起来很简单，却包含着微妙的细节，如简易性与复杂性的统一。这种简单与复杂的平衡能够确保人们不会厌倦一件"涩味"的物品，并且可以从中不断发现新的含义和丰富的美，从而使其美学价值逐年增长。②"涩味"乃是处于优雅与粗犷、自然与内敛等对比鲜明的美学概念之间的游刃有余，它拒绝任何的极端。③

图10 小濑户清酒杯

说明：这个小濑户清酒杯不规则的形状和质地，以及其柔和的颜色都表达了"涩味"的观念。

始创于1896年的《美丽的住房》(*House Beautiful*)是美国历史最悠久的关注室内设计、建筑、家居装饰和园艺的刊物，此刊1960年的8～9月号专门介绍了作为日本美学概念的"涩味"。由于这本杂志同时在美国和英国发行，"涩味"的美学概念曾一度在欧美非常流行。之后，被誉为"英国制

---

① Frederic de Garis and Atsuharu Sakai, "Artistic, Aesthetic, and Poetic Tastes of the Japanese. Shibui Konomi. An Elusive Phase of Japanese Aestheticism", in *We Japanese*, Routledge, 2009, p. 15.

② Sunamita Lim, *Japanese Style*: *Designing with Nature's Beauty*, Gibbs Smith, Publisher, 2007, p. 41.

③ Takie Sugiyama Lebra, *Japanese Patterns of Behaviour*, Honolulu: University of Hawaii Press, 1976, p. 20.

陶工作室之父"的伯纳德·利奇（Bernard Leach，1887~1979）在翻译日本艺术大师柳宗悦（1889~1961）的作品《无名工匠》（*The Unknown Craftsman*，1972）时详细讨论了"涩味"，从而使这一概念在西方世界得到更深层面的传播。

图11　1960年8~9月号英文版《美丽的住房》
说明：本期专门介绍了作为日本美学概念的"涩味"（shibui），其中第54~57页的介绍是"What Japan can contribute to your way of life"（日本能为你的生活方式贡献什么？）这对当时流行的"美国生活方式"（the American way of life）无疑是一种有益的互动

四　由"涩味"到"侘寂"

《六柿图》也让笔者很自然地想起日本美学中的"侘寂"。"寂び"（Sabi）中的"寂"在古语中也可写作"錆"，是"旧化、生锈"的意思。这一美学思想常常被描述为"不完美的，无常的，不完整的"，这显然与佛教"世间皆苦"的"苦"的观念有关。一般来讲，如果一个器物能给人带来内心的宁静和精神上的向往，它就被认为是侘寂。侘寂让人意识到在贫困与孤独中寻找满足，并且能够在静寂之中感受到事物的深邃和美妙。侘寂一般以消极、谦虚和安静为主，让人从中感觉到世界的流转变迁和转瞬即逝。铃

"柿柿如意"与"涩味"之别

木大拙(1870~1966)从佛教特别是禅宗的角度理解"侘寂":"'侘'的真正意义是'贫困',消极地讲就是'不在时代潮流中随波逐流'。……当这种不完整之美伴随古雅和原始性时,则会出现日本的鉴赏家们所欣赏的'寂'之美。古雅和原始性也许不是现实性,但一件艺术作品只要表面能显示出历史时代感,'寂'就会在其中。"[1] 也就是说,在"侘寂"之中,人们已经充分认识到了没有完成、不完美的事物的必然,并从中体验到了美。

图12 西芳寺湘南亭,这一园林之作被认为是侘寂美学的典范

柿子向我们展示的是一种自然进程,柿子本身会有青涩、成熟、腐烂的过程,而牧溪的《六柿图》也向我们展示了柿子变旧、起皱、褪色等过程。如果顺着这一思路去思考的话,就会发现牧溪的《六柿图》其实显示了一种枯寂之美。《六柿图》本身以及由作为"茶挂"的《六柿图》所形成的一个场域都构成了一种适度、谦逊而又远离世俗的"侘寂"之美。柿子本身所具有的那种粗糙、简单、不完美,这是一种未满、无常、残缺之美,牧溪构图时看似随意摆设的"不对称性",这两者合在一起真正体现了"侘寂"美学的特征。这幅历经了七百多年历史风云的作品,其中蕴含着经由岁月洗练后的古雅、简朴与收敛的特征。从侘寂美学的角

---

[1] 〔日〕铃木大拙:《禅与日本的艺术》,〔日〕铃木大拙:《禅与日本文化》,钱爱琴、张志芳译,译林出版社,2017,第29~31页。

· 57 ·

度来看，茶室之美，在于其简朴。由于茶室都不是很大，悬挂的字画一般只有一幅，茶室融合了建筑艺术、室内和庭院设计、插画、料理，间或也会有表演，因此正是诸如《六柿图》的禅画，使茶道成为一种兼收并蓄的艺术。

由于作为"挂物"的《六柿图》主要用于烘托"茶室"的氛围，而茶室一般处在一个狭小的空间里，吃茶的器具本身也不讲究精致——所有事物皆不完美，而这一切所体现出来的正是"涩味"与"侘寂"的美学。尽管这一切都来自柿子和牧溪的《六柿图》，但这些内容都是中国文化中所不具备的。

结 论

中国人注重的是柿子的甜味，从中阐发出来的是"事事如意""圆满"等中国喜庆的象征含义，因此柿子常常被用在吉祥图案之中。而日本文化所注重的是柿子的"涩味"，这是源自柿子本身的一种味道，也体现了事物本身的不完美性，从而发展出一种"涩味"美学。日本的美学并未停止于"涩味"，它们又在此基础之上与佛教的诸多观念结合，发展出了"侘寂"美学。

从柿蒂纹的对称，可以看出中国古人对永恒的一种向往，对称给人一种四平八稳的感觉。因此在审美上，中国古人追求成熟、圆满的美感。一般来讲，讲求对称就必须对外部的事物进行刻意的雕琢和安排。柿子传到日本之后，从14世纪的室町时代起，日本文化开始关注柿子的涩味，非对称也成为日本各种形态的基本结构。不求对称，也是人对外部世界的一种认同或归属。当中国文化着意表现人定胜天的宏伟气魄之时，日本文化却意在表现崇尚自然的回归心理。日本从柿子的"涩味"生发出对生命本真的热爱，并生成为一种人生的美学。"涩味"最终发展成为一种具有世界影响和当代意义的美学观念。

Auspicious in Implication or Astringent in Taste?
—Different Aesthetic Approaches to the Art Appreciation of Persimmon in China and Japan

Abstract: As a native fruit, persimmon has undergone a planting history of more than 3000 years in China. Since the time of the Qin and the Han Dynasties (3. Century BC to 3. Century AD), the artistic line developed from persimmon calyx has been widely applied in the decorative patterns on jade ware, bronze ware, earthenware, chinaware and silk, which has also become the basic design of auspicious pattern in China. During the Muromachi period (1336 – 1573) after persimmon had been imported into Japan, Japanese artists coined the word shibui (astringent) to refer to the sour taste of unripe persimmon. Then at the beginning of the Edo Period (1603 – 1868), shibui was often used in terms of its aesthetic domain. The different artistic aesthetics in China and Japan derived from the same plant persimmon also displayed the aesthetic difference between these two nations.

Keywords: Persimmon; Auspicious; Astringent; Wabi-sabi; Difference of Artistic Aesthetics in China and Japan

日本语言与教育

语篇理论视域下日语论元语序的制约机制及翻译原则[*]

陈燕青[**]

【摘　要】 本文在语篇理论视域下,以日文小说《起风了》及其四个汉译本为对象,探讨日语论元语序的制约机制及翻译原则。日语论元语序同时受句法语义和语篇两个因素制约,句法语义的调控手段体现为论元与谓语的紧密度,语篇的调控手段体现为信息结构和主位结构。其中,语篇因素优先于句法语义因素起作用,在语篇因素中主位结构优先于信息结构起作用。为了使译文最大限度地还原原文的表达效果,翻译时要在保证符合译语表述规范的基础上遵循"主位结构＞信息结构＞紧密度原则"的优先原则。

【关键词】 语篇　信息结构　主位结构　语序

引　言

一般认为汉语中语序是处理句子信息的主要依据,语法意义和句子类型往往通过语序来表示,语序较严格,而日语是黏着语,语法标记承担主要的句法功能,语序比较自由。在(1)中,汉语语序不同,句子可接受度也不同,而在(2)中,日语语序的变换并不影响句子的成立。

---

[*] 国家社会科学基金青年项目"中国日语学习者语篇加工能力的动态发展模式及影响因素结构研究"(项目编号:20CYY054,负责人:陈燕青)的阶段性成果。
[**] 陈燕青,福建师范大学外国语学院日语系副教授、硕士生导师,主要研究方向为日本语言学。

(1) a. 小王给小李一束花。
　　b. *小王一束花给小李。
(2) a. 中沢さんに花を贈った。
　　b. 花を中沢さんに贈った。

　　不过，近年来也有学者指出日语语序并非完全自由。① 本文根据自由度把日语语序分为固定语序、部分自由语序和自由语序三类。固定语序是指名词性成分（如名词与修饰成分、格助词、提示助词等）或谓语成分（如谓语词干与语态、时体、情态等）等完全固定的语法语序。固定语序也是以往研究关注的焦点。部分自由语序是既可使用常规语序（即常序），也可使用非常规语序（即变序）的情况。自由语序是指无常序和变序之分，两种均可使用的情况（如「AとB」或「BとA」）。本文讨论的是部分自由语序。

　　常序是具有一般性、普遍性的语序。进入实际语篇后，句子成分的语序可能与常序一致，也可能发生变化。前者被称为"静态语序"，后者被称为"动态语序"②，也有研究将二者分别称为语法语序（「文法的語順」）和语用语序（「語用的語順」）。③ 同一概念意义的句子会因为各自语序的不同而产生不同的主题意义④，这点在翻译上尤其如此。翻译的直接对象是原文语篇，翻译的最终产品是译文语篇，因此语篇如何作用于语序，翻译时应该如何体现原文通过语序而传达出的不同的表达效果是值得探究的课题。

　　语篇构成的各下级单位之间存在着语义和结构上的联系，这种纵横交错的联系将语篇的各构成单位组合成了一个有机的语篇整体。系统功能语言学的语篇理论把这种联系概括为衔接（cohesion）和连贯（coherence）。⑤

---

① 〔日〕小池清治：「形容詞の語順」，『言語』第29卷第9期，2000。〔日〕野田尚史：「語順を決める要素」，『言語』第29卷第9期，2000。〔日〕野田尚史：「語の順序・成分の順序・文の順序——順序の自由度と順序の動機」，『日本語文法の新地平1 形態・叙述内容編』，東京：くろしお出版，2006。
② 范晓：《关于汉语的语序问题（一）》，《汉语学习》2001年第5期。范晓：《关于汉语的语序问题（二）》，《汉语学习》2001年第6期。
③ 〔日〕中島平三：「語順から言語能力と言語運用を考える」，『言語』第29卷第9期，2000。
④ 王东风：《语篇连贯与翻译初探》，《外语与外语教学》1998年第6期。
⑤ M. A. K. Halliday, *An Introduction to Functional Grammar*, London: Edward Arnold, 1985.

衔接重视形式上的显性标记（如指示词、接续词等），而连贯重视意义。①翻译联结的是具有不同形式和句法特征的两种或多种语言，比起形式上的对应，意义的对应显然更为重要，因此本文着眼于连贯这一隐性的谋篇手段。

语篇连贯的两个重要子系统是信息结构和主位结构，信息结构是就小句各要素传递给读者或听者的是新信息还是已知信息的考察，主位结构是对小句的句首成分（即主位）和围绕句首成分展开陈述的部分（即述位）进行的考察。②本文以日文小说《起风了》及其四个汉译本③为对象，从系统功能语言学的语篇理论角度考察语篇的发展对语序的制约因素，探讨翻译应该如何体现原文语序传达的表达效果，从而实现译文语篇的连贯。

一　信息结构对语序的制约机制及翻译

（一）日语论元语序的一般规则

句子由论元和其他附加成分构成，其中论元是句子的主干，故本文以论元语序为对象展开讨论。在日语中，各个论元虽然在表面上呈线性排列，但其与谓语并非构成并列关系，而是形成层级式、包含的语义关系，即论元与谓语之间形成如（3）所示的关系结构。同时，必有论元内部存在"语义功能等级（「意味役割の序列」）"，即在谓语指定的论元成分中，遵循（4）的语义优先顺序，从位于上位的成分开始逐次与谓语结合。④

（3）〔论元₁　〔论元₂　〔论元₃〕　谓语〕〕
（4）语义功能等级：
着落点（「着点」）＞受事（「対象」）＞与事（「相手」）＞施

---

① 〔日〕石黒圭：「文章理解における一貫性の把握について」，『一橋大学国際教育センター紀要』第二卷，2011。
② 陆俭明：《重视语言信息结构研究 开拓语言研究的新视野》，《当代修辞学》2017年第4期。
③ 〔日〕堀辰雄：『風立ちぬ』，東京：新潮文庫，1951。译本a：《起风了》，岳远坤译，南海出版社，2014。译本b：《起风了》，烨伊译，新星出版社，2014。译本c：《起风了》，林少华译，中国宇航出版社，2016。译本d：《起风了》，朱园园、张朝卿译，万卷出版公司，2016。
④ 〔日〕益岡隆志：『命題の文法』，東京：くろしお出版，1987，第132頁。

事・经事（「動作主・経験者」）

语义功能等级实际上也反映了论元与谓语的紧密度差异，优先与谓语结合的论元与谓语的紧密度更高，反之与谓语的紧密度则更低，这一原则被称为"紧密度原则"。紧密度原则不仅适用于必有论元，还适用于可有论元[1]，故可作为判断论元语序类型的重要标准。

以（5）（6）为例，「を」格标记必有论元，「から」标记可有论元，必有论元与谓语关系更紧密，故（5）的「～から～を」为常序，（6）的「～を～から」为变序。

（5）そして裏の雑木林から、単調な、重くるしい音を引きもぎった。風のない日は、私達は終日、雨が屋根づたいにバルコンの上に落ちるのを聞いていた。

（6）その日、私は患者達がまだ誰も知らずにいるらしいその前日の出来事を、ふとしたことから聞き知った。それはなんでも、例の気味のわるい神経衰弱の患者がその林の中で縊死していたと云う話だった。

由上可知，日语论元的常序遵循紧密度这一句法语义规则，必有论元与谓语关系更紧密，故在线性位置上与谓语也更接近；反之，可有论元与谓语的位置则更远，而在必有论元内部可根据语义功能等级进行判断。

例（7）中「私は」「日ごと日ごとを」「物語に」的语义角色分别是施事、受事和着落点，按照语义功能等级，这三个论元与谓语的紧密度为"「物語に」＞「日ごと日ごとを」＞「私は」"，而（7）的论元与谓语的线性位置关系也遵循这一等级，故为常序。

（7）私はそんな私達の奇妙な日ごと日ごとを一つの以上にパセティックな、しかも物静かな物語に置き換えだした。

---

[1] 陈燕青：《复合接续形式语法化过程中句法语义的制约机制》，《日语学习与研究》2018 年第 3 期。

（二）信息状态的分类

信息传递是语言最本质的功能。关于信息状态分类，一直以来的普遍观点是采用二分法，即将信息分为已知信息和新信息。已知信息即"可复原"（recoverable）的信息，反之则是新信息。可复原是指上文提及过的事物，不可复原指上文未提及过的、意想不到的事物。[①] 然而，对于二分法，也有学者提出了不同的看法。Prince 认为在语篇中已知信息和新信息只是信息价值的两极，中间还有过渡情况，并提出了话语的六种信息状态：已引用的信息＞未使用的信息＞可推知的信息＞包含可推知信息＞有依托的新信息＞新信息。[②] Chafe 根据概念激活状态把信息划分为已知信息、可及信息和新信息。[③] 徐盛桓把信息的五种基本类型归纳为"零位信息＜已知信息＜推知信息＜（已知＋新）信息＜新信息"。[④]

本文赞同信息状态不是两极对立的，而是存在程度差异的连续体，并在参考 Prince、Chafe、徐盛桓的基础上，根据已知性（givenness）和新信息性（newness）程度的不同，将信息状态分类如下：

（8）已知信息＜推知已知信息＜不完备已知信息＜（已知＋新）信息＜推知新信息＜新信息

（三）信息结构对语序的制约机制及翻译原则

本节在（8）的信息状态分类的基础上讨论信息结构对语序的制约及翻译原则。信息结构对语序的调整有两种情况：一是变序后为无标信息结构的情况，二是变序后为有标信息结构的情况。

---

① M. A. K. Halliday, *An Introduction to Functional Grammar*, London: Edward Amold, 1985.
② E. Prince, "Toward a Taxonomy of Given-new Information," in Peter Cole, ed., *Radical Pragmatics*, New York: Academic Press, 1981.
③ W. Chafe, "Cognitive Constraints on Information Flow," in R. Tomlin, ed., *Coherence and Grounding in Discourse*, Amsterdam: Benjamins, 1987, pp. 21–51.
④ 徐盛桓：《再论主位和述位》，《外语教学与研究》1985 年第 4 期。徐盛桓：《信息状态研究》，《现代外语》1996 年第 2 期。

(1) 变序后为无标信息结构的情况

（9）その言葉に胸を衝かれでもしたように、私は思わず目を伏せた。そのとき、突然、私の頭の中を一つの思想がよぎった。そしてさっきから私を苛ら苛らさせていた、何か不確かなような気分が、漸く私の裡ではっきりとしたものになり出した。

根据紧密度原则，（9）画线部分的常序为「一つの思想が私の頭の中をよぎった」，但（9）没有使用常序，而是采用变序。观察可知，「私の頭の中」是前文已知信息「私」身体的一部分，属于推知新信息，而「一つの思想」是新信息，因此画线部分信息流动方向为"推知新信息→新信息"。Bolinger指出说话的自然顺序要从已知信息说到新信息，随着句子推进，线性顺序靠后的成分要比靠前的成分提供更多的信息，这种倾向称为"线性增量原则"[1]。对一个陈述形式而言，无标记模式是从已知信息流向新信息[2]；因此，（9）中画线部分的论元语序虽不符合紧密度原则，但符合信息结构的线性增量原则。相反，如果（9）采用常序，信息结构则变为"新信息→推知新信息"，这就违背了线性增量原则。也就是说，（9）的变序是信息结构中线性增量原则起作用的结果。

下面来看（9）对应的四个译文。

（10）译文 a. 我的心好像被这些话刺痛了，不禁低下了头。这时，脑海中忽然掠过一个想法。刚才一直让我焦躁不安的莫名的情绪，似乎终于在心中清晰起来。

译文 b. 她的话在我心里横冲直撞，我不禁垂下眼帘。这时，我的脑海里突然闪过一个念头，那从刚才就令我焦躁不安的某种含混不清的感想总算在我心里渐渐成形……

译文 c. 我似乎被这句话击中了，不由得伏下眼睛。这时，一个念头倏然掠过我的脑际。而且，刚才就让我心焦意躁的某种似乎不确定的情绪，终于在我的心底变得清晰起来。

---

[1] D. Bolinger, "Linear Modification," *Publications of the Modern Language Association of America* 67, 1952.

[2] 方梅：《篇章语法与汉语篇章语法研究》，《中国社会科学》2005 年第 6 期。

译文 d. 她的话刺痛了我的心，我不由得垂下眼帘。忽然，一个念头从我的脑海闪过，那刚才让我坐立不安的、莫名其妙的感受终于在我心里渐渐浮现。

译文（10）均符合汉语表述习惯，不过（10a）（10b）采用变序，而（10c）（10d）采用常序。从信息结构上看，（10a）（10b）的"脑海→一个想法""我的脑海→一个念头"的信息流动方向为"推知新信息→新信息"，符合线性增量原则，与原文一样为无标的信息结构。而（10c）（10d）的信息流动方向为"新信息→推知新信息"，与原文的信息结构不一致。在保证汉语表述习惯正确的基础上，为了达到表达效果最大的一致性，应采用（10a）（10b）这样与原文信息结构一致的译文。

（2）变序后为有标信息结构的情况

（11）私達の自動車が、みすぼらしい小家の一列に続いている村を通り抜けた後、それが見えない八ヶ岳の尾根までそのまま果てしなく拡がっているかと思える凸凹の多い傾斜地へさしかかったと思うと……
……
サナトリウムに着くと、私達は、その一番奥の方の、裏がすぐ雑木林になっている、病棟の二階の第一号室に入れられた。……
<u>八ヶ岳の大きなのびのびとした代赭色の裾野が漸くその勾配を緩めようとするところに</u>、<u>サナトリウム</u>は、いくつかの側翼を並行に拡げながら、南を向いて立っていた。その裾野の傾斜は更に延びて行って、二三の小さな山村を村全体傾かせながら、最後に無数の黒い松にすっかり包まれながら、見えない渓間の中に尽きていた。

根据紧密度原则，例（11）的画线部分的常序应为「サナトリウムは～ところに」，但原文却采用变序。由上下文可知，画线的「サナトリウム」在前文「サナトリウムに着くと」中已经出现，是已知信息。「八ヶ岳の大きなのびのびとした代赭色の裾野が漸くその勾配を緩めようとするところに」中的「八ヶ岳」在前文「八ヶ岳の尾根まで」中已经出现过，因此「～ところに」为从已知的八岳山推知而来的"推知新信息"。从语篇

信息流动来看，常序的「サナトリウムは～ところに」符合"已知信息→推知新信息"的线性增量原则，但原文却没有采用这种无标的信息结构，而是通过变序形成有标信息结构。

那么为何（11）要通过变序使用有标的信息结构呢？实际上，除了信息量以外，语篇信息结构还有一组重要的概念，即前景信息和背景信息。一个叙事语篇中，有一些语句它们所传达的信息是事件的主线或主干，这种构成事件主线的信息被称为"前景信息"。前景信息用来直接描述事件的进展，回答"发生了什么"这样的问题。另一些语句它们所表达的信息是围绕事件的主干进行铺排、衬托或评价，传达非连续的信息（如事件的场景、相关因素等），这种信息被称作"背景信息"。背景信息用来回答"为什么"或"怎么样"发生等问题①。背景信息一般居于前景信息之前②。（11）描写的是两位主人公刚到疗养院时观察到的景象，画线部分先描写八岳山周边的背景环境，再突出疗养院。从（11）的后文也可以看出，这部分周边环境的描写是以疗养院为叙述焦点，即疗养院为前景信息。可见，（11）画线部分的论元语序虽不符合线性增量原则，但遵循背景信息在前，前景信息在后的原则。换而言之，（11）的变序不是信息量选择的结果，而是信息焦点选择的结果。

下面来看译文处理。

(12) 译文 a. <u>这个疗养院</u>坐北朝南，建在<u>广袤的深褐色山麓趋于平缓的地方</u>，几幢副楼平行伸展。……

译文 b. 八岳山赭黄色的山脚十分辽阔，<u>疗养院就在山坡由陡及缓的一处地方</u>向南而立，几个侧楼与主楼平行，并列展开。……

译文 c. 八岳山平展漫延开去的红褐色山麓逐渐放缓其坡度的地方，<u>疗养院</u>并行铺排的几座翼楼面南而立。……

译文 d. 八岳山红褐色的山麓十分宽广，<u>疗养院</u>位于山坡由陡及缓的地势上，数个副楼与主楼平行，向南而立。……

译文（12）的汉语表述均成立，但叙述方式有所不同。（12a）直接引出前景信息的"疗养院"，而（12 b）（12 c）（12 d）则采取先描述背景再

---

① 方梅：《篇章语法与汉语篇章语法研究》，《中国社会科学》2005 年第 6 期。
② 陆俭明：《从语言信息结构视角重新认识"把"字句》，《语言教学与研究》2016 年第 1 期。

引出前景的叙述方式。在汉语表述均可接受的情况下，译文（12 b）（12 c）（12 d）的表达效果更贴近原文。

综上所述，信息结构的调整会引起变序，信息结构的调整方式包括信息量的调整和信息焦点的调整两种。一般情况下信息量遵循线性增量原则，变序是为了保证无标的信息结构，而当需要调整信息焦点时，可通过变序使用有标的信息结构。已知信息异序到通常为新信息所在的位置上，从而被突显为焦点；新信息异序到通常为已知信息所在的位置上，从而被背景化。在翻译过程中，在保证译语表述符合语法规范的前提下，要尽可能地保证译文与原文信息结构的一致。

二 主位结构对语序的制约机制及其翻译

（一）主位结构及主位推进模式

除信息结构以外，语篇理论的另一重要子系统是主位结构。主位（theme）和述位（rheme）的概念最早由 Mathesius 提出，Halliday 进一步对其发展和解释，指出主位是发话者或作者想要陈述的对象，是话语的出发点，因此主位总是居于句首，述位是话语的核心内容，是对主位的叙述和展开。[①]在语篇谋篇时，前后句子的主位之间、述位之间、主位和述位之间往往会生成某种联系和变化，这种联系和变化叫作主位推进（thematic progression）。主位推进有助于篇章连贯和推进的展开。关于主位推进模式的类型，各家说法不一，有三分法、四分法[②]、五分法[③]和七分法[④]。在这些分类中，徐盛桓的四分法为大多数学者认同，其把主位最基本的发展模式分为四种：平行性发展型、延续性发展型、集中性发展型和交叉性发展型。平行性发展型是指以第一句的主位为出发点，以后各句均以此句主位为出发点，从而引出不同的述位。延续性发展型是指前一句的述位或述位的一部分作为后一句的主位，

---

① M. A. K. Halliday, *Explorations in the Functions of Language*, London: Edwoard Arnold, 1973.
② 徐盛桓：《主位和述位》，《外语教学与研究》1982 年第 1 期。朱永生、郑立信、苗兴伟：《英汉语篇衔接手段对比研究》，上海外语教育出版社，2001。胡壮麟、朱永生、张德禄、李战子：《系统功能语言学概论》，北京大学出版社，2005。
③ J. Firbas, *Functional Sentence Perspective in Written and Spoken Communication*, Cambridge: Cambridge University Press, 1992.
④ 黄衍：《试论英语主位和述位》，《外国语》1985 年第 5 期。

如此延续下去，带动篇章的发展。集中性发展型是指各句的主位不同但述位都采用第一句的述位，即各句从不同的出发点归结到同一种情况或状态。交叉性发展型是指第一句的主位成为第二句的述位，第二句的主位又成为第三句的述位，第三句的主位又成为第四句的述位，如此交叉发展下去。

（二）主位推进模式对语序的调控作用及翻译原则

（13）①汽車は、いかにも山麓らしい、物置小屋と大してかわらない小さな駅に停車した。②駅には、高原療養所の印のついた法被を着た、年とった、小使が一人、私達を迎えに来ていた。
③駅の前に待たせてあった、古い、小さな自動車のところまで、私は節子を腕で支えるようにして行った。④私の腕の中で、彼女がすこしよろめくようになったのを感じたが、私はそれには気づかれないようなふりをした。

例（13）描写的是男女主人公坐火车刚到八岳山的情景。按照紧密度原则可知，①中画线部分的论元语序为常序，②和③为变序，④为常序。(13) 的主位结构和主位推进模式如（14）（15）所示。

（14）主位结构：
①汽車は　　～駅に停車した。
T1　　　　　　R1
②駅には～小使が～来ていた。
T2（R1）　　　R2
③駅の前に～ところまで、私は～
T3（R1、R2）　R3
④私の腕の中で、～
T4（R3）　　　R4
（15）主位推进模式：T1—R1；T2（R1）—R2；T3（R1、R2）—R3；T4（R3）—R4

由上可知，(13) 采用的是延续性发展型主位推进模式，即前一句的述

语篇理论视域下日语论元语序的制约机制及翻译原则

位或述位的一部分作为后一句的主位，如此延续下去，带动篇章的发展。（13）中无标和有标语序的交替使用就是为了实现延续性发展型的主位推进模式。延续性发展型主位推进模式在语篇上的作用是：后一句的内容是对前一句内容的扩展或补充，可以使语篇产生一种结构上首尾相连，意义上步步展开，从而达到扣人心弦的表达效果。

接下来看译文处理。

（16）译文 a.①<u>火车</u>在<u>山脚下一处和小仓库差不多大的小站</u>停下来。②<u>一个上了年纪的勤杂工</u>，穿着印有高原疗养院字样的号衣，来车站迎接我们。③<u>我</u>搀扶着节子，走到<u>车站前一辆很旧的小汽车</u>旁。④感觉<u>她</u>在<u>我的臂弯</u>里摇晃了一下，我却装作什么也没有觉察的样子。

译文 b.①<u>火车</u>在<u>一个名副其实的山麓小站</u>停了下来，站台小到和一间小仓库没有什么分别。②来车站接我们的是<u>疗养院的一位上了年纪的勤杂工</u>，身穿一件印有高原疗养所图样的号衣。③<u>车站前停着一辆老旧的小汽车</u>，<u>我</u>搀着节子走了过去。④<u>她</u>扶着<u>我的手臂</u>，走得有些晃晃悠悠，我却故意装作浑然不觉。

译文 c.①<u>火车</u>停在<u>几乎同小仓房无异的一座小站</u>——到底是山麓了——②<u>一个身穿印有高原疗养院标记号衣的上年纪的勤杂工</u>来车站接我们。③<u>站前停着一辆又旧又小的汽车</u>，<u>我</u>用胳膊架着节子朝那辆车走去。④<u>我</u>感觉<u>她</u>还是有些踉跄，我则做出浑然不觉的样子。

译文 d.①<u>火车</u>在<u>一个似山麓地带被当作仓储间的小站</u>前停下来。②<u>有个穿着印有高原疗养院字样日式短衣的老勤杂工</u>来迎接我们。③<u>一辆老旧小汽车</u>停在站前，<u>我</u>搀着节子的手臂走过去。④<u>我</u>感觉到节子走得有些摇晃，却佯装出一副没有觉察的样子。

（16）中四个译文的主位推进模式如下所示。

（17）译文 a：T1—R1，T2—R2，T3（R2）—R3，T4—R4

译文 b：T1—R1，T2（R1）—R2，T3—R3，T4（R3）—R4

译文 c：T1—R1，T2（R1）—R2，T3（R2）—R3，T4（R3）—R4

译文 d：T1—R1，T2—R2，T3—R3，T4（R3）—R4

(16)的四个译文均符合中文表述习惯,但由(17)可知,除(16c)保留了原文的延续性发展型的主位推进模式以外,(16a)(16b)(16d)均与原文不符。原文(15)通过常序和变序的交替使用是为了达到首尾相连、步步展开的扣人心弦的表达效果,因此,为了还原原文这一表达效果,译文需在符合中文表述习惯的基础上尽量选择与原文一致的主位推进模式。

三 句法语义因素与语篇因素的交互作用及翻译原则

通过前文分析可知,制约论元语序的因素有两个:句法语义因素和语篇因素。句法语义因素体现为论元与谓语的紧密度原则,语篇因素体现为信息结构和主位结构。句法语义因素和语篇因素之间的关系并不是平行的,而是存在交互作用。下面以(13)为例,分析句法语义因素与语篇因素是如何交互作用于语用语序,详见表1。

表1 例(13)中句法语义因素与语篇因素的交互作用

例句	语用语序	信息结构	主位结构
①	常序	无标(已知信息→未知信息)	T1 → R1
②	变序	无标(已知信息→未知信息)	T2(R1)→ R2
③	变序	有标(推知新信息→已知信息)	T3(R1、R2)→ R3
④	常序	有标(推知新信息→已知信息)	T4(R3)→ R4

(13)的①采用常序是紧密度这一句法语义因素起作用的结果。②采用变序,此时紧密度原则不起作用,信息结构和主位结构这两个语篇因素同时起作用,说明语篇因素对语序的决定作用要优于句法语义因素。③采用变序,信息结构为有标,说明紧密度原则和信息结构均不起作用,而是主位结构起作用,可见主位结构对语序的决定作用要优先于紧密度原则和信息结构。④的信息结构为有标,说明此处的常序是主位结构调控的结果。由此可知,论元的语用语序是句法语义因素和语篇因素共同制约的结果,二者的交互作用如下:语篇因素优于句法语义因素起作用,在语篇因素中主位结构优先于信息结构起作用。

句法语义因素受到语言各自不同特点的制约,在翻译上很难追求形式上的完全对应。信息结构和主位结构作为语篇连贯表达的隐性衔接方式,前者从听话人角度出发，后者从说话人角度出发，与原文语篇要传达的主题意义息息相关，同时完整意义上的主位推进模式也是语篇的形式与内容完美结合的重要谋篇手段，因此，在保证译语符合表述规范的基础上，为了使译文最大限度地还原原文的表达效果，翻译中要遵循的"主位结构＞信息结构＞紧密度原则"的优先顺序。

综上，句法语义因素与语篇因素对论元语序的制约机制和翻译原则可归纳如图 1 所示。

```
                                        对语序的制约作用
弱 ─────────────────────────────────→ 强
    ┌──────────────┐       ┌──────────────┐
    │ 句法语义因素  │       │  语篇因素     │
    │（紧密度原则） │  ＜   │（信息结构＜主位结构）│
    └──────────────┘       └──────────────┘
    ←─────────────────────────────────
                                        翻译的优先原则
```

图 1　句法语义因素与语篇因素的交互作用及其翻译原则

结　语

本文从系统功能语言学语篇理论的角度，以日文小说《起风了》及其四个汉译本为例，探讨了日语论元语序的制约机制及其翻译原则。主要结论如下。

（1）日语论元语序由句法语义因素和语篇因素同时决定，句法语义方面的调控手段体现为论元与谓语的紧密度原则，语篇方面的调控手段体现为信息结构和主位结构。

（2）信息结构对语序的调控分为信息量和信息焦点两种方式。一般情况下信息量遵循线性增量原则，异序是为了保证语篇无标的信息结构。当需要调整信息焦点时，其通过变序实现有标的信息结构：已知信息异序通常到新信息所在的位置上，从而被突显为焦点；新信息异序到通常已知信息所在的位置上，从而被背景化。

（3）主位结构也会对语序起调控作用，语序的选择受到语篇主位推进模式的制约，语篇中主位和述位的相互交替，组成一个动态的链条，从而实现语篇的语义连贯。

（4）句法语义因素和语篇因素交互作用于论元语序，二者的关系体现为：语篇因素优先于句法语义因素起作用，在语篇因素中主位结构优先于信息结构起作用。为了最大限度地还原原文的表达效果，译文要在保证符合译语表述规范的基础上遵循"主位结构＞信息结构＞紧密度原则"的优先原则。

The Restrictive Mechanism of Japanese Argument Order and Its Translation Principles from the Perspective of Discourse Theory

Abstract：From the perspective of discourse theory of systemic functional linguistics, this paper takes the Japanese novel *The Wind Blows* and its four Chinese versions as an example to discuss the restriction mechanism of Japanese argument order and its translation principles. It is found that syntactic-semantic factors and textual factors can regulate the order of argument simultaneously. The syntactic-semantic regulation is embodied in the compactness of the arguments and the predicates, and the textual regulation is embodied in information structure and thematic structure. The textual factors take precedence over syntactic and semantic factors. In the textual factors, thematic structure takes precedence over information structure. In order to restore the expressive effect of the original to the greatest extent, the priority principle of "thematic structure ＞ information structure ＞ tightness principle" should be followed on the basis of ensuring the grammatical correctness of the translated text.

Keywords：Discourse；Information Structure；Thematic Structure；Word Order

概念隐喻视域下视觉虚拟位移表达的日汉对比研究

韩 涛

【摘 要】 视觉虚拟位移表达是对客观世界认知的一种主观呈现，其本质是隐喻性的，主要与I. "眼睛是可操作的物体""视觉行为是对眼睛进行各种物理性操作"和II. "眼睛是盛满信息的容器""状态变化（即获得信息）是移动"两类概念隐喻模式有关。同时，借助语料库，本文从量化层面归纳了日语视觉虚拟位移表达中移动动词的特征，并通过日汉对比研究指出，尽管汉语里也存在类似的表达方式，但不论从隐喻广度，还是隐喻深度上看，汉语均不及日语。本文认为，视觉虚拟位移表达是日语有别于汉语的一大特点。

【关键词】 视觉虚拟位移　概念隐喻　隐喻广度　隐喻深度　日汉对比

引 言

近年来，随着认知语义学（Cognitive Semantics）的兴起，不少学者注意到，语言表达并非对外部世界的客观描述，而是经过认知加工后映射在语言层面上的一种主观呈现。譬如，沈家煊指出："说话人在说出一段话的

---

* 本文系国家社科基金重大项目"'一带一路'沿线国家语言资源数据库建设及汉外对比研究"（项目编号：19ZDA319，主持人：何伟）的阶段性成果，入选北京外国语大学卓越人才支持计划。
** 韩涛，北京外国语大学日语学院副教授，主要研究方向为认知语言学、汉日对比研究。

同时表明自己对这段话的立场、态度和感情，从而在话语中留下自我的印记。"[1] 王馥芳也认为，"一个表达式的精确语义值是由识解的诸多侧面决定的，包括那个场景被描述的精度层次，各种背景假设和期待，各种客体被给予的相对重要性，看待场景的视角"。[2] 比如，当我们描述一条路径延伸至远方时，英语可使用 run、go 这样的移动动词。同样，在汉语、法语、日语等语言里亦存在类似现象。

（1）The highway runs from the valley floor to the mountain ridge.（这条公路从谷底延伸至山脊。）[3]

（2）The fence goes from the plateau to the valley.（栅栏从高原延伸至山谷。）[4]

（3）茶峒地方凭山筑城，近山一面，城墙俨然如一条长蛇，缘山爬去。

（《边城》1934）

（4）Cette route va à Lyon.（这条道路通向里昂。）[5]

（5）ハイウェイが国境を越えて南に走っている。[6]

（6）十秒ほど見てからまた空間の一点にその弱々しい視線を戻した。

（『ノルウェイの森』1987）

Talmy 将此类表达称为"虚拟位移"（fictive motion）表达，[7] 即使用移动动词描述静止物体的空间关系，其中例句（6）是与视觉相关的虚拟位移。Talmy 依据移动路径的特点将"虚拟位移"分为六类，即发射路径虚拟位移、

---

[1] 沈家煊：《语言的主观性与主观化》，《外语教学与研究》2001 年第 4 期。
[2] 王馥芳：《主观化理论：关于理论根源、地位和挑战的思考》，《外国语文》2017 年第 5 期。
[3] E. Finegan, "Subjectivity and Subjectification: An Introduction", in D. Stein, and S. Wright, eds., Subjectivity and Subjectification, Cambridge: Cambridge University Press, 1995, p. 1.
[4] L. Talmy, Toward a Cognitive Semantics: Concept Structuring Systems, Cambridge, MA: MIT Press, 2000, p. 9.
[5] 武本雅嗣：『虚構移動表現と主体化』，第 1 頁（http://www.sjlf.org/wp-content/uploads/2009/05/Abstract-Takemoto.pdf）。
[6] 〔日〕山梨正明：『認知文法論』，東京：ひつじ書房，1995，第 208 頁。
[7] L. Talmy, Toward a Cognitive Semantics: Concept Structuring Systems, Cambridge, MA: MIT Press, 2000.

模式路径虚拟位移、相对框架型虚拟位移、出现路径虚拟位移、通达路径虚拟位移及延伸路径虚拟位移。① 目前国内外研究多聚焦"延伸路径虚拟位移",较具代表性的有 Matsumoto（1996）、Matlock（2010）、范娜（2014）、李秋杨（2014）、钟书能和黄瑞芳（2015）、钟书能和傅舒雅（2016）、魏在江（2018）等人的研究,② 而有关视觉虚拟位移的研究则鲜有之。

本文认为,与视觉有关的虚拟位移为虚拟位移的一个小类,尚有讨论之余地。鉴于此,本文拟聚焦视觉虚拟位移,指出视觉虚拟位移的本质是隐喻性的,具有身体经验基础,并通过日汉对比研究,指出视觉虚拟位移表达是日语有别于汉语的一大特点。

一 虚拟位移的认知理据研究

松本通过一系列考察,将日语的视觉虚拟位移表达分为（a）视线放射、（b）影像移动、（c）注视点移动三类。③

（7）その子に目を注いだ。（视线放射）
（8）富士山が目に入った。（影像移动）
（9）近くの山から遠くの山に目を移した。（注视点移动）④

---

① L. Talmy, *Toward a Cognitive Semantics: Concept Structuring Systems*, Cambridge, MA: MIT Press, 2000.

② Yo Matsumoto, "Subjective Motion and English and Japanese Verbs," *Cognitive Linguistics* 7: 2 (1996): 183 - 226; Yo Matsumoto, "How Abstract is Subjective Motion? A comparison of Coverage Path Expressions and Access Path Expressions," in Adele E. Goldberg, ed., *Conceptual Structure, Discourse, and Language*, Stanford: CSLI Publications, 1996, pp. 359 - 373; T. Matlock, "Abstract Motion is No Longer Abstract," *Language and Cognition* 2: 2 (2010): 243 - 260; 范娜：《英语虚拟位移中的概念整合和转喻》,《解放军外国语学院学报》2014年第6期；李秋杨：《延伸型虚拟位移表达的类型学研究》,《现代外语》2014年第6期；钟书能、黄瑞芳：《虚拟位移构式的主观化认知研究》,《中国外语》2015年第6期；钟书能、傅舒雅：《英汉虚拟位移主体认知对比研究》,《外语学刊》2016年第2期；魏在江：《转喻思维与虚拟位移构式的建构》,《外语教学与研究》2018年第4期。

③ Yo. Matsumoto, "Subjective Motion and English and Japanese Verbs", *Cognitive Linguistics* 7: 2 (1996): 183 - 226; Yo. Matsumoto, "How Abstract is Subjective Motion? A Comparison of Coverage Path Expressions and Access Path Expressions," in Adele E. Goldberg, ed., *Conceptual Structure, Discourse, and Language*, Stanford: CSLI Publications, 1996, pp. 359 - 373.

④ 〔日〕松本曜：「日本語の視覚表現における虚構移動」,『日本語文法』,東京：くろしお出版,2004,第111~128頁。

从字面意义上看，例句（7）表达的是"将眼睛（即视线）倾倒在孩子身上"，而例句（8）、（9）则分别是"富士山进入眼睛（即视野）"和"将眼睛（即视线）由 A 处移向 B 处"。由于上述例句所表达的移动义并未真正实现，即并未发生物理空间上的位移，因此"虚拟位移"也被称为"主观移动"（subjective motion）。

有关虚拟位移的认知理据研究，国外语言学界曾做过一些阐述。譬如，小原就指出：

> 主観移動表現は認知言語学的にみて面白い現象である。これらの表現では移動動詞が使われてはいるが主語で表される物体は実際に移動するわけではない。主語で表された物体との関連で主語以外の何らかの物体の移動が想定され、それが移動動詞によって表現されている。認知言語学では前述のように主語で表されている物体を認識する際に認識者の心に喚起される移動が基になってこのような表現ができるとされ、従来分析がなされてきた。（从认知语言学视角看，主观移动表达是个很有意思的语言现象。因为这些表达虽然使用了移动动词，但主语所表示的物体实际上却并未发生移动，即移动动词所表达的移动，是与主语表达的物体相关的、主语以外的某种物体的移动。如前所述，在认知语言学以往的分析中，认为在识解主语所表达的物体时之所以产生这样的表达是因为基于认知主体心中所唤起的移动。——笔者译）①

但遗憾的是，大多数研究并未触及这一现象的本质，因此尚有追问的余地。与此相对，国内学界对这一问题的立场主要有二：一是基于认知语法框架，如钟书能和黄瑞芳借助主观性和主观化，指出虚拟位移建构主要归因于主观化对句法限制消解这一机制上；② 二是基于认知语义学框架，如范娜、魏在江分别将虚拟位移现象与概念转喻关联在一起，认为转喻思维是虚拟位移构式建构的认知理据。③

---

① 〔日〕小原京子：「日本語主観移動表現のコーパス分析：英語との比較から」，『言語・文化・コミュニケーション』，慶應義塾大学日吉紀要刊行委員会，2008，第108頁。
② 钟书能、黄瑞芳：《虚拟位移构式的主观化认知研究》，《中国外语》2015 年第 6 期。
③ 范娜：《英语虚拟位移中的概念整合和转喻》，《解放军外国语学院学报》2014 年第 6 期；魏在江：《转喻思维与虚拟位移构式的建构》，《外语教学与研究》2018 年第 4 期。

就视觉虚拟位移的认知理据而言，我们认为其运作机制主要与概念隐喻有关，即隐喻思维是其主要的认知理据。为此，本文拟从概念隐喻的视角出发，借助现代日本语书面语均衡语料库（KOTONOHA）和北京大学现代汉语语料库（CCL），从量化层面上考察日汉视觉虚拟位移表达，并在此基础上，通过日汉对比揭示出日汉两种语言中的视觉虚拟位移表达在隐喻广度及隐喻深度上的差异。

二 概念隐喻理论

不同于传统修辞学，认知语义学认为，隐喻不仅仅是一种修辞方式，隐喻的本质是概念性的。大部分的（抽象）概念都筑基于隐喻，人们的思维方式以及行为样式也与隐喻密切相关。[1]

通常情况下，隐喻包含一个相对具象、易于识解的源域（source domain）和一个相对抽象、不易识解的目标域（target domain）。所谓隐喻，即这两个概念域之间的一系列的对应关系（correspondences）。[2] 虽然"视觉"本身可直接感知并不十分抽象，但要作为一个概念去充分地理解和把握"视觉行为"，依然需要借助隐喻。

  (10) SEEING IS TOUCHING
    a. I can't take my eyes off her.
    b. She never moves her eyes from his face.
    c. She ran her eyes over everything in the room. [3]

（11）ゴッホの目は、そこに描かれた自分の表情、とくに眼差しに移っていき、ついにそこに釘付けになっていた。（『耳を切り取った男』2002）

（12）ただ静かにメルセデスのステアリングを握り、前方の路面に視線を固定させていた。（『神の子どもたちはみな踊る』2000）

---

[1] 韩涛：《也论隐喻类型甄别的维度》，《东北亚外语研究》2021年第4期。
[2] 韩涛：《〈习近平新时代中国特色社会主义思想学习纲要〉中的隐喻研究》，《福建江夏学院学报》2021年第5期。
[3] G. Lakoff, and M. Johnson, *Metaphors We Live By*, Chicago: University of Chicago Press, 1980, p. 50.

在上述例句中，"视觉行为"均被隐喻为某种"触觉行为"（如汉语里还有"触目"一词）。比如，例句（11）激活"钉钉子"的框架，即"视线如同一根锐利的钉子"，"长时间盯着看"被识解为"将这根锐利的钉子钉入注视对象的体内"。作为旁证之一，日语里还有「穴が空くほど」（一直盯着某人的脸或某物看）这样的说法。例如：

(13) 何？ 人の顔、そんなに穴があくほどまじまじと見ないでよ。①

此外，认知语言学认为事件结构隐喻（the Event Structure Metaphor）是存于人类思维中的重要隐喻系统之一。② 在概念层面上，"变化"通常被识解为"位移"，即 CHANGES ARE MOVEMENTS。比如，使用移动支付时我们常常会说"（钱）过去了"。尽管时空上并未发生任何物理意义上的位移，有的只是伴随虚拟交易，付款方所持的电子货币在数量上发生了改变，仅此而已，但我们还是会无意识地使用移动动词"过去"。就视觉而言，其相较于听觉、触觉等，在诸感觉中占据主导地位。譬如，认知神经学发现，视觉可通过"遥感"或"外感受性知觉"接收到来自远距离（如掠食者）的信息，③ 即在概念层面上，我们将视觉器官（眼睛）视为一种接收信息的容器。同时，信息被接收前和接收后所产生的变化在概念层面上被识解为一种移动。

三　日语视觉虚拟位移表达：移动动词的量化与认知理据

鉴于以往研究鲜用语料库，本文拟借助 KOTONOHA（以下简称 KO）现代日本语书面语均衡语料库收集的日语视觉虚拟位移表达中出现的移动动词。为便于考察，本文以日语「目」一词作为主要检索对象。之所以如此，是因为据松本对日语视觉虚拟位移表达的分类，④ 不论是"视线放射"，

---

① 山根智惠等：《日语口语词典》，潘钧等译，商务印书馆，2020，第 33 页。
② 韩涛：《〈洛神赋〉中的隐喻世界》，《现代语文》，2018 年第 1 期。
③ Michael S. Gazzaniga et al.：《认知神经科学：关于心智的生物学》，周晓林、高定国译，中国轻工业出版社，2009，第 152 页。
④ 〔日〕松本曜：「日本語の視覚表現における虚構移動」，『日本語文法』，東京：くろしお出版，2004。

还是"影像移动",抑或是"注视点移动"均与日语「目」有关。同时,为全面收集数据,本文还检索了与日语「目」相关的「視線」「目線」「眼差し」的使用情况(见表1)。

表1　日语视觉移动表达在语料库中的使用情况

关键词		视觉虚拟位移表达数	所占百分比	动词种类	高频词
目	目を	265	70.2%	57	向ける、やる、閉じる
	目に	133	51.6%	22	入る、かかる、つく
視線	視線を	448	89.6%	77	向ける、落とす、逸らす
	視線に	35	12.3%	14	さらされる、ぶつかる
眼差し	眼差しを	109	74.7%	21	向ける、注ぐ、送る、投げる
	眼差しに	6	12.5%	5	送られる、移る、包まれる
目線	目線を	88	73.9%	30	合わせる、向ける、上げる
	目線に	18	41.9%	2	立つ、合わせる

以「目」为例,根据其后使用的助词,我们将其分为「目を」和「目に」两种(此处暂不讨论「目から」)。经过人工逐一校对,最终分别认定视觉虚拟位移表达数为265和133句,分别约占总数的70.2%和51.6%,分别涉及57和22种移动动词,其中使用频率较高的有「向ける」「やる」和「入る」「かかる」等。从表1可以看出:(1)「視線を」不论从百分比(89.6%)来看,还是从动词种类(共77种)来看,均高于其他。(2)「目」「視線」「眼差し」「目線」后续「を」格不论从百分比来看,还是从动词种类来看,均高于后续「に」格。换言之,相较「に」格,日语更偏好使用「目(視線、眼差し、目線)を」进行视觉虚拟位移表达。例如:

　　(14) 野球放送に目を向けている。(KO)
　　(15) ドライバーの顔に、冷たい視線を投げ掛けたまま動かない。(KO)
　　(16) 背の高い男も僕に鋭い眼差しを送って席を立つ。(KO)
　　(17) 市河という女性は、目線を床に落とした。(KO)

不难发现上述移动动词,如「向ける」「投げ掛ける」「送る」「落と

す」均含有使役义。由此可知在松本对日语视觉虚拟位移表达的三分类中，较（b）类，（a）类和（c）类更具典型性。然而，此处需要进一步追问的是，这里的移动义从何而来？即在语言层面上为何能够"以动写静"，使用移动动词来描述静止物体的空间关系？其认知理据何在？

对此，魏在江指出，"按照传统修辞学的观点，虚拟位移是一种'拟人'修辞格"，即"将本来不具备人的动作和情感的事物变成与人一样具有动作和情感的样子"[1]，认为这是转喻的体现，并据此认为转喻思维是虚拟位移构式建构的认知理据。就视觉虚拟位移而言，我们认为，概念隐喻是其运作机制最主要的认知理据。

如前所述，认知语义学认为，状态与变化这两个概念可分别通过位置与位移来理解和把握，即 STATES ARE LOCATIONS、CHANGES ARE MOVEMENTS。例如：

(18) a. 他在那儿。
　　 b. 他又回到了原来的地方。
(19) a. 他在状态。
　　 b. 他又回到了原来的状态。
(20) a. He is in the office.（他在办公室）
　　 b. He got into the office.（他走进办公室）
(21) a. He is in trouble.［他正处于麻烦中（→有麻烦了）］
　　 b. He got into trouble.［他进入麻烦了（→惹上麻烦了）］[2]

基于上述观点我们发现，视觉虚拟位移事实上也含有"状态的变化"。比如，当我们注视某个物体时，就会获得有关这个物体的各种信息，如大小、形状、颜色、材质等。这些信息通过视觉器官传入大脑后，大脑会对这些信息进行处理、加工、存储、记忆等。这一过程本身就包含了某种"变化"。在概念层面上，我们通过"移动"理解和把握这种"变化"，投射到语言层面就产生了视觉虚拟位移的现象。换言之，这种语言现象的存

---

[1] 魏在江：《转喻思维与虚拟位移构式的建构》，《外语教学与研究》2018 年第 4 期。
[2] 韩涛、丸尾诚：《认知语言学视角下趋向补语"出"的语义扩展路径及动因研究：兼谈对外汉语词汇教学的启示》，《中日民族文化比较研究论丛》，中央民族大学出版社，2020，第 79 页。

在，离不开我们的身体机制和身体经验。

如图 1 所示，有关被视物体身上的各种信息包含在被视物体反射的光线之中，当光线穿过眼睛的晶状体，图像就会被反转，然后聚焦投射到眼球的后表面，即视网膜。视网膜由数百万感光细胞组成，这些感光细胞可以将外界光刺激转换为大脑可以理解的内部神经信号。①

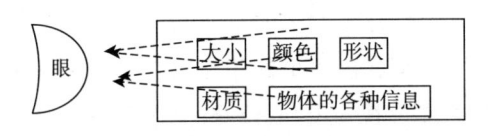

图 1 视觉信息获取示意

据此，我们将与日语视觉虚拟位移表达相关联的概念隐喻模式归纳为：Ⅰ."眼睛是可操作的物体""视觉行为是对眼睛进行各种物理性操作"；Ⅱ."眼睛是盛满信息的容器""状态变化（即获得信息）是移动"。通过对语料库的调查我们发现，与后者相比，前者在日语视觉虚拟位移表达中占据主导地位。如「（目を）注ぐ」、「（視線を）投げる」所示，"眼睛"（或"视线"）首先被隐喻为一种可进行操作的物体，在此基础上，视觉行为（如"看""盯""瞅"）被理解为视觉主体对"眼睛"或"视线"进行各种物理性的操作，如对准或递向、移向被视物，也可以使之偏离被视物。当然，也可以固定好或上下调整，甚至是四处移动"眼睛"或"视线"的位置。例如：

(22) 彼の額に視線を向ける。（KO）
(23) 小さな本棚に目をやる。（KO）
(24) 警戒して周囲に目を配る者もいた。（KO）
(25) 乳母車の中の赤ちゃんに目を移す。（KO）
(26) キャラキャラ笑う妹から目をそらす。（KO）
(27) 香月が、能勢の表情に視線を据える。（KO）
(28)「科学的?」犀川は写真から視線を上げる。（KO）
(29) ちらちら家のなかへ目を走らせる。（KO）

---

① Michael S. Gazzaniga et al.：《认知神经科学：关于心智的生物学》，周晓林、高定国译，中国轻工业出版社，2009，第 153 页。

四　日汉对比

为便于对比，本文利用北京大学现代汉语语料库（以下简称 CCL）对与日语「視線」「目線」「眼差し」相对应的汉语"视线""目光""眼神"的使用情况进行了检索。需要说明的是，与日语「目」直接对应的是汉语"眼睛"，但"眼睛"一词在汉语里的用法甚广，CCL 里有关"眼睛"的用法有 44109 例，且多数与视觉虚拟位移表达无直接关系，如例句（30）（31）。因此暂不列入本文的考察范围。

（30）科学家研究青蛙的眼睛，发明了电子蛙眼。（CCL）
（31）孩子们看到大米眼睛都睁得大大的，眼睛里还闪着兴奋的光。（CCL）

通过从语料库中任选 500 个相关例句，本文对其中涉及视觉虚拟位移表达的数量以及移动动词的种类进行了归纳与整理，见表2。

表2　汉语视觉移动表达在语料库中的使用情况

关键词	视觉虚拟位移表达数	所占百分比	动词种类[①]	高频词
视线	145	30.4%	40	转移、吸引、投向、进入
目光	121	24.2%	28	投向、转向、瞄准、落在
眼神	11	2.2%	8	投向、交换、接触、流露

由于汉语动词缺少形态标记，无法像日语那样进行严格意义上的种类划分，这里的动词种类指的是"动词+补语"的形式。

从表2不难发现：（1）视觉虚拟位移现象也存在于汉语里。（2）汉语中这些视觉虚拟位移表达也主要与Ⅰ."眼睛是可操作的物体""视觉行为是对眼睛进行各种物理性操作"（如"将视线投向~"）；Ⅱ."眼睛是盛满信息的容器""状态变化（即获得信息）是移动"（如"闯入~视线"）两类概念的隐喻模式有关，并且以前者为主。比如，从收集的数据看，汉语的"目光"基本上无法进入第二种概念隐喻模式，如"?走入~目光"。（3）虽然汉语里也存在一定数量的视觉虚拟位移表达，但不论从百分比看，还是从动词的种类看，汉语均不及日语。如在汉语里"视线"用于视觉虚拟位移表达的比例仅有30.4%，动词种类也只有40种，远低于日语（见表1）。(4) 与日语不同，用于视觉虚拟位移表达的动词种类具有汉语的特征，基本上采用的是"动词+补语"的形式，如"转（投）向"，"走（进、闯）入"等。(5) 从词汇层面看，如例句（32）所示，较"目光"和"眼神"，"视线"更易用来进行视觉虚拟位移表达。而不同于"视线"和"目光"，"眼神"在汉语里就是一个盛满了各种感情的容器，如例句（33）。

(32) a. 将视线/目光/?眼神转（引、移、投、带）向……
　　　b. 走（进、驶、纳、闯、摄）入……视线/?目光/?眼神
　　　c. 走（跳、滑、纳）进……视线/?目光/?眼神

(33) 流露出喜悦的（惊讶的、困惑的、愤怒的、诱惑的、失态的、纯情的、伤神的、贪婪的、欣赏的、冷漠的、疑惑的、放肆的、渴望的、不经意的、担忧的、希望的、默契的、骄傲的、绝望的、警惕的、凝重的、热情的、呆滞的、专注的、窘迫的、急切的、迷惘的、疲倦的、感激的、甜蜜的……）眼神

本文认为，不同语言在概念化上所呈现出的差异主要体现于两个维度，即"隐喻广度"（the scope of metaphor）和"隐喻深度"（the depth of metaphor）。① 首先，日语视觉虚拟位移的动词种类最多有77种，远超汉语的40种，因此从隐喻广度上看，汉语不及日语。其次，从使用频率上看，日语视觉虚拟位移表达的平均使用频率为53.3%，而汉语仅有18.9%，日语约为汉语的2.8倍。同时，从推论的多寡上看，汉语也不及日语丰富。如例句（34）至（38）所示，日语视觉虚拟位移表达很难被直译为汉语。

(34) 日：彼の額に視線を向ける。
　　　汉：将视线对准他的额头（→看着他的额头）
(35) 日：香月が、能勢の表情に視線を据える。
　　　汉：香月将目光固定在（→注视着能势的表情上）
(36) 日：小さな本棚に目をやる。
　　　汉：将眼睛送给小小的书架（→看着小小的书架）

---

① 韩涛：《流体隐喻思维的日汉对比研究》，《日本问题研究》2020年第1期。

(37) 日：警戒して周囲に目を配る者もいた。
　　　汉：将眼睛发给四周（→处于戒备之心环视四周）的人也有
(38) 日：ちらちら家のなかへ目を走らせる。
　　　汉：让眼睛往家里跑（→不断地往家中瞅）

而且，严格地讲，带「目」的日语视觉虚拟位移表达，如例句（36）至（38），既是隐喻性表达，也是转喻性表达（即用容器代容纳物），而在汉语里很少能观察到类似的表达方式，这也是日语有别于汉语的一个特点。

结　语

本文所关注的视觉虚拟位移表达是虚拟位移现象中的一种，是我们通过视觉感知世界的方式，经过认知加工后在语言层面上的一种主观呈现。本文认为，所谓视觉虚拟位移表达本质上是一种概念隐喻现象，即由概念隐喻投射至语言层面后所产生，具有相应的身体经验基础。这里的身体经验基础指，倘若我们不具有现在这样的身体结构，或没有这样的视神经或脑神经系统，也就不存在此类视觉虚拟位移表达。就此点而言，视觉虚拟位移具有普遍性。

同时，借助语料库的手段，我们发现，视觉虚拟位移在不同语言里也具有一定差异。比如，尽管汉语里存在类似的表达方式，也主要与Ⅰ."眼睛是可操作的物体""视觉行为是对眼睛进行各种物理性操作"；Ⅱ."眼睛是盛满信息的容器""状态变化（即获得信息）是移动"两类概念隐喻模式有关，但不论从隐喻广度，还是隐喻深度上看均不及日语。因此我们认为，视觉虚拟位移表达是日语有别于汉语的一大特点。

A Comparative Study of Japanese and Chinese Visual Fictive Motion Expressions from the Perspective of Conceptual Metaphor

Abstract: Visual fictive motion expressions are a subjective representation of the cognition of the objective world, and its essence is metaphorical. It is mainly related to two conceptual metaphorical patterns, (i)."THE EYE IS AN OPER-

ABLE OBJECT", "VISUAL BEHAVIOR IS A VARIETY OF PHYSICAL OPERATIONS ON THE EYE"; (ⅱ). "THE EYE IS A CONTAINER FULL OF INFORMATION" and "CHANGES (i.e., information acquisition) ARE MOVEMENTS". At the same time, based on corpus, this paper has summed up the characteristics of motion verbs in Japanese visual fictive motion expressions from the quantitative level, and pointed out that, although there are similar expressions in Chinese, Chinese is not as good as Japanese in terms of metaphorical scope or metaphorical depth. In this paper, visual fictive motion expressions are a major feature of Japanese which is different from Chinese.

Keywords: Visual Fictive Motion; Conceptual Metaphor; the Scope of Metaphor; the Depth of Metaphor; Japanese Chinese Comparison

跨语言视域下日语塞音感知与生成界面的动态发展

刘佳琦[*]

【摘 要】本研究对 L1 汉语普通话、L2 英语、L3 日语学习者开展了日语清浊塞音的感知判定与生成朗读追踪实验。实证研究结果发现，日语清塞音感知判定能力随着习得深入有明显提升，且感知与生成界面关联呈现稳定的正相关关系。日语浊塞音的生成存在显著困难，且不受学习阶段影响。这可能是先前语言塞音体系的跨语言影响和调音普遍性的共同制约。跨语言视域下的语音教学应该基于实证研究的结果开展语音感知与生成的训练。

【关键词】跨语言影响 日语 塞音体系 感知与生成界面 动态发展

引 言

在第二语言习得研究领域，语音感知与生成界面关联问题一直是学界的争论焦点。有研究认为感知与生成习得密切相关[①]、互相促进，语音感知训练能促进生成习得。[②] 然而也有研究证明语音感知与生成能力的发展具有

---

[*] 刘佳琦，博士，复旦大学外国语言文学学院日文系副教授，主要研究方向为语音学、二语与多语语音习得、日语教育学。
[①]〔美〕Flege, J. E.,"Second language speech learning: Theory, findings and problems", In Strange, W. (Eds), *Speech Perception and Linguistic Experience: Issues in Cross-language Research*, Baltimore, MD: York Press, 1995.
[②]〔美〕Hirata, Y.,"Computer assisted pronunciation training for native English speakers learning Japanese pitch and durational contrasts", *Computer Assisted Language Learning*, 17 (3-4), 2004.

不同步性。① 至今为止,学界对于第三语言学习者的感知与生成的界面动态发展还知之甚少。②

  第三语言语音习得研究是非常年轻的学科分支。近年来第一、第二、第三语言的塞音 VOT（Voice Onset Time）③ 值与分布模式作为衡量目标语言语音体系发展的重要参数越来越受到关注。④ 在中国大学的外语教育背景下,日语专业的学习者除母语外,大多还拥有 10 年及以上的英语学习经历,事实上这是跨语言习得研究的典型实例。本文以第一语言（L1）为汉语普通话、第二语言（L2）为英语、第三语言（L3）为日语的高等院校日语专业学生为研究对象,开展日语清浊塞音感知与生成实验,从跨语言视角调查多语学习者的日语塞音习得特征,并聚焦学习者在不同习得阶段的塞音感知与生成界面关联的动态发展,旨在为外语语音习得理论的发展提供实证,并为整体语言资源背景下的多语语音教学提供科学依据。

一　文献综述

  二语习得研究成果显示,目标语言清浊塞音体系是中国学习者的习得难点。⑤ 中国人日语学习者的清浊塞音混淆现象也受到了关注。⑥ 先行研究

---

① 〔美〕Nagle, Ch. L. ,"Examining the temporal structure of the perception-production link in second language acquisition: A longitudinal study", *Language Learning*, 68 (1), 2018.
② 〔美〕Cabrelli Amaro, J. , & Wrembel, M. , "Investigating the acquisition of phonology in a third language: A state of the science and an outlook for the future", *International Journal of Multilingualism*, 13 (4), 2016.
③ Voice Onset Time 是指除阻至嗓音起始的时间,是决定塞音有声性的重要特征。
④ 〔日〕清水克正:「タイ語話者による第 3 外国語学習における VOT に関する考察」,『名古屋学院大学論集・言語文化編』第 24 期, 2012;〔加〕Llama, R. , & López-Morelos, L. P. , "VOT production by Spanish heritage speakers in a trilingual context", *International Journal of Multilingualism*, 13 (4), 2016;劉佳琦:「第三言語としての日本語破裂音の知覚習得について」,『早稲田日本語教育学』第 26 期, 2019.
⑤ 王茂林:《中国学习者英语词中塞音发音分析》,《现代外语》第 2 期, 2009;劉佳琦:「日本語有声/無声破裂音の習得及び教育」,首尔:新星出版社, 2011.
⑥ 朱春跃:「中国語の有気・無気子音と日本語の有声・無声子音の生理的・音響的・知覚的特徴と教育」,『音声学会会報』第 205 期, 1994;〔日〕福岡昌子:「北京語・上海語を母語とする日本語学習者の有声・無声破裂音の横断的及び縦断的習得研究」,『日本語教育』第 87 期, 1995;劉佳琦:「中国語母語話者における日本語の有声・無声破裂音の混同—母方言干渉を考慮した上で—」,『日本語教育と音声』,戸田貴子編,東京:くろしお出版, 2008.

证明有声性判别与生成能力发展不单是语音问题，甚至会波及词汇习得[1]、听力理解等多个环节的语言发展。[2]

语音混淆现象显现于各个外语习得阶段，且有时出现在感知层面，有时则表现在生成维度。从言语加工角度来看，目标语言的音位判定实质上是学习者感知分析语音声学特征的过程，也是与人脑现存语音范畴的匹配过程。[3] 在二语语音习得研究领域，感知与生成中哪个维度更具先导性，一直存在纷争。许多学者支持感知习得先于生成习得的论点。[4] 言语学习模型（Speech Learning Model，SLM）也做了相应预测，主张二语发音问题主要源于感知。[5] 与此同时，也有学者认为感知与生成之间相辅相成，语音感知训练同时促进语音生成。[6] 然而也有学者认为两个维度间的相关关系仅限于部分语音特征，并不能解释或预测所有语言的语音加工问题。[7] Nagle 的研究进一步汇报了二语语音感知与生成习得的动态发展，指出感知和生成涉及独特认知和运动技能，可能造成两个维度的不同步发展。[8]

三语塞音感知与生成习得研究领域已经积累了一系列实证研究成果。[9]

---

[1] 胡伟：「中国人学習者による日本語の両唇破裂音の知覚について―パ・バの習得を中心に―」，『早稲田日本語教育学』第 20 期，2016。

[2] 刘佳琦：《日语语音教学的实践及展望——理论、方法与成果》，《高等日语教育》2018 年第 1 期。

[3] 〔美〕Jiang, N., *Second Language Processing: An Introduction*, New York: Routledge, 2018.

[4] 〔美〕Flege, J. E., "Second language speech learning: Theory, findings and problems", In Strange, W. (Eds), *Speech Perception and Linguistic Experience: Issues in Cross-language Research*, Baltimore, MD: York Press, 1995；〔美〕Flege, J. E., Bohn, O. S., & Jang, S., "Effects of experience on non-native speakers' production and perception of English vowels", *Journal of Phonetics*, 25 (4), 1997.

[5] 〔美〕Flege, J. E, "Second language speech learning: Theory, findings and problems", In Strange, W. (Eds), *Speech Perception and Linguistic Experience: Issues in Cross-language Research*, Baltimore, MD: York Press, 1995.

[6] 〔美〕Hirata, Y., "Computer assisted pronunciation training for native English speakers learning Japanese pitch and durational contrasts", *Computer Assisted Language Learning*, 17 (3-4), 2004.

[7] Chan, A. Y. W., "The perception and production of English speech sounds by Cantonese ESL learners in Hong Kong". *Linguistics*, 52 (1), 2014.

[8] 〔美〕Nagle, Ch. L., "Examining the temporal structure of the perception-production link in second language acquisition: A longitudinal study", *Language Learning*, 68 (1), 2018.

[9] 〔加〕Llama, R., & López-Morelos, L. P., "VOT production by Spanish heritage speakers in a trilingual context", *International Journal of Multilingualism*, 13 (4), 2016；刘佳琦：「第三言語としての日本語破裂音の知覚習得について」，『早稲田日本語教育学』第 26 期，2019；（中）Liu, J., & Lin, J., "A Cross-linguistic Study on L3 Phonological Acquisition of Stop Contrasts", *SAGE Open*, 2021.

清水克正研究了 L1 泰语、L2 英语、L3 日语学习者的塞音感知与产出习得特征。实验结果发现尽管学习者可以在听感上察觉到语言间的差异，但往往难以利用发声器官正确产出目标语言的浊塞音。① 刘佳琦从跨语言视角出发，针对初学日语的学习者开展了清浊塞音感知实验。实验结果显示日语学习者的浊塞音感知正确率显著高于清塞音。② Liu and Lin 报告了 L1 汉语普通话、L2 英语、L3 日语或俄语初级学习者的词首塞音感知与生成习得情况。③ 研究发现目标语言与先前语言的不同音位间存在的声学相似性会造成语音感知的混淆。相反学习者能感知 L3 浊塞音的新语音特征（prevoicing）却很难生成 L3 浊塞音。该结果说明在 L3 语音习得初级阶段，语音感知与生成之间可能存在不一致性。但至今为止还鲜有研究从跨语言视角探究塞音感知与生成的界面动态发展。作者认为弄清学习者的言语感知与生成的界面关联及发展过程，不仅有利于讨论言语习得机制的本质，更有助于完善语音听辨与发音的教学实践。鉴于此，本文拟弄清以下问题。

（1）日语学习者在不同习得阶段的塞音感知如何发展？
（2）日语学习者在不同习得阶段的塞音生成如何发展？
（3）日语学习者在不同习得阶段的塞音感知与生成界面如何发展？

二　实验方法

1. 实验参与者

实验参与者是以汉语普通话为母语的日语学习者 20 名，年龄分布在 18 至 20 岁。参与者拥有健全的听感和发音能力。参与者为中国的大学日语专业本科生，数据采集时间是学习日语约 2 个月（第一阶段），学习日语约 1 年（第二阶段），这期间他们没有接受过专门的发音指导。本实验的参与者出身生长于中国北方或西北方地区，以北方方言为母方言，家庭语言为北方方言。中国北方方言与汉语普通话的塞音体系一致。实验参与者都是进

---

① 〔日〕清水克正：「タイ語話者による第 3 外国語学習における VOT に関する考察」，『名古屋学院大学論集・言語文化編』第 24 期，2012。
② 劉佳琦：「第三言語としての日本語破裂音の知覚習得について」，『早稲田日本語教育学』第 26 期，2019。
③ Liu, J., & Lin, J., "A Cross-linguistic Study on L3 Phonological Acquisition of Stop Contrasts", *SAGE Open*, 2021.

入大学后才开始学习日语,在初级教育阶段接受了10年以上的英语教育。

除此之外,本研究还采集了24位日语母语者的语音数据。(1)感知实验刺激提供者:2名(男女各1名),年龄为30岁左右,出生地为东京。(2)感知实验参与者:10名,年龄为25至55岁,出生地为日本首都圈内。(3)生成实验参与者:12名,年龄为20至55岁,出生地为日本首都圈内。

2. 汉语普通话、英语、日语的塞音体系

本实验参与者的母语是汉语普通话。吴宗济从生理及声学角度分析了汉语普通话的塞音体系,指出除阻后的送气段时长是中国人区别汉语普通话塞音类别的关键。[1] 汉语普通话塞音体系为清送气音和清不送气音的对立。其声学特征表现为清送气音的VOT区间为92.5ms至102ms,清不送气音的VOT值区间为6ms至14.5ms。[2]

本研究参与者的第二语言为英语,英语的词首浊塞音常常无声带前振(prevoicing)。[3] Ladefoged and Keith明确指出,英语词首的/p、t、k/是清送气音,而/p/和/b/的主要区别并不在于清浊,而在于是否送气。浊塞音音位/b/是否浊音,主要取决于其在单词中所处的位置。英语词中(元音间)塞音音位/b、d、g/发音可观察到声带前振现象。[4]

参与者的第三语言日语塞音体系呈现清塞音/p、t、k/与浊塞音/b、d、g/的对立。[5] Shimizu汇报了日语词首双唇塞音的VOT平均值为[b] -89ms、[p^h] 41ms。[6] 换言之,日语塞音体系主要依据持阻阶段有无声带前振来区分清浊塞音。[7]

---

[1] 吴宗济:《普通话发音不送气音/送气音区别的实验研究》,《中国语言学报》1998年第3期。
[2] 鲍怀翘、林茂灿:《实验语音学概要(修订版)》,北京大学出版社,2014。
[3] 〔美〕Lisker, L., & Abramson, A. S., "A cross-language study of voicing in initial stops: Acoustical measurements", *Word*, 20, 1964.
[4] 〔美〕Ladefoged, P., & Keith, J., *A Course in Phonetics (Seventh Edition)*, Stamford: Cengage Learning, 2015.
[5] 〔英〕The International Phonetic Association. *Handbook of the International Phonetic Association: A guide to the use of the International Phonetic Alphabet*, Cambridge, UK: Cambridge University Press, 1999.
[6] 〔日〕Shimizu, K., "A cross-language study of phonetic characteristics of stop consonants: With reference to voicing contrasts", *Journal of Asian and African Studies*, 45, 1993.
[7] 〔日〕高田三枝子:『日本語の語頭閉鎖音の研究—VOTの共時的分布と通時的変化』,東京:くろしお出版,2011。该书分析了不同年龄及地域的日语词首浊塞音可能出现+VOT现象,指出-VOT可能不是日语浊塞音的唯一声学标准。

3. 实验语料

本研究的实验语料为 42 个日语单词，另外增加了 50%（21 个）填充词。感知判定实验和生成朗读实验的语料相同，但填充词不同。具体为双唇音 p、b，齿龈音 t、d，软腭音 k、g，分别位于单音节词的词首位置、双音节词的词首或词中位置。塞音后续元音统一为［a］，声调为平板型。实验语料请见表 1。

表 1　日语塞音实验的部分语音刺激

单音节（词首）		双音节（词首）		双音节（词中）	
ぱ［pʰa］	ば［ba］	ぱさ［pʰasa］	ばさ［basa］	あぱ［apa］	あば［aba］
た［tʰa］	だ［da］	たさ［tʰasa］	ださ［dasa］	あた［ata］	あだ［ada］
か［kʰa］	が［ga］	かさ［kʰasa］	がさ［gasa］	あか［aka］	あが［aga］

* 下划线部分为语音刺激

作者将语音刺激放入承载句"これは（这是）＿＿＿＿＿"，让两位日语母语者（男女各 1 位）朗读 3 遍。录音设备为 TASCAM DR44WL 线性 PCM 录音器（采样频率 44.1kHz，量子水平 16bit），AKG C544L 头戴式麦克风。本研究利用 Praat 6.0 制作感知语音刺激，用于感知判定实验。① 在生成朗读实验中，作者将生成实验语料放入承载句（与感知判定实验相同）后制成幻灯片。

4. 实验步骤

本研究的实验分两轮完成。日语学习时间为 2 个月时，作者进行了第一轮实验。参与者首先完成了关于母语背景和语言学习经历的问卷，然后参与了日语感知判定实验。一周后进行了日语生成朗读实验。学习时间到达 1 年时，作者进行了第二轮感知与生成实验，步骤与第一轮相同。感知与生成实验的具体步骤如下。

本研究使用 Praat 6.0 的"ExperimentMFC 6"脚本进行感知判定实验（图 1）。在进入正式实验之前，学习者需要完成一个小型感知实验以适应实验设备和步骤。实验步骤与正式实验相同，但内容无关。每人正式实验耗时约 10 分钟。实验设备为 SONY MDR-ZX110NC 降噪耳机和笔记本电脑。

---

① 〔荷〕Boersma, P., & Weenin, D., *Praat*: *Doing phonetics by computer*（*Version* 6.0）［*Computer program*］，http://www.fon.hum.uva.nl/praat，2021 年 8 月。

参与者在安静环境下，头戴耳机，面向电脑屏幕，听到语音刺激后按鼠标键选择所听到的音节或单词。

请点击您听到的音节或单词

| か | が |

图 1　感知实验画面（Praat ExperimentMFC）

在朗读实验过程中，参与者按下鼠标键翻动幻灯片，每张幻灯片显示一个实验刺激。参与者以正常语速朗读电脑屏幕上随机显示的实验刺激 3 遍。参与者被允许重新朗读，直到参与者自己满意为止。实验在安静环境下完成。设备同上。

5. 数据分析

本研究感知实验部分主要分析学习者与母语者的日语清浊塞音的感知正确率。生成实验部分主要观察学习者和母语者的日语清浊塞音的 VOT 正负类型比例以及 VOT 值分布情况。感知和生成界面关联的分析中，作者首先分析了日语学习者的清塞音感知正确率与生成 VOT 值之间的关系，其次分析了日语学习者的浊塞音感知正确率与负 VOT 生成比例之间的关系。

作者参照 Lisker and Abramson[①] 的方法测量了 VOT，运用 SPPAS（Ver. 1.8.6）并结合人工检验对语音刺激进行标注后，利用 Praat 脚本分层提取语音刺激的声学参数值。作者使用 R[②] 进行数据整理、统计分析、绘图。

三　实验结果

1. 感知实验结果

日语母语者的日语塞音感知正确率以及学习者在两个学习阶段的塞音感知正确率如图 2 所示。通过比较日语清塞音（voiceless stops）的感知结果

---

① 〔美〕Lisker, L., & Abramson, A. S.,"A cross-language study of voicing in initial stops: Acoustical measurements", *Word*, 20, 1964.
② 〔美〕R Core Team. *R: A language and environment for statistical computing*（Version 3.4.0）[Computer program], https://www.r-project.org, 2021 年 8 月。

(图 2 左），发现学习者第二阶段（stage two）比第一阶段（stage one）的正确率有明显提升。配对样本 t 检验结果为：词首（Initial）$t(68) = -3.41$，$p < .01$，词中（Non-initial）$t(68) = -3.59$，$p < .001$。与此相比，日语浊塞音（voiced stops）的感知正确率却无显著提高（图 2 右）。配对样本 t 检验结果为：词首 $t(68) = -0.03$，$p = .98$（n.s.），词中 $t(68) = 0.33$，$p = .75$（n.s.）。

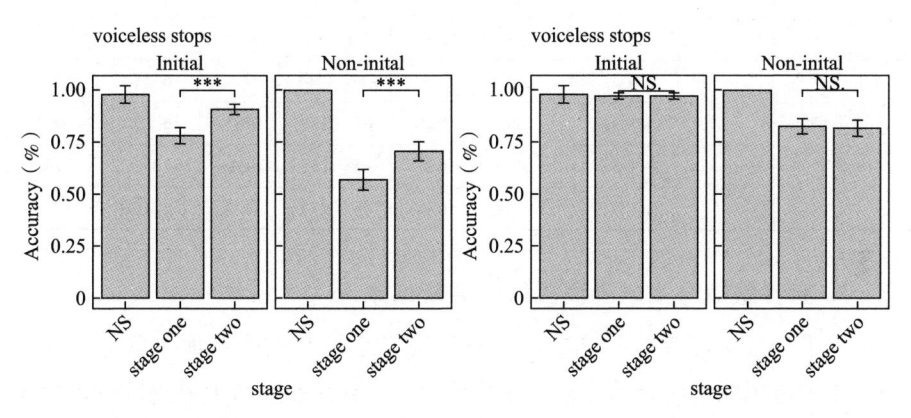

图 2 日语母语者、日语学习者第一阶段与第二阶段的感知正确率比较

2. 生成实验结果

日语塞音生成实验的描述性统计结果，即日语母语者和日语学习者（两个阶段）的塞音 VOT 均值及 VOT 正负类型比例如表 2 所示。作者选用线性混合效应模型来检验以下自变量对因变量（塞音生成 VOT 正负类型比例）的影响。本实验将有声性（有声或无声）、词中位置（词首或词中）以及 VOT 正负类型（正或负）、阶段（母语者、习得第一阶段或习得第二阶段）为自变量，采用 R 语言 nlme 包 lme 函数进行统计分析。通过最大或然率（Maximum Likelihood）比较，研究发现阶段具有主效应 $[\chi^2(1) = 9.84460, p < .01]$。更有意思的是，阶段、有声性与 VOT 正负类型之间存在交互效应。作者利用 R 语言 emmeans 包 emmeans 函数分析了该交互效应。结果显示母语者与学习者在生成浊塞音时，负 VOT 生成频率有显著差别。日语母语者的负 VOT 比例显著大于学习者第一阶段 $[t(938) = -4.89, p < .001]$ 和第二阶段 $[t(938) = 4.74, p < .001]$。然而学习者的两个阶段间不存在显著差别 $[t(938) = -0.37, p = .71$（n.s.）$]$。

表2 日语塞音的 VOT 平均值（ms）与 VOT 正负类型比例

有声性	词中位置	VOT正负类型	日语母语者 VOT(SD)	日语母语者 VOT%	日语学习者（第一阶段）VOT(SD)	日语学习者（第一阶段）VOT%	日语学习者（第二阶段）VOT(SD)	日语学习者（第二阶段）VOT%
有声浊塞音（voiced）	词首	-VOT	-74（24）	64%	-100（34）	21%	-95（33）	22%
		+VOT	20（7）	36%	21（11）	79%	21（8）	78%
	词中	-VOT	-52（14）	69%	-86（31）	16%	-81（28）	19%
		+VOT	19（9）	31%	20（8）	84%	20（8）	81%
无声清塞音（voiceless）	词首	-VOT	0	0%	-86（NA）	0%	-64（17）	2%
		+VOT	39（22）	100%	61（26）	100%	56（21）	98%
	词中	-VOT	0	0%	-58（17）	4%	-70（22）	3%
		+VOT	22（9）	100%	36（23）	96%	36（20）	97%

3. 塞音感知与生成界面关联的分析结果

为了分析学习者在不同习得阶段的塞音感知与生成界面关联的动态发展，作者选用线性混合效应模型来检验（1）学习者在两个习得阶段的清塞音感知正确率与生成 VOT 值之间的关系，（2）学习者在两个习得阶段的浊塞音感知正确率与负 VOT 生成比例之间的关系。

首先，作者以清塞音的感知正确率，习得阶段（STAGE，第一阶段或第二阶段）、词中位置（POSITION，词首或词中）为自变量，以生成 VOT 值为因变量，采用 R 语言 nlme 包 lme 函数进行统计分析。通过最大或然率（Maximum Likelihood）比较，发现感知正确率具有主效应［χ^2（1）= 47.10，$p<.0001$］。然而感知正确率，习得阶段和词中位置之间不存在交互效应。作者使用 R 语言 effects 包 allEffects 函数描绘了日语清塞音感知与生成界面的动态发展（图3）。从图3可以看到无论第一阶段或第二阶段，且无论塞音位于词首或词中，学习者的清塞音感知正确率与生成 VOT 值始终呈现稳定的正相关关系。换言之，学习者的清塞音感知正确率越高，生成时塞音 VOT 值就越大，反之亦然。

其次，作者以浊塞音的感知正确率，习得阶段、词中位置为自变量，以负 VOT 生成比例为因变量进行统计分析（方法同上），结果发现感知正确率具有主效应［χ^2（1）= 4.99，$p=.0255$］。更值得关注的是感知正确率，习得阶段和词中位置之间存在交互效应［χ^2（1）= 5.41，$p=.02$］。作者用 R 描绘了日语浊塞音感知与生成界面的动态发展（图4）。从图4可以看到

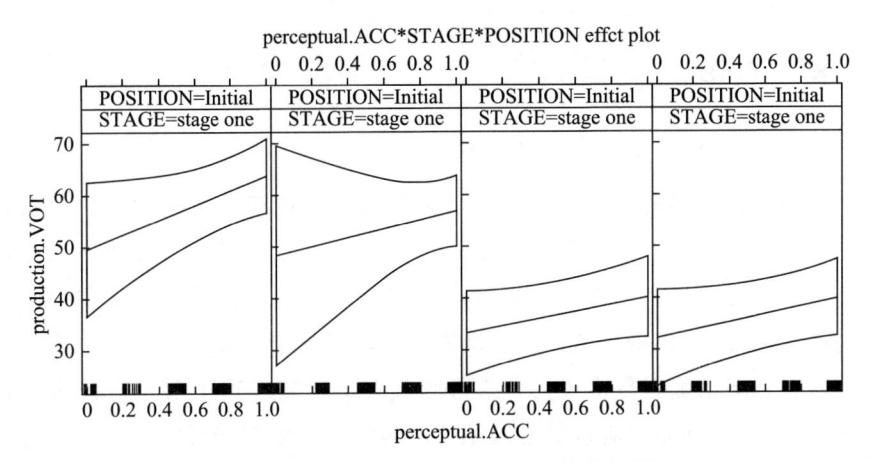

perceptual.ACC*STAGE*POSITION effct plot

图 3 日语清塞音感知与生成界面的动态发展

当塞音位于词首时，第一阶段与第二阶段的负 VOT 生成比例呈现出不同的动态变化趋势。在习得第一阶段，学习者的浊塞音感知正确率越高，负 VOT 生成比例越低（图 4 左 1）。而习得第二阶段时，学习者的浊塞音感知正确率越高，负 VOT 生成比例也越高（图 4 左 2）。随着习得时间的累积，词首浊塞音的感知与生成界面关联呈现出显著的动态变化。然而词中浊塞音的感知正确率与负 VOT 生成比例间并没有随着习得推进呈现出显著变化。

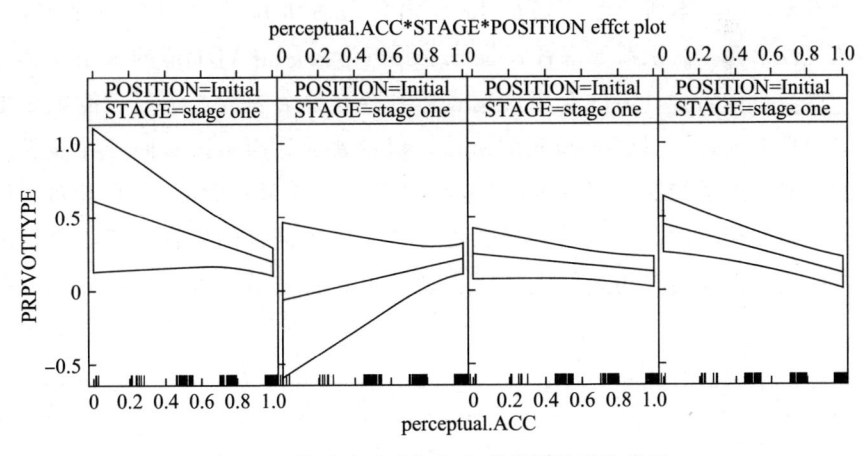

图 4 日语浊塞音感知与生成界面的动态发展

四　讨论

1. 日语塞音感知习得的动态发展

日语清塞音感知实验的结果显示无论清塞音位于词首还是词中，随着习得的推进，感知正确率均有显著提高。正如 Jiang 所述，目标语言的音位判定实质上是学习者感知分析语音声学特征的过程，也是与人脑现存语音范畴的匹配过程。① 刘佳琦的实验结果也验证了这个论点，初级日语学习者的清塞音感知正确率与感知实验语音刺激声学特征（VOT 值）之间有正相关关系。② 这说明学习者以语音刺激的声学特征为依据来判定目标语言的塞音音位。然而刘佳琦的研究并没有开展追踪实验，进一步讨论清塞音感知判定能力的动态发展路径。③ 本研究比较了学习者两个习得阶段的实验数据，发现清塞音的感知正确率有显著提升。日语塞音感知习得的动态发展说明学习者在习得进程中不断重复分析日语清塞音的声学特征（如 VOT 值及其分布），并与先前语言的塞音体系进行匹配对比，目标语言塞音感知判定标准与范畴正逐渐形成。

另外实验结果也发现从习得第一阶段到第二阶段，学习者的浊塞音感知判定正确率无显著变化。从图 2 可见，学习者词首浊塞音的感知正确率较高（约 97%）。本研究学习者的 L1 汉语普通话和 L2 英语（特别是词首）为送气性语言，区别清浊塞音音位的主要声学参量是 VOT 值的大小及其分布。这与目标语言日语的有声性塞音体系存在显著差异。学习者能敏锐地捕捉到目标语言（日语）与先前语言（汉语普通话与英语）间存在显著差异的浊塞音声学特征。此项感知实验的结果符合 SLM 的预测④，即相对于语言间的微妙相似性，明显的差异性更有利于目标语言的语音习得。那是因为新的或与先前语言相差较大的语言现象更容易被学习者察觉感知到。据

---

① 〔美〕Jiang, N., *Second Language Processing*: *An Introduction*, New York: Routledge, 2018.
② 劉佳琦:「第三言語としての日本語破裂音の知覚習得について」,『早稲田日本語教育学』第 26 期, 2019。
③ 劉佳琦:「第三言語としての日本語破裂音の知覚習得について」,『早稲田日本語教育学』第 26 期, 2019。
④ 〔美〕Flege, J. E., "Second language speech learning: Theory, findings and problems", In Strange, W. (Eds), *Speech Perception and Linguistic Experience*: *Issues in Cross-language Research*, Baltimore, MD: York Press, 1995.

此，作者认为如果学习者能分辨出 L3 与先前语言（L1 和 L2）之间的明显差异，并将两者区分为两类音，则有利于 L3 感知范畴的建立。然而本研究结果也证明学习者从习得初级阶段发展到初中级阶段，对日语浊塞音的感知判定无明显变化。

2. 日语塞音生成习得的动态发展

日语塞音生成实验结果显示，学习者的日语浊塞音生成存在一定困难。主要表现为浊塞音的负 VOT 生成比例显著低于母语者，且两个习得阶段间无明显变化。本研究的学习者 L1 汉语普通话与 L2 英语塞音体系共享送气性语言特征，与 L3 日语浊塞音的声带前振特征存在明显差异。学习者生成不同于 L1、L2 的 L3 "新语音"比较困难，与母语者的生成结果存在较大差异。这与清水克正的研究结果也有相似之处，该研究发现 L1 泰语、L2 英语的日语学习者难以利用自身发音器官正确产出日语浊塞音。虽然实验参与者的母语各异，但目标语言的习得过程拥有相似特征。[①] 鉴于此，作者认为有必要从语音普遍性来全面考量浊塞音的生成机制。从历史上的语音分布来看，有声阻塞音的存在总是以无声阻塞音的存在为基础。[②] 从调音生理机制来看，由于空气动力学有声性制约（Aerodynamic Voicing Constrain），浊塞音（特别是词首）的有声性（prevoicing）难以启动和维持[③]，这是人类生成浊塞音的普遍生理机制。这些研究结果说明浊塞音的生成标记性较高，而清塞音的生成标记性较低。这与本研究 L3 日语学习者的语音生成实验结果是一致的，学习者的 L3 浊塞音的负 VOT 生成比例显著低于母语者。基于以上的讨论，作者认为这可能是先前语言塞音体系的跨语言影响和语音普遍性的共同制约。虽然 Liu and Lin 对 L1 汉语普通话、L2 英语、L3 日语初级学习者的研究也发现学习者很难生成负 VOT 的日语浊塞音，但没有开展追踪研究。[④] 本研究在此基础上采集了学习者在两个习得阶段的塞音生成数据。实验结果显示，浊塞音的生成并未随着习得推进发生显著变化。习得

---

① 〔日〕清水克正：「タイ語話者による第 3 外国語学習における VOT に関する考察」,『名古屋学院大学論集・言語文化編』第 24 期, 2012。
② 〔日〕窪薗晴夫：「音韻獲得と言語の普遍性」,『音声研究』第 7 巻第 2 号, 2003。
③ 〔美〕Ohala, J. J., "Aerodynamics of phonology", Proceedings of the 4th Seoul International Conference on Linguistics. Seoul, Korea: Linguistic Society of Korea, 1997.
④ Liu, J., & Lin, J., "A Cross-linguistic Study on L3 Phonological Acquisition of Stop Contrasts", SAGE Open, 2021.

初期与初中期之间，浊塞音的生成困难无明显改善。

3. 日语塞音的感知与生成界面的动态发展

日语清塞音的感知与生成实验结果显示，学习者的感知正确率与生成VOT值之间存在正相关关系，即学习者的清塞音感知正确率越高，生成VOT值就越大。感知与生成界面间存在明显关联，感知习得可以预测生成习得。Liu and Lin 调查了 L3 初级日语学习者的塞音感知与生成界面关联。[1] 研究结果显示两个维度间存在正相关关系。本研究在此基础上讨论了不同习得阶段的界面关联的动态发展，结果显示清塞音感知与生成的界面关联在习得初级与初中级阶段均存在，相关性较为稳定，不受习得阶段影响。

日语浊塞音的感知与生成实验结果显示，词首浊塞音与词中浊塞音之间呈现出不同的动态发展模式。当浊塞音位于词首时，学习者在习得初级阶段的感知正确率越大，负 VOT 生成比例越小；而当习得过渡到初中级阶段，感知正确率越大，负 VOT 生成比例越大。虽然在感知实验和生成实验结果中，并未发现浊塞音的习得特征随着习得时间积累呈现出明显的动态变化，然而事实上两个维度的界面关联已经发生了动态发展。

在外语语音习得研究领域，到底是感知先行还是生成先行，一直是争论的焦点。[2] 二语语音习得领域的 Nagle 调查了英语母语者的 L2 西班牙语塞音习得动态发展，发现大部分学习者经过约 1 个学期的学习，感知水平达到近似母语者水平。然而实验群的生成发展轨迹显示，尽管参与者的浊塞音生成已经有进步，但是仍然没有达到西语母语者 2 个标准差下限。该研究结果证明了外语语音感知与生成习得发展的不同步性。[3] 三语语音习得领域的

---

[1] Liu, J., & Lin, J., "A Cross-linguistic Study on L3 Phonological Acquisition of Stop Contrasts", *SAGE Open*, 2021.

[2] 〔美〕Flege, J. E., "Second language speech learning: Theory, findings and problems", In Strange, W. (Eds), *Speech Perception and Linguistic Experience: Issues in Cross-language Research*, Baltimore, MD: York Press, 1995;〔日〕清水克正:「タイ語話者による第 3 外国語学習における VOT に関する考察」,『名古屋学院大学論集・言語文化編』第 24 期,2012;〔德〕Hanulíková, A., Dediu, D., Fang, Z., Bašnaková, J., & Huettig, F., "Individual differences in the acquisition of a complex L2 phonology: A training study", *Language Learning*, 62, 2012;〔美〕Nagle, Ch. L., "Examining the temporal structure of the perception-production link in second language acquisition: A longitudinal study", *Language Learning*, 68 (1), 2018.

[3] 〔美〕Nagle, Ch. L., "Examining the temporal structure of the perception-production link in second language acquisition: A longitudinal study", *Language Learning*, 68 (1), 2018.

Liu and Lin 汇报了初级日语学习者的塞音感知与生成习得界面关联。[①] 本研究在先行研究的基础上，从三语语音习得的角度分析了语音感知与生成的界面问题，结果显示出两者界面关联的发展既有稳定性又有复杂动态性。

五　结论与今后的课题

本研究针对 L1 汉语普通话、L2 英语、L3 日语学习者进行了两轮清浊塞音感知与生成习得追踪实验，旨在弄清多语学习者的第三语言塞音感知、生成及两维度间界面关联的动态发展模式。实验结果发现（1）随着习得深入，日语清塞音感知判定能力有明显提升，而浊塞音的感知发展变化不明显；（2）日语浊塞音的生成存在显著困难，且初级与初中级阶段间无显著变化；（3）日语清塞音的感知与生成界面关联呈现稳定的正相关关系，而词首浊塞音感知与生成的界面关联随着习得时间的增加呈现出动态变化。本研究尝试了在跨语言视域下讨论多语学习者的习得表征，实证研究结果显示目标语言与先前语言的声学特征差异有利于感知判定。然而新语音特征（prevoicing）的生成却存在一定困难，这可能是先前语言塞音体系的跨语言影响和调音普遍性的共同制约。另外，本研究还尝试从多语语音习得的视角对感知与生成的界面关联的动态发展进行了推敲。结果显示出两者界面关联的复杂性及动态性。值得关注的是清塞音的感知与生成界面呈现显著且稳定的正相关性，有效促进了日语清塞音的习得。更有意思的是浊塞音的感知与生成界面关联随着习得时间增加发生了显著动态发展，然而界面关联的动态发展没有或尚未直接反映于感知及生成表征。在跨语言视域下的语音教学实践中，教师须条分缕析学习者的母语、已学外语、目标语间的语音类型特征及匹配关系，充分理解感知与生成界面关联的复杂动态性，才可能有效地帮助学习者在多语语境中构建目标语言的新语音空间。

本研究也存在一些局限，是作者下一步的工作重点。本研究只采集了两个时间点的语音习得数据，今后应该增加数据采集时间点，才能更准确地描绘语音习得动态发展的全景。另外全面测试参与者的所有语言是多语言习得研究的重要且有效范式，今后应该增加参与者的所有先前语言（L1

---

① Liu, J., & Lin, J., "A Cross-linguistic Study on L3 Phonological Acquisition of Stop Contrasts", *SAGE Open*, 2021.

和 L2 的感知与生成）语音数据，这样才能更好地说明目标语言与先前语言之间的跨语言影响及互相渗透现象。

The Dynamic Development of the Speech Perception-Production link on Japanese Stop Contrast from the Perspective of Cross-Linguistics

Abstract: The research reported how students learning Japanese as a third language (L3) perceived and produced stop contrasts, and the dynamic development of the link between perception and production. The participants in the study were 20 Chinese university students who spoke Mandarin Chinese as their first language (L1), English as their second language (L2), and Japanese as their L3. An L3 identification task, and an L3 reading task were used to investigate the learners' perception and production of stops. The results demonstrated that the ability to identify Japanese voiceless stops significantly improved through the acquisition, and there was a stable positive correlation between the perception and production of voiceless stops. On the other hand, it is difficult to produce L3 voiced stops, and it is not contributed by the acquisition stage. It might be due to the cross-linguistic influence of the previous language stop contrasts and the universal physiological mechanism.

Keywords: cross-linguistic influence; Japanese; stop contrast; speech perception-production link; the dynamic development

汉日被动句式在从属小句中的使用倾向及其原因探讨

——基于口语语料的定量调查[*]

陈冬妹　〔日〕古贺悠太郎[**]

【摘　要】 本文关注从属小句当中的汉日被动句式，借助定量调查比较两者在口语语料当中的使用倾向，阐述汉日被动句式在语篇当中体现的人文性特征。本文调查发现：（1）汉语被动句式在复句当中与后句的逻辑关系呈现"并列"的比例高，小句与小句之间极少使用连接词，体现了汉语的整体性、注重意合的思维模式。（2）日语"-are-"被动句式与后句的接续关系大多表示顺接性的原因或条件，相比汉语连接词的使用频率更高，体现了日语相对分立性、注重形合的思维模式。（3）相较于复句或者单句句末，汉语和日语的被动句式在口语语料当中都更容易出现在状语从句的位置，也都比较容易成为引发后句所表示某结果产生的原因，体现了被动句式在口语语料中所代表事件的强影响性特征。（4）汉语和日语的被动句式在表"条件"关系的小句中，相比因果关系使用连接词的频率均明显提高，说明汉日表"条件"的小句更加依赖于连接词的使用。

【关键词】 从属小句　被动句式　逻辑关系　定量调查　汉日对比

---

[*] 本文系中央高校基本科研业务费项目"基于口语语料的汉日语态选择对比研究"（项目批准号：2021JJ011）的阶段性成果。

[**] 陈冬妹，博士，北京外国语大学北京日本学研究中心讲师，主要研究方向为汉日对比语言学。古贺悠太郎，博士，中国台湾静宜大学外语学院副教授，主要研究方向为日语句法。

引　言

从属小句和被动句式，是汉语和日语当中的两个基本句法概念，一直以来作为两个不同的独立句法范畴得到广泛的讨论，然而每一个句法现象都不是孤立的存在，必然会与其他句法概念产生关联。就汉语和日语的被动句式来说，其能否成立与句子的类型关系密切。

（1）打一个喷嚏是被人想，打两个喷嚏是遭人骂，连打三个喷嚏就是感冒了。(CCL，《秦腔》)
（2）？打一个喷嚏是被人想了。
（3）あんた、そんなに私に怒られて悔しかったのかと聞いたら、いえ、恥ずかしかったんです（笑）。（BCCWJ,『勝利のヒント』）
（4）？あんたは私に怒られた。

以上同样是被动句，在从属小句中的可接受度却高于单句句末。说明不论是日语还是汉语，其被动句式在从属小句当中均呈现出与主句不同的特征，值得关注。

日语被动在复句当中的出现位置，前田直子[①]已有过分析，但前田注重对日语教育的贡献，缺少跨语言的比较和对考察结果的理论性解释。汉日被动句式的现有研究主要集中在句法、语义、功能等层面，对于两者在句中的出现位置以及在从属小句当中的使用倾向等问题，还有待进一步挖掘。

从跨语言比较的角度，本文关心汉日被动句式分别容易出现在句中的什么位置？从属小句当中的日语"–are–"被动与汉语被动句式，分别有怎样的使用倾向特征？该特征又反映出汉日两种语言怎样的人文性特点？本文将通过考察汉语和日语的口语语料，回答以上问题。

[①] 〔日〕前田直子：「受動表現の指導と『拡大文型』の試み」,『日本語/日本語教育研究』2011年第2期。

一 关注口语语料的必要性

说到被动句，就不得不关注语体特征。就日语来说，工藤真由美[①]指出以"人"为主语的被动句（益冈隆志称作「受影受動文」[②]）多出现在口语语体，以"物"为主语的被动句（益冈隆志称作「中立受動文」[③]）多出现在书面语语体。志波彩子的调查显示，在小说的对话文当中，受事和施事均为"有生命物"的比例高达79.5%；而在评论性文章当中，受事为"无生命物"的比例高达82.2%[④]。益冈隆志也指出「受影受動文」才是日语被动句当中的核心类型。[⑤]

汉语被动句式研究，王力[⑥]提出不表被害义的"被"字句限于新闻等书面语体，张谊生[⑦]、贺阳[⑧]等也认为不表被害义的"被"字句的产生受到欧化语法的影响，其适用范围限于正式语体。

由此可见，对受事产生影响的"被"字句和"-are-"被动句属于汉日语最为核心的被动句式，易出现在口语语体中。因此研究汉日被动句，离不开考察口语语料。除上述原因以外，口语能够对环境中细小的变化不断地做出回应，这一过程展示了丰富的语义。[⑨] 同时，口语语料承载着说话人的情感态度、思维模式，能够更好地体现被动句式在汉日语中的人文性特征。

二 数据搜集方法及调查对象

本文汉语语料选用"北京大学现代汉语语料库"（简称CCL，例句出处

[①] 〔日〕工藤真由美：「現代日本語の受動文」『ことばの科学4』，東京：むぎ書房，1990，第47~102頁。
[②③] 〔日〕益岡隆志：「主観性から見た日本語受動文の特質」，澤田治美・仁田義雄・山梨正明（編）『場面と主体性・主観性』東京：ひつじ書房，2019，第343頁。
[④] 〔日〕志波彩子：『現代日本語の受身構文タイプとテクストジャンル』，大阪：和泉書院，2015。
[⑤] 〔日〕益岡隆志：「主観性から見た日本語受動文の特質」，澤田治美・仁田義雄・山梨正明（編）『場面と主体性・主観性』東京：ひつじ書房，2019，第352頁。
[⑥] 王力：《中国现代语法》，商务印书馆，1985。
[⑦] 张谊生：《助词"被"的使用条件和表义功用——兼论"被"的虚化轨迹》，吴福祥、洪波主编《语法化与语法研究》，商务印书馆，2003，第79~107页。
[⑧] 贺阳：《现代汉语欧化语法现象研究》，商务印书馆，2008。
[⑨] 〔英〕M. A. K. Halliday：《功能语法导论》，彭宣维等译，外语教学与研究出版社，2010，第F41页。

以"CCL，作品名称"形式标注）。为了保证所选语料接近自然口语表达，并排除中国台湾、香港地区汉语使用的影响，我们将检索选择范围限定为"当代—电视电影—文艺"和"当代—文学—大陆作家"，搜索口语对话当中30字以内出现的被动句式，排除"被子""被褥"和非对话文等无效语料，得到722例符合条件的"被"字句。日语语料选用日本国立国语研究所开发的『日本語日常会話コーパスモニター公開版』（简称 CEJC，例句出处以"CEJC，对话编号"形式标注），通过词位检索「れる/られる」，排除"－are－"可能句和其他无效语料后，得到表被动的有效例句993例。

需要说明的是，本文汉语选用文学作品中的口语对话，日语选用自然话语，两者性质虽有微弱差别，但如下表1所示，在汉语文学作品的口语对话当中，被动句式为"受影响类"的比例高达96%，证明上述语料足够体现汉语口语相关特征。此外，汉日两个语料库的大小虽然并不完全相同，但均是象征各自语言主要特征的具有代表性的语料库。我们通过计算722例汉语被动句式和993例"－are－"被动句式的抽样偏差值，发现两者的最大抽样误差分别在±3.23%和±3.11%，说明以上抽样例句足够代表两个语言当中被动句式的绝大多数用法，可用于汉日语言对比研究。

完成语料搜集以后，本文参考益冈隆志[①]的被动句分类方法，将这722例汉语被动句式和993例日语被动句式区分为"受影响类""中立类""属性叙述类"和"其他"四种类型，并分别统计出各个类型的句子数量，统计结果如表1所示。

表1　汉日被动句式分类统计

	受影响类	中立类	属性叙述类	其他
汉语被动	693（96.0%）	19（2.6%）	5（0.7%）	5（0.7%）
日语被动	836（84.2%）	147（14.8%）	10（1.0%）	0（0.0%）

对日语"中立类"被动句的认定，本文以句中能否添加「によって」以表施事（或相当于施事的名词短语）作为标准；对汉语"中立类"被动句的认定，本文要求须满足以下三个条件中的两个以上：条件一，无利害义；条件二，主语为无生物或者有生性较低的名词短语；条件三，去掉

[①] 〔日〕益岡隆志：「日本語受動文の意味分析」，『言語研究』82，1982。〔日〕益岡隆志：「主観性から見た日本語受動文の特質」，〔日〕澤田治美・仁田義雄・山梨正明（編）『場面と主体性・主観性』，東京：ひつじ書房，2019，第339~357頁。

"被"句子仍然成立。对汉语和日语的"属性叙述类"被动的认定,本文以谓语动词的语义指向属于和栗夏海提出的"选择类"或者"评价类"作为标准。①"其他"类指"她被人……"等谓语动词完全省略,无法判断其意义特征的被动句式。

表1结果显示,汉语和日语的口语语料,均以"受影响类"的被动句式为主,占比分别为96.0%(693例)和84.2%(836例)。上节我们提到汉日口语当中最典型的被动句是"受影响类"的结论得到证实,同时也说明以上语料能够代表汉日口语语料的典型特征。接下来,为保证被动类型的差异不对调查结果产生干扰,本文将考察对象限定为上述汉语693例和日语836例"受影响类"被动句式。

三 汉日被动句式的出现位置对比

本节将考察汉日被动句式分别容易出现在句中的什么位置。对于日语被动在句中的出现位置,前田直子根据接续形式区分为「単文末、複文末、引用節、疑問節、連体節、連用節」②六大类,并指出日语被动最容易出现在「連用節」。对于形式上小句与小句之间的连接相对严格的日语来说,这样的区分较为清楚,但是汉语的小句与小句的关系依赖语义,无法只依靠形式进行区分。因此本文以日语为参照,采用形式和语义同时考量的方式判断汉语被动句式的出现位置。

首先,「単文末」和「複文末」在形式上与汉语的"单句句末""复句句末"相对应,容易进行区分。但汉语并没有像日语一样表引用和疑问的明显形态特征,形式上难以分辨「引用節」和「疑問節」。刘丹青认为,广义的补足语从句(complemental clause)包括 a. 宾语从句(如"我希望他来")、b. 间接陈述句(如"我觉得这本书很有意思")、c. 间接问句(如"我想知道你将买什么")等结构。③日语「引用節」和「疑問節」都是充当谓语所要求的表引用或疑问的论元小句,意义上与汉语的"宾语从句"(或"间接陈述句")和"间接问句"相通,为方便与汉语进行比较,我们

---

① 〔日〕和栗夏海:「属性叙述受動文の本質」,『日本語文法』5-2,2005。
② 〔日〕前田直子:「受動表現の指導と『拡大文型』の試み」,『日本語/日本語教育研究』2011年第2期。
③ 刘丹青:《语法调查与研究中的从属小句问题》,《当代语言学》2005年第3期。

将「引用節」和「疑問節」并称为"补足语从句",并将上述汉语 a、b、c 三类从句归为该类。同时,日语「連体節」,结构为"－are－被动＋中心名词",形式上与汉语"被动句式＋的＋中心名词"结构相对应,本文称之为"定语从句"(attributive clause)。最后,在前田的分类当中,「連用節」所包含的范围最广,既有从属程度较高的时间状语从句,也有从属程度较低的并列关系状语从句。刘丹青认为汉语学界基本上没有状语从句的概念,国际上通常所指的"状语从句"(如用"since""if""so"等标记的从句),在汉语语法学界主要被看作复句的"分句",一般不归为状语,并指出最狭义的汉语状语从句可分为两类:一类是在谓语前用"地、似的"标记的小句;一类在动词后用"得"标记的小句。① 然而也有少数学者如黎锦熙曾指出汉语的"分句"也具有状语的性质。② 本文为方便将汉语的"分句"与日语「連用節」进行跨语言比较,将汉日被动出现在复句当中的以逗号结尾的小句类型统称为"状语从句",因此本文所指"状语从句",范围大于"地、似的、得"等有标记的状语从句,属于广义的状语从句。之所以把这类"分句"认定为从属小句的一种,是因为相较以句号结尾的句子,以逗号结尾的"分句"跟主句的关系更为紧密,具有一定的状语性质。各句式举例如下。

单句句末:

(5) 老蔡被车撞了。(CCL,《冬至》)
(6) また蚊に刺された。(CEJC,K002_014)

复句句末:

(7) 你走了,我的心也就被你带走了!(CCL,《乔家大院》)
(8) 塗ったあとで怖いとか聞かれる。(CEJC,T011_014)

补足语从句:

(9) 我并没有说她被抢劫。(CCL,《小团圆》)
(10) だからそこで提携してるとこに連れて行かれるってこと。

---

① 刘丹青:《语法调查研究手册(第二版)》,上海教育出版社,2019。
② 黎锦熙:《新著国语文法》,商务印书馆,1992(1924)。

（CEJC，K001_014）

（11）你知道普京为什么<u>被</u>叶立钦<u>选</u>为接班人吗？（CCL，《蜗居》）
（12）それが<u>喜ばれる</u>かどうかは<u>わかんない</u>けど。（CEJC，S001_018）

定语从句：

（13）能<u>被践踏</u>的尊严就不是尊严，是礼貌。（CCL，《天道》）
（14）ちょっと<u>騙された</u>気分なんだけど。（CEJC，T011_005）

状语从句：

（15）你已经<u>被包围</u>，逃跑是没有希望的！（CCL，《冬至》）
（16）<u>誘われたら</u>行こうかなって気になる時もあるじゃない。

（CEJC，T016_007）

根据以上分类，本文将汉语 693 例和日语 836 例"受影响类"被动句式在句中的出现位置进行统计整理，并通过卡方检验计算出了横向各项的 p 值，结果如表 2 所示。

表 2　汉日被动句式的出现位置对比

	汉语	日语	p 值
单句句末	149（21.5%）	182（21.8%）	F = 0.02，n.s.
复句句末	128（18.5%）	102（12.2%）	F = 11.73，p = 0.001
补足语从句	50（7.2%）	31（3.7%）	F = 9.33，p = 0.002
定语从句	72（10.4%）	106（12.7%）	F = 1.93，n.s.
状语从句	294（42.4%）	415（49.6%）	F = 7.97，p = 0.005
合计	693（100%）	836（100%）	—

横向比较来看，汉日被动句式在"单句句末"和"定语从句"当中的分布没有显著差异；但在"复句句末""补足语从句"和"状语从句"当中的分布，具有一定的统计学差异。跟日语相比，汉语被动句式在"复句句末"和"补足语从句"出现的频率更高，而出现在"状语从句"的频率略低于日语。纵向比较来看，汉日被动句式都最容易出现在"状语从句"的位置，比例均超过 40%。本文认为，被动句表达的核心是"受影响"，在口语

· 111 ·

环境中，说话人表达一个主语受影响的事件，其句义指向的范围容易拓展到复句甚至语篇层面。观察汉语和日语实际的使用也能发现，被动并不是仅仅停留在单句层面的语言现象，研究被动在从属小句当中的特征很有必要。

四 状语从句中汉日被动句式与后句的接续关系对比

表1显示，日语的"－are－"被动和汉语的"被"字句，均高频出现在"状语从句"当中。那么这些从属小句中的汉日被动句式分别承担着怎样的功能，或者说两者分别倾向于表达怎样的逻辑关系属性？为了回答以上问题，本节将状语从句中的"－are－"被动和"被"字句与其后句的逻辑关系区分为"因果关系""条件关系""转折关系""时间关系""并列关系""目的关系"和"其他"[①] 七个小类，并分别统计出两者在各个小类中出现的频率（见图1）。

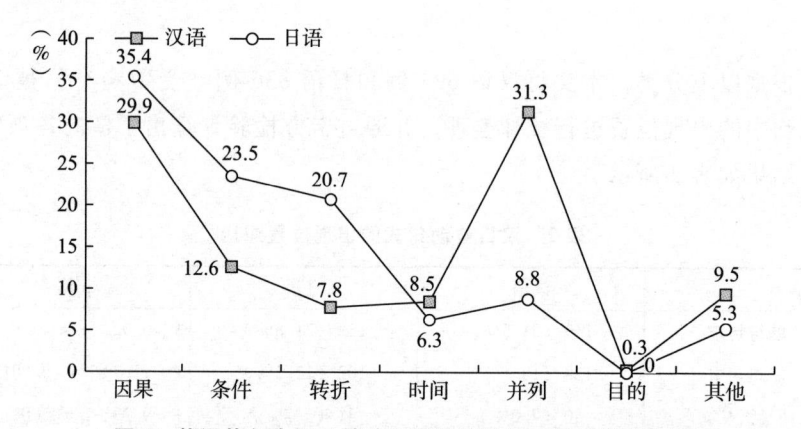

图1 状语从句中汉日被动句式的接续关系使用频率比较

需要说明的是，日语有415例状语从句，其中96例为以「て形」结尾的「言いさし」（句末省略现象）[②]，因后句被省略，难以判断其表示的具体逻辑关系，不作为统计范围考量，所以本小节的日语调查对象为319例。

---

① 本文归为"其他"类逻辑关系的，在日语中主要指因为自然口语语料的不完整，难以判断与后文的关系的"－are－"被动；在汉语中主要指可以充当主语成分的被动句式。

② 「言いさし」是在日语日常会话当中被高频使用的一种不完整的语言表达形式，常常省略说话人真正想要表达的交际意图。白川博之认为一部分「言いさし」表达的话语内容拥有跟独立句一样的完整性。但是本文认为其形式上的不完整性也不容忽视，因此将其归为状语从句类（〔日〕白川博之：『「言いさし文」の研究』，東京：くろしお出版，2009）。

观察图1，可看出汉日被动句式之间两点共同之处和两点不同之处。

先说共同点。第一，汉语和日语的被动句式出现在状语从句当中时，与后句呈现"因果关系"的比例均较高，汉日分别占比29.9%和35.4%，可见两者都容易成为后句所表达的某一结果的原因。第二，汉日状语从句当中的被动句式，都不倾向于表达"时间"（例如"被……的时候/之前/后"或者「られ（る/た）時/前/てから」）和"目的"（例如"为了被……"或者「られ（る/た）ため（に）」）。

再说不同点。第一，汉语状语从句当中的被动句式与后句的关系呈现"并列"的比例最高，占比31.3%，日语仅占8.8%。第二，日语"‐are‐"被动与后句呈"条件"与"转折"关系的比例总数高达44.2%（日语"条件"23.5%；"转折"20.7%），远远高于汉语的20.4%（汉语"条件"12.6%；"转折"7.8%）。通过卡方检验，我们也证实了在"条件""转折""并列"三个关系中汉日被动分布具有的显著差异（p = 0.001；p = 0.000；p = 0.000）。

调查还发现，汉语294例状语从句当中，仅有45例（15.3%）使用了连接词，剩余249例（84.7%）前后小句的逻辑关系需要依赖上下文的解读。而日语的415例状语从句当中，有227例（54.7%）拥有明确的接续形式（如「から」「のに」「れば」等），剩余188例（45.3%）以「て形」接续。「て形」是日语中表因果、条件、时间等多种接续关系的特殊形式，跟汉语无连接词使用的情况一样，前后小句的接续关系需要依靠上下文进行判断。即便如此也能看出，汉语被动句式所在的状语从句，与后句的逻辑关系相比日语更为松散，更加依赖语境，而这样的特征在"并列关系"的从句当中表现得尤为明显。接下来本文将分别考察表"并列关系"的汉日被动句式和汉日连接词的使用倾向特征。

五 状语从句中表并列关系的汉日被动句式对比

本文所指的并列关系是前后小句结构松散，没有明确的逻辑关系，各小句常常对等地对相关话题进行描述的情况。

就汉语来说，例如（17）通过"既……，又……"关联词衔接前后小句，从两个不同的方面阐述中国的立场；（18）未使用任何连接词，分别从"油料""副师长""前线主力""空、陆补给"四个不同的角度对说话人所在军队的劣势情况进行说明。（19）（20）也未使用连接词，小句与小句之间的结构松散，句中主语转换，逻辑关系模糊。需要补充的是，（18）（19）（20）虽然在小句之间发生了主语转换，却都从不同方面对相关话题进行了描述。（18）描述军队的劣势情况；（19）描述说话人"我"的生理和心理状态；（20）则描述"有庆"昏倒后发生的状况。这说明，汉语被动句式所在的状语从句与后句的逻辑关系虽然模糊，从形式上看主语也并不一致，但通过上下语境可知，各小句仍然在围绕同一话题展开叙述。可以说，汉语从属小句中的被动句式与后句的关系解读，相比日语更加依赖对上下语境的领悟。

（17）这样，中国既可以不<u>被排斥</u>于即将成立的国联，又可以向世界表明中国在山东问题上的立场。（CCL，《我的一九一九》）

（18）油料<u>被盗</u>，副师长自杀谢罪，前线主力弹尽粮绝，空、陆补给都已绝望。（CCL，《海边的雪》）

（19）刚才我差点<u>被打死</u>，枪口就顶在我头上，是颗臭弹，我怕我死了以后就再也见不到你了……（CCL，《天道》）

（20）我也说不清楚，有庆上课时突然昏倒了，<u>被送到医院</u>，医生说这种病治起来要有些日子。（CCL，《活着》）

（18）（19）（20）各例，均一个小句接着下一个小句，无关联词语连接，语义联系松散，句与句似断还连，这样的复句在汉语中被称为"流水句"[1]。

王文斌、赵朝永认为，"流水句"是汉语当中的一种特殊复句，反映了汉语语法和汉语本身的本质特点，是其区别于印欧语言的一种内在特性。[2] 王力指出，复合句里有两个以上的句子形式，它们之间的联系有时候是以意会的，叫作"意合法"，例如"你死了，我做和尚"。[3] 蒋侠也提出"汉语流水句是意合法构建复句的典范，充分体现了汉语顺序象似性、话题象似性的特点，反映了中国人重视整体思维、直觉思维以及主体意识的认知

---

[1] 吕叔湘：《汉语语法分析问题》，商务印书馆，1979，第27页。胡明扬、劲松：《流水句初探》，《语言教学与研究》1989年第4期。

[2] 王文斌、赵朝永：《汉语流水句的分类研究》，《当代修辞学》2017年第1期。

[3] 王力：《汉语语法纲要》，上海教育出版社，1982。

心理"。① 功能语言学、语用学、认知语法的兴起,离不开语言学"人文主义"的复苏,这些学派都强调语言不仅仅客观地表达命题式的思想,还要表达说话人的观点思想等人文性特征。② 本文认为,反映在语言形式当中的人文性特征,往往映射出语用者的思维模式特征。以上流水句的使用,正是汉语注重意合性、整体性思考方式的映射。

日语被动句式出现在"并列"关系的状语从句,其数量远远不及汉语,且多使用「し」「たり」「とか」等形式连接前后小句。与汉语不同的是,日语表并列的各个小句,其主语常常具有高度一致性。例如(21)主语虽被省略,但说话人在言说过程中一直将主语固定在自己身上,句子末尾使用「てもらう」授受形式,同样是说话人为了固定主语而采用的一种语法手段。

(21) なんかおばさんとかおじさんとかに話しかけられたりとか、寮とかにいた時もなんかそうゆう近所の町内会のなんかとかにお手伝いに行ったりとかして、かわいがってもらったりとか。(CEJC, S001_006)

关于日语当中表并列的接续助词,白川博之③认为用「し」标记的小句蕴含着说话人的言外之意,这种言外之意包含着除「し」小句之外的其他的对该事件进行描述、评价的内容。中俣尚己④则主张「し」是具有情态特征的表并列的接续形式。与「し」的用法相似,「たり」在日语中表示对类似事件的列举,暗示还存在其他类似情况。本文搜集的例句显示,日语在口语环境下通过使用「し」「たり」等表并列的接续形式,除了能够加固小句与小句之间的连接之外,还暗示着其他类似情况发生的可能性,间接表达了说话人的言说态度和对事件的主观判断,有助于促进听话者对于话语的正确理解。

---

① 蒋侠:《流水句英译的认知解读》,《山东外语教学》2010 年第 3 期。
② 沈家煊:《语言的"主观性"和"主观化"》,《外语教学与研究》2001 年第 4 期。
③ 〔日〕白川博之:「接続助詞『シ』の機能」,中右実教授還暦記念論文集編集委員会(編)『意味と形のインターフェイス(下巻)』,東京:くろしお出版,2001,第 825~836 頁。
④ 〔日〕中俣尚己:「日本語並列節の体系—『ば』・『し』・『て』・連用形の場合—」,『日本語文法』7 卷 1 号,2007。

（22）（22）是一段儿子与母亲的对话。儿子在学校听到朋友讨论母亲，于是将此事告知母亲，在「ゆわれた」后面添加「し」，既表达了说话人认为讨论母亲的人不限于社团成员，还有其他同学，同时也侧面表达了说话人内心不悦的主观情绪。从后文母亲的反应也能看出，母亲意识到了儿子的不快，并解释自己跟社团的人并不熟悉。值得一提的是，儿子在话语中两次使用「言う」的被动形式，将主语固定在自己身上，这一特征与（21）一致。

（22）儿子：時々そんなふうにゆわれんだよな、俺の友達から
母亲：誰にゆわれるんだ、そんなことを
儿子：部活の人にもお母さんが前に学校来た時にゆわれたし
母亲：部活？
儿子：高校のね、島村のお母さんもしかして若干天然入ってるみたいな
母亲：まじですか、部活の人になんてご挨拶ぐらいしかしてませんことよ

（CEJC，K004_007）

（23）是一段对大河剧中继承人命运的描述，说话人通过使用「たり」，体现出除死亡、被谋杀这两种人物命运以外的其他可能性，避免了对事件走向进行直接判断。关于「たり」的情态性用法，森山卓郎[①]、日本语记述文法研究会[②]均有提及，本文不再展开论述。

（23）その大河ドラマのストーリーのあらすじを見るとそうゆう時にどんどん跡継ぎの男の子が死んじゃったり、殺されたりして、どうにもこうにもなくなって（CEJC，T003_007）

[①]〔日〕森山卓郎：「並列述語構文考—『たり』『とか』『か』『なり』の意味・用法をめぐって—」，仁田義雄（編）『複文の研究（上）』，東京：くろしお出版，1995，第 127~149 頁。

[②]〔日〕日本語記述文法研究会（編）『現代日本語文法6』，東京：くろしお出版，2008，第 273~275 頁。

综上，汉语复句当中的被动句式，倾向于与后句呈现"并列"关系，且极少使用连接词，这反映了汉语重视意合性、整体性的思维模式。因此，汉语的听说双方更加依靠对语境的直觉和领悟来理解句与句之间的逻辑关系，能够不借助连接词等语言形式完成交际。然而，日语复句当中的被动句式出现在"并列关系"的比例极低，且多使用「し」「たり」「とか」等连接词。通过使用这些连接词，小句与小句之间的逻辑关系得以加固，说话人也能够间接表达其言说态度和对事件的主观判断，促进听话者对于话语的正确理解。

六 状语从句中汉日被动句式的连接词使用倾向对比

第四节提到，汉语的被动句式出现在状语从句中时，仅有15.3%的句子使用了连接词，与此相对的日语的比例则高达54.7%。Carston曾指出无须任何连接词的连接，听话人基于人类基本的认知倾向，就能够自然将两个句子之间理解为因果关系或先后关系。[①] 例如（24），即使移除连接词，听话人也可以通过语境很自然地判断出后一句是前一句的结果。

(24) She fed him poisoned stew. He died.

这是因为人类在观察事件时，会本能地主动构建事件与事件之间的联系，而因和果正是我们面对不同事件最容易联想到的逻辑关系。广义的原因，包括行为产生的动机、条件、前提等。广义的结果，除了表示事件造成的结果以外，还可以表示事件的发展、已知或未知的结论等。

虽然本文区分了因果关系和条件关系，但也必须承认，两者都属于广义的因果范畴。对此日本国语语法学者已有诸多讨论。如奥田靖雄认为，因果关系和条件关系都表示广义的条件[②]。仁田义雄则主张区分因果关系和条件关系的一个标准在于前后小句的逻辑关系具有事实性，认为条件小句是「仮定的」（表假定），而因果小句是「事実的」（表事实），但两者都

[①] R. Carston, "Conjunction, Explanation and Relevance," *Lingua* 90 (1993): 27-48.
[②] 〔日〕奥田靖雄:「条件付けを表現するつきそい・あわせ文—その体系性をめぐって—」,『教育国語』87, 1986。

表示顺接。① 该观点也被前田直子②等多数研究复句的学者所接受。此外，前田还指出，当前一个小句表达具有事实性的事件时，条件句会靠近因果句。因此，不管是因果关系，还是条件关系，都表示某一个事件（原因或条件）引发另一个事件（结果）的产生，都是广义的因与果的关系。

再回到被动的问题上，受影响类的被动往往表达说话人无法控制的事件，当说话人无法控制的事件出现在复句中的前一小句，后句就很容易倾向于表达该事件产生的结果。由此可以推测，出现在状语从句当中的汉日被动句式，即使前后小句之间没有使用任何连接词，听话人也能默认前后小句为广义的因果关系。换句话说，在图1所示因果、条件关系的例子中，汉语和日语的连接词的使用频率应该都是比较低的，那么事实真的如此吗？请看表3。

表3 汉日被动句式在表因果、条件关系的状语从句中的接续形式有无比较

逻辑关系	汉语		日语	
	因果关系	条件关系	因果关系	条件关系
有连接词	2	21	56	73
无连接词	86	16	57	2
合计	88	37	113	75

在汉语表因果关系的88例状语从句当中，仅有2例拥有表原因的连接词，但在日语表因果关系的113例状语从句当中，却有56例使用了「から」或者「ので」进行接续。条件关系方面，汉语超过一半（21例/37例）使用了"如果""要是""一旦"等连接词，日语的条件关系状语从句几乎全部（73例/75例）使用了「と」「たら」「れば」进行接续。说明上述推测仅对表"因果关系"的状语从句（尤其是汉语）有效。

上文已经提到，汉语使用连接词的倾向较弱，与汉语意合性的思维模式相关。同时也不可否认，"因果关系"中几乎不使用关联词的现象，也反映了汉语被动句式的强影响性特征。例如（25）（26）的前后小句之间没有任何连接词的出现，但可以很容易地推断出后一小句描述的情况是前一受影响性事件的后续发展或者后续结果。

---

① 〔日〕仁田義雄：「条件づけとその周辺」『日本語学』6-9，1987。
② 〔日〕前田直子：『日本語の複文—条件文と原因・理由文の記述的研究—』東京：くろしお出版，2009。

(25) 情况不是很妙，取保候审被拒了，看样子很快就要起诉了。（CCL，《蜗居》）

(26) 你被敌人的伪装完全蒙蔽了，一时难以醒悟。（CCL，《红岩》）

此外，表3显示汉语和日语的被动句式在表"条件"关系的小句中，使用连接词的频率均明显提高。这也说明相比因果关系，表"条件"的小句更加依赖连接词的使用。以下例句连接词（波浪线标注）的出现，能极大地促进听话人对句子关系是否理解。

(27) 谢谢您，如果你被录取，我们会通知的。（CCL，《三重门》）

(28) これステーキとかゆわれたら驚くよね。（CEJC，T004_001）

然而即便如此，汉语当中仍然存在以下不使用"如果""要是"等连接词进行接续的条件小句。同样说明汉语小句与小句之间逻辑关系是否确立，并不完全取决于连接词的有无。

(29) 被妈知道他冻成这样，早不忍心啦。（CCL，《苦菜花》）

(30) 不，不在学校门口，被人看到影响不好。（CCL，《红树林》）

总结来说，在状语从句当中，日语使用连接词的整体频率高于汉语，但相比"因果关系"，在表"条件"关系的小句中，汉日语连接词的使用频率均明显提高。

本文认为，以上调查结果体现了日语黏着性的特点，同时也是日语相对分立性、注重形合的思维模式的映射。首先，注重形合的特点，体现在日语可以通过词语的形态变化或者附加助词、连接词等形式，完成句与句之间的连接。其次，日语分立性的思维模式是相对汉语而言的。有被动句式出现的汉语复句，小句与小句之间逻辑关系松散，极少使用连接词，所以将各个小句单独、分开看时，很难判断该小句在复句当中呈现怎样的逻辑关系，但整体来看，汉语的一个复句仍然在围绕某一个特定话题进行描述。与此相对，日语虽然存在表因果、条件、时间等多种接续关系的特殊形式「て形」，该形式出现时前后小句的接续关系也需要依靠上下文进行判

· 119 ·

断,但实际上日语状语从句当中使用连接词的比例(54.7%)却高于使用「て形」的比例(45.3%)。这就说明日语的复句,尤其是有被动句式出现的复句,一定程度上需要借助不同的连接词来明确前后小句的关系。或者说,日语复句当中,各个小句之间的逻辑关系较汉语更加明确,即使把小句单独分开来看,也能相对清楚地判断该句在复句当中的逻辑关系。因此日语复句当中小句与小句的关系是相对分立的。

结　语

本文关注状语从句当中的汉日被动句式,通过以上多个方面的定量调查比较了两者的使用倾向异同。调查发现,汉日被动句式在口语语料当中都更容易出现在状语从句的位置,都倾向成为引发后句表示的某结果产生的原因,尤其当本文将研究对象聚焦于"受影响类"被动句式时,该倾向更为明显。同时,汉语和日语的被动句式在表"条件"关系的从属小句中,使用连接词的频率均明显提高,这也说明相比因果关系,表"条件"的小句更加依赖于连接词的使用。

然而,汉语状语从句当中的被动句式与后句的逻辑关系更为松散,这是其区别于日语的一大特征。该特点主要体现在"连接词缺乏"和"并列关系凸显"两个方面,该差异的形成源于汉语重视意合性、整体性的思维模式。日语状语从句当中的"-are-"被动与后句的接续关系大多表示顺接性的原因或条件,比汉语使用连接词的频率更高,体现了日语相对分立性、注重形合的思维模式。

复句和被动,由于两者的复杂性,在语言学领域一直作为两个独立的部门被分开讨论。本文通过考察从句当中的被动句式,试图阐述两者的交叉之处。希望本文的讨论能够为复句和被动的研究提供一个接点,促进更多学者关注该领域的考察,也希望本文的分析结果可以从认知类型学的角度为汉日其他语言现象提供参考。

A Comparative Study of Chinese and Japanese Passive Constructions' Usage Tendency in Subordinate Clauses： A Quantitative Analysis Based on Spoken Language

Abstract： This paper focuses on the Japanese and Chinese passive constructions in subordinate clauses, makes a quantitative survey to compare the similarities and differences of their usage tendency in spoken language, and expounds the reasons for this tendency from the humanistic characteristics of Chinese and Japanese. The results of this paper are as follows： (1) The passive construction of adverbial clauses in Chinese has a higher proportion of "parallel connection", and conjunctions are rarely used, which reflects the entire thinking and the parataxis thinking mode in Chinese. (2) Most of the passive construction in Japanese adverbial clauses express reasons or conditions for the consequent connection. Compared with Chinese, the frequency of using conjunctions is higher, which reflects the relatively discrete and form oriented thinking mode of Japanese. (3) Compared with the end of a complex sentence or a single sentence, both Chinese and Japanese passive sentences are more likely to appear in adverbial clauses and tends to be the cause of the result of the latter sentence, which reflects the strong influence characteristics of the events represented by the passive sentences in the spoken language. (4) In the context of conditional relation, the frequency of using conjunctions is significantly higher than causal relation in Chinese and Japanese passive sentence patterns, which also shows that the clauses in Chinese-Japanese table "conditions" are more dependent on the use of conjunctions.

Keywords： Subordinate Clauses； Passive Constructions； Logical Relationship； Quantitative Analysis； Chinese-Japanese Language Comparison

关于日语教科书的文化呈现研究[*]

朱桂荣[**]

【摘　要】 本文分析了 2019 年版人教版高中日语教科书中的文化呈现，发现：该教科书中中华文化占比 61.4%，超过日本文化和世界文化的数量之和；在产出性任务中，41.7% 的任务内容与中华文化相关，任务要求多为介绍中华文化知识或比较中日文化的异同；教科书中设计的中国学生形象能在多种情境下积极传播中华文化。该教科书以较大力度突出了中华文化的重要地位，不存在"中华文化缺失"问题。另外，该书作为外语教科书仍须深入研讨不同文化的占比以及如何处理好中华文化与目的语文化及世界多元文化的互联、互通、互动与互鉴。

【关键词】 高中日语教科书　文化呈现　文化传播　中国学生形象

引　言

教育部《普通高中日语课程标准（2017 年版 2020 年修订）》[①]（以下简称《课标》）指出，"日语学科核心素养由语言能力、文化意识、思维品质、

---

[*] 本文系国家社科基金一般项目"世界主要国家中小学外语教材文化呈现比较研究"（21BYY122）的阶段性成果。

[**] 朱桂荣：北京外国语大学北京日本学研究中心副教授，硕士生导师，主要研究方向为日语教学、教师教育、教材研究。

[①] 中华人民共和国教育部《普通高中日语课程标准（2017 年版 2020 年修订）》，人民教育出版社，第 4~5 页。

学习能力组成，彼此相互联系、相互融通，是日语学科育人的根本要求"。其中，文化意识是对多元文化的感知、认识和理解。文化意识的培养可以"帮助学生增强民族自信心、坚定文化自信，形成具有中国情怀、尊重和包容人类文化多样性的品质"。文化意识培养是中学外语教学中不容忽视的重要方面。

但是，很长一段时期，我国外语教育侧重语言技能训练，忽视了外语教育中的文化教育。当人们在20世纪80年代开始关注文化与语言教育的关系时，焦点又多为目的语文化，较少涉及本族语文化。[1] 由于上述因素的影响，我国的中学外语教科书中"中国文化缺失"的问题比较突出。[2] 在经济全球化时代，我们要破除"文化自卑"，防止全盘吸收西方的价值观，要基于国情讲好中国故事，而教材则是规范教育的最主要的遵循依据。[3]

教科书是体现课程标准的重要载体，是将课程标准与课堂教学紧密联系起来的抓手。本文以《普通高中教科书日语必修》（2019年人民教育出版社课程教材研究所编著）为对象，分析该教科书文化内容的具体呈现，探究教科书在培养文化意识方面的编写策略，以期为一线教师理解教材提供助力，同时也为教材编者提供必要的反馈。

一 外语教学中的文化教育与教科书

文化是人类在社会历史发展过程中为满足自身的需要而不断创造的物质财富和精神财富的总和，具有群体性、社会性、民族性、区域性和传播性等特征。其中，语言是文化的重要载体。[4] 祖晓梅指出："文化决定人们如何感知和理解周围的世界，文化影响人们如何处理人际关系和日常琐事。"[5] 20世纪90年代，在重视交际能力培养的氛围中，学生的外语技能有较大提升，但对中华文化的意识却较为淡薄。罗玲指出，对本民族文化缺

---

[1] 刘长江：《谈外语教育中目的语文化和本族语文化的兼容并举》，《外语界》2003年第4期。
[2] 郭宝仙：《英语课程中的传统文化：中日教科书比较的视角》，《全球教育展望》2014年第1期。吴驰、杨蕴恬：《我国中小学英语教材建设40年》，《课程·教材·教法》2018年第9期。
[3] 韩震：《教材编写的意识形态维度》，《课程·教材·教法》2019年第7期。
[4] 李庆本、毕继万、李楠、陈忠：《中外文化比较与跨文化交际》，北京语言大学出版社，2014。
[5] 祖晓梅：《跨文化交际》，外语教学与研究出版社，2015，第26页。

乏自信和自豪感的人，难以在跨文化交际中赢得对方的尊重和信任。① 真正扭转这一局面，是在21世纪之后。2013年，党的十八大报告指出，要建设优秀传统文化传承体系，弘扬中华优秀传统文化。之后，教育部、国务院印发了一系列重要文件②，高度重视中华优秀传统文化教育。国家发展带来了文化自信，而文化自信也使外语教学走出了曾经的文化迷失和西方单向文化输入的状态，外语教学中的文化交流开始走向平等双向的流动状态。③ 在当今多元文化、多种潮流不断交流与交锋中，培养具有家国情怀、国际视野和跨文化交际能力的社会主义建设者和接班人已经成为外语教育的重要使命，为此也更加需要深入探究外语教育中的文化呈现问题。

在外语教育过程中，"教科书是教育教学的指南，是教师与学生教和学的主要依据，权威性高"④。"用教科书牵引教学改革"⑤ 是教育界对教科书的期待。一方面，基于教科书的重要作用，可以说高中日语教学中的文化意识培养在很大程度上依赖于教科书中的文化呈现。另一方面，高中日语教科书的编写应遵循《课标》的要求。《课标》对核心素养的培养路径做出了描述，提倡以主题为引领、情境为依托、语篇为载体、任务为驱动的日语实践活动，引导学生在理解与梳理、表达与交流、探究与建构的学习过程中学会学习，提高能力。新时代育人要求为外语教科书的编写提出了新的课题，为此，本文将探究高中日语教科书在引导学生学习的过程中融入了怎样的中华文化，怎样融入中华文化，怎样呈现中华文化的传播，等等，以期为高中日语教科书的使用者和编写者提供必要的参考。

二　研究设计

1. 研究对象

本文将《普通高中教科书日语必修》（2019年）作为研究对象。该教

---

① 罗玲：《在大学外语教学中有机融入中华优秀传统文化》，《中国高等教育》2015年第21期。
② 例如2014年教育部印发了《完善中华优秀传统文化教育指导纲要》，要求加强对青少年学生的中华优秀传统文化教育。2016年教育部印发"关于教育系统深入开展爱国主义教育的实施意见"，提出"维护祖国统一和民族团结，增强青少年学生的国家认同"等。
③ 江曼、王鉴：《我国普通高中英语教学的百年书写：文化回应教学的视角》，《中国教育科学》2020年第4期。
④ 石鸥：《教科书概论》，广东教育出版社，2019，第34页。
⑤ 成尚荣：《用好统编教材　实现学科育人价值》，《课程·教材·教法》2018年第8期。

科书通过教育部审核，由3册构成，每册4课，共12课，对应《课标》中提示的人文、生活、社会、自然等主题范畴。教科书中有固定的登场人物，描述了中国某高中的中日学生之间及师生之间的故事。该教科书设计了日语实践活动，每课由"热身""步骤1""步骤2""做一做"四个部分构成。在"步骤1"和"步骤2"中，"听一听""读一读"是必有内容，此外还灵活设计了"说一说""大家一起说""写一写"等活动。

2. 研究问题

关于核心素养中"文化意识"的培养，《课标》要求学生通过日语课程学习"能发现日本文化及其他国家文化的元素与特征，对比中日文化及中外文化的异同，加深对中华文化的理解和认同，以对方易于理解的方式介绍中国的人和事"。基于这一要求，本文聚焦高中日语教科书语篇中的文化呈现，关注教科书在日语实践活动中设置的产出性任务，以及教科书中的中国学生形象（即教科书中的登场人物）在跨文化交际中对中华文化的传播。为此，本文将探究以下三个问题。

研究问题1：教科书呈现了哪些国别文化信息？是以怎样的方式呈现的？

研究问题2：教科书设计了哪些与中华文化相关的产出性任务？

研究问题3：教科书中的中国学生形象以何种方式传播中华文化？

3. 分析方法

内容分析法是一种常见的教科书研究方法，包括定量分析和定性分析[1]。本文既关注教科书中的文化呈现形式，又关注文化信息数量，故采用定性和定量相结合的分析法。为准确掌握语篇中不同文化信息的数量占比以及文化信息的传播者，本文将分析范围限定在图片、课文及听力原文等显性信息上，而语法讲解中的例句和课后练习中的句子则作为隐性信息不列入本次研究的范围。[2]

关于质性研究的数据处理方法，戈木[3]指出，"以一个句子、一个段落

---

[1] 王攀峰：《教科书研究方法论》，广东教育出版社，2019。

[2] 本文统计了语法例句及课后练习中的句子所呈现的文化信息，发现语法例句中的文化事项有两种类型：一是再现课文或听力原文中已出现过的文化信息，二是新出现的文化信息。从数量上说，语法例句中涉及文化信息的例句占比为14%，课后练习中涉及文化信息的句子占比为12.8%。由于此类信息为隐形文化信息，本文暂不将其纳入分析范围。

[3] 戈木クレイグヒル滋子：『質的研究方法ゼミナール』，医学书院，2005，第99頁。

或一个篇章为单位进行切片均是可以的，关键是该分析单位中含有多少研究者所要分析的信息。如果文本中并不富含研究者所要分析的信息，那么以一个段落甚至是一页材料为单位进行切片也是可以的"。戈木强调要基于数据中含有的研究者所要分析的信息情况切片，而当研究者难以判断相关信息量时，建议将句子作为分析单位。本文参考上述处理方法，在分析教科书显性文化呈现时，将展示某一文化信息的一张图片或语篇中表达一个完整意义的句子算作一条文化信息；同时遵循戈木提出的"如果一个句子中含有多条相关信息，可进一步切片"的做法处理了相关数据。例如"在日本是用卷心菜包饺子，而在中国一般是用白菜包饺子"这样的句子，根据所包含的文化信息，将"在日本是用卷心菜包饺子"算作一条日本文化信息，同时也将"在中国一般是用白菜包饺子"算作一条中华文化信息。关于本文对教科书中的文化信息的认定方法，通过以下事例加以说明。

> P2　第1課「ステップ1　おじぎの習慣を振り返る」「2　読みましょう」
> 　　周　　：今日、自己紹介の時、おじぎをしましたね。
> 　　佐々木：はい、日本では、自己紹介の時、おじぎをするのが普通の礼儀です。
> 　　周　　：日本では、自己紹介のほかに、普通どんな場面でおじぎをしますか。
> 　　佐々木：そうですね。おじぎは日本では日常的によくします。例えば、（略）などいろいろな場面でお辞儀をします。
> 　　（略）
> 　　周　　：お願いします。

根据前述的数据处理方法，中国学生对日本学生说："你自我介绍时鞠了躬吧？"日本学生回答："在日本自我介绍时鞠躬是很普通的礼貌做法。"中国学生询问："在日本除自我介绍外，一般还会在什么场合鞠躬？"日本学生回答："日本人在日常生活中经常鞠躬。""比如日本人会在……等各种场合鞠躬。"这些均显性承载了有关鞠躬的日本文化信息，本文将其各视为一条日本文化信息加以计算。而日本学生回答问题时的附和声、中国学生对日本学生说"拜托了"等句子因没有显性承载有关鞠躬的文化信息，故

· 126 ·

未将其计算在内。在对教材文本完成上述基本信息处理之后，本文又分别采用不同的分析方法，有针对性地回应了三个研究课题。

针对研究问题1：教科书呈现了哪些国别文化信息？是以怎样的方式呈现的？本文先从"国别属性"和"内容类别"的角度探究"呈现了哪些国别文化信息"。在阐述过《课标》要求学生通过日语课程学习"能发现日本文化及其他国家文化的元素与特征，对比中日文化及中外文化的异同"之后，鉴于上述对文化多元性的要求，本文将"国别属性"分为中华文化、日本文化以及世界文化三个类别。其中，世界文化指中日文化之外的其他国家文化或世界共同文化，而文化信息的"内容类别"则基于语篇具体分类。在此基础上考察"以怎样的方式呈现"，即在同一课中不同国别和类别的文化是"单独呈现"还是"二者共现"或"三者共现"，通过观察呈现方式，考察教材提供的信息是否便于文化比较。

针对研究问题2：教科书设计了哪些与中华文化相关的产出性任务？设定理由在于《课标》对文化意识的培养要求"加深对中华文化的理解和认同，以对方易于理解的方式介绍中国的人和事"。这一素养的培养离不开产出性任务，学生在完成任务的过程可以展示对中华文化的理解与认同。较理解性任务而言，分析产出性任务更为重要。因此，本文将分析教材中产出性任务的内容特征和数量占比，以此探究教科书在促进学生学会传播中华文化方面的编写策略。

针对研究问题3：教科书中的中国学生形象以何种方式传播中华文化？同样基于前述《课标》对文化意识的培养要求，关注教材中描绘的中国学生在不同情境下的中华文化传播行为。为此，本文将通过具体事例，从教科书的语篇类型、语篇形式（阅读语篇或听力语篇）以及情境设定等视角加以探究。

本文的数据分类标准及具体分类，经过与1名协助者反复协商、试分析、征求第三方意见、反复修改等过程而完成。

三　研究结果

本文分析了人教版高中日语教科书中的文化呈现，聚焦三个研究问题，得出以下结果。

1. 所呈现的文化信息中 61.4% 为中华文化

如图 1 所示,该教科书中的文化信息共计 585 条。其中,中华文化为 359 条,占比 61.4%;日本文化为 162 条,占比 27.7%;世界文化为 64 条,占比 10.9%。由此可知,在该教科书中,中华文化信息的占比非常突出。

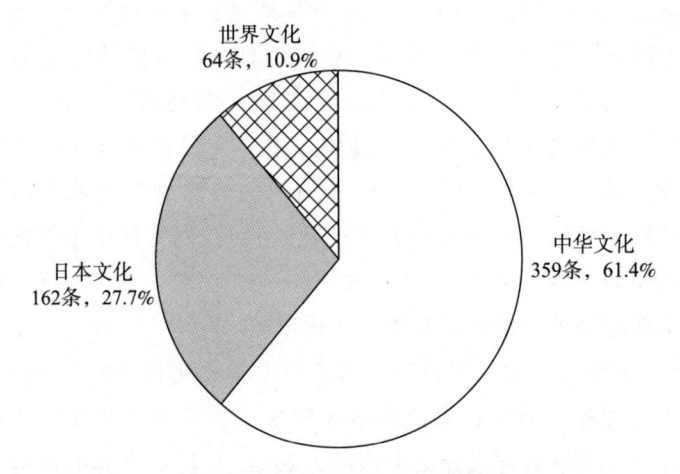

图 1　教科书中的文化国别属性

每课的具体情况如图 2 所示,从最少的 13 条(L5)到最多的 91 条(L11),各课文化信息数量不等。每课文化信息的平均数量是 48.75 条,据此可知 L6、L7、L9、L10、L11、L12 等 6 课的文化信息数量超过平均数,而其他 6 课则低于平均数。这显示各课呈现的文化信息数量在一定程度上受到主题的影响。例如,L5 "城市导游"以制作导游手册为主要内容,L8 "垃圾问题"以解决某高中的垃圾问题为主要内容,涉及的国别文化信息并

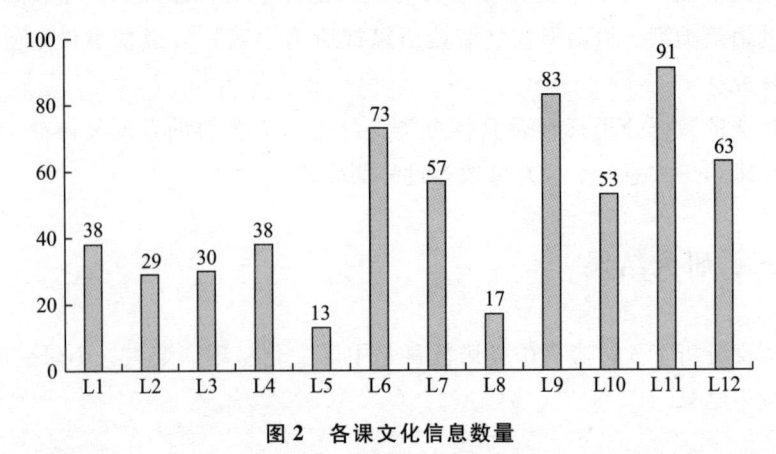

图 2　各课文化信息数量

不多；而像 L6 "过年"、L9 "饺子"、L11 "中国动画"等课的文化信息数量则非常丰富，大大超过其他课。

如表 1 所示，在各课文化信息数量不等的前提下，文化信息的国别属性也存在差别。例如，只有 L1 "鞠躬"这唯一的一课，日本文化信息数量超过中华文化信息数量或世界文化信息数量；L7 和 L8 中世界文化信息数量超过中华文化信息数量或日本文化信息数量。在该教科书 12 课中有 9 课均为中华文化信息数量超过日本文化信息数量或世界文化信息数量，这再次显示出中华文化信息在该教科书中的比重之大。这一结果显示出不同于以往的外语类教科书文化占比。邱俊杰综述了 2003 年至 2013 年高中英语教材文化信息研究相关文献后指出，有一类研究发现人教版高中英语教材文化信息占比为"国际文化＞目的语文化＞本族语文化"，还有一类研究对比了新旧版人教版教材，发现新版教材本族语文化和世界文化的比例有所增加，目的语文化的比例有所下降。[①] 相比以往的人教版高中外语教科书，可以说，新版人教版高中日语教科书也突出了中华文化的地位。

表 1　教科书中的文化国别属性（条，%）

	中华文化	日本文化	世界文化	文化总计
L1 鞠躬	13	24	1	38
L2 选择社团	23	5	1	29
L3 力所能及的志愿活动	23	5	2	30
L4 健康的生活习惯	25	7	6	38
L5 城市导游	11	0	2	13
L6 过年	46	27	0	73
L7 三个节约	13	20	24	57
L8 垃圾问题	5	0	12	17
L9 饺子	51	32	0	83
L10 传承鉴真精神	33	19	1	53
L11 中国动画	66	23	2	91
L12 沙漠变绿洲	50	0	13	63
总计	359（61.4%）	162（27.7%）	64（10.9%）	585（100%）

---

① 邱俊杰：《2003－2013 年高中英语教材文化内容研究文献综述》，《江西教育学院学报》2013 年第 4 期。

以下从质性视角分析该教科书中的中华文化、日本文化和世界文化的内容类别、相关数量及呈现方式。如表2所示,观察横向的"国别属性",以课为单位,该教材未出现只"单独呈现"某一国别文化信息的情况。除L6、L9未呈现世界文化,L5、L8、L12未呈现日本文化外,其他7课均采用了"三者共现"方式。再观察每课不同文化类别的呈现方式,可知"单独呈现"为12处(其中11处为中华文化),"二者共现"为19处,"三者共现"为10处。进一步观察"三者共现"的呈现方式,可知在数量上除L4和L7外,其他5课中的世界文化信息数量仅为1至2条。此外,在内容类别上并未涉及某个具体的第三国文化,仅提及一些关于"节约""垃圾问题""沙漠化"等世界普遍性问题。综合分析说明,一方面该教材注重传播中华文化,也关注到不同国别文化信息的呈现;另一方面,以"三者共现"为例,该教科书所呈现的文化多样性略显不足。

表2 各课文化内容类别与呈现形式

	中华文化	日本文化	世界文化	呈现形式
L1 鞠躬	中国礼仪(13)	日本礼仪(24)	世界礼仪(1)	三者共现
L2 选择社团	中国学校(9)	日本学校(2)		二者共现
	中国武术(14)	日本体育(2)	世界体育(1)	三者共现
		日本茶道(1)		单独呈现
L3 力所能及的志愿活动	中国志愿者活动的内容(7)	日本志愿者活动的内容(2)	世界志愿者活动的内容(2)	三者共现
	中国志愿者活动的意义(6)	日本志愿者活动的意义(3)		二者共现
	中国志愿者活动的选择(10)			单独呈现
L4 健康的生活习惯	中国人的健康观念(21)	日本人的健康观念(4)		二者共现
	中国人的生活习惯(4)	日本人的生活习惯(3)	其他国家的人们的生活习惯(6)	三者共现
L5 城市导游	中国饮食(5)		世界城市(2)	二者共现
	中国艺术(3)			单独呈现
	中国地理(1)			单独呈现
	中国建筑(1)			单独呈现
	中国历史(1)			单独呈现

续表

	中华文化	日本文化	世界文化	呈现形式
L6 过年	中国过年的习俗（36）	日本的新年习俗（27）		二者共现
	中国过年的来历（10）			单独呈现
L7 三个节约	中国人的解决问题意识（3）	日本人的解决问题意识（3）	节能办法（11）	三者共现
	中国的水电食物浪费问题（4）	日本的水电食物浪费问题（13）	世界范围的水电粮食浪费问题（5）	三者共现
	中国人的节约意识（2）	日本人的节约意识（2）	世界范围的水电粮食不足问题（6）	三者共现
	中国人的就餐习惯（4）	日本人的生活方式（2）	地球变暖（2）	三者共现
L8 垃圾问题	中国的垃圾问题（2）		世界范围的垃圾问题（4）	二者共现
	中国人的生活方式（1）		解决世界垃圾问题的办法（6）	二者共现
	中国的资源再利用（2）		世界范围的资源再利用（2）	二者共现
L9 饺子	中国饺子的吃法（13）	日本饺子的吃法（21）		二者共现
	中国饺子的做法（19）	日本饺子的做法（6）		二者共现
	中国饺子受欢迎情况（2）	日本饺子受欢迎情况（4）		二者共现
	中国饺子传到日本（1）	日本饺子源于中国（1）		二者共现
	中国饺子的来历（7）			单独呈现
	中国饺子的习俗（9）			单独呈现
L10 传承鉴真精神	今日的中日友好交流（11）	今日的日中友好交流（11）	世界的友好交流（1）	三者共现
	中国的历史状况（6）	日本的历史状况（6）		二者共现

续表

	中华文化	日本文化	世界文化	呈现形式
L10 传承鉴真精神	中国的历史人物（15）	日本的传统节日（1）		二者共现
	中国的中医药（1）	日本的学校（1）		二者共现
L11 中国动画	中国的漫画作品（24）	日本的漫画作品（4）		二者共现
	中国的漫画产业（14）	中日漫画交流（5）		二者共现
	中国漫画对日本的影响（11）	日本漫画受中国的影响（11）		二者共现
	欣赏中国漫画的感受（14）	中国漫画产业与日本的关联（3）	中国漫画产业与世界的关联（2）	三者共现
	中国的文学作品（3）			单独呈现
L12 沙漠变绿洲	库布其沙漠绿化工程（30）		世界的沙漠化问题（13）	二者共现
	中国的沙漠治理（15）			单独呈现
	来自中国的治沙倡议（5）			单独呈现

综观表2所展示的各课文化信息的类别，可知各课均是基于主题拓展文化信息。在中华文化占比尤为突出的3课中，L6呈现了"过年习俗"（36）和"过年来历"（10）等文化信息，其中前者多于后者。L9就中国饺子的来历（7）、吃法（13）、做法（19）、有关饺子的习俗（9）、饺子受欢迎的程度（2）以及饺子传到日本（1）等进行了详细展开，在文化信息数量上以饺子的做法和吃法为最。L11对中国的漫画作品（24）、漫画产业（14）、中国漫画对日本漫画的影响（11）以及欣赏中国漫画的感受（14）等进行了展开，在文化信息数量上以介绍中国漫画作品为最。这反映出该教材在信息输入环节，注重在深度和广度上对中华文化信息进行挖掘和拓展，同时也注重文化信息与学习者的生活联系，如过年的习俗、饺子的做法和吃法、中国的漫画作品等信息的充实将有助于学习者在实际的跨文化交际中传播中华文化。

2. 产出性任务中41.7%与中华文化相关

关于产出性任务的特征，本文通过各课步骤1、2中的"说一说""大家一起说""写一写"及基于步骤1、2而开展的"做一做"环节加以考察。根据任务内容，本文将任务类别分为"传播中华文化""对比中日文化""结合自身情况""总结课文内容"四大类。如表3所示，纵观12课的总体情况，"传播中华文化"占比33.4%，"对比中日文化"占比8.3%，"结合自身情况"占比50%，"总结课文内容"占比8.3%。由此可知该教科书明确要求关联中华文化的产出性任务合计为41.7%。

表3 教科书中产出性任务的特征（项/%）

	传播中华文化	对比中日文化	结合自身情况	总结课文内容	任务总计
L1 鞠躬	1	1	0	0	2
L2 选择社团	1	0	1	0	2
L3 力所能及的志愿活动	0	0	2	0	2
L4 健康的生活习惯	0	0	1	1	2
L5 城市导游	1	0	0	1	2
L6 过年	1	1	0	0	2
L7 三个节约	0	0	2	0	2
L8 垃圾问题	0	0	2	0	2
L9 饺子	1	0	0	0	1
L10 传承鉴真精神	3	0	0	0	3
L11 中国动画	0	0	2	0	2
L12 沙漠变绿洲	0	0	2	0	2
总计	8（33.4%）	2（8.3%）	12（50%）	2（8.3%）	24（100%）

针对"教科书设计了哪些与中华文化相关的产出性任务"这一课题，还可通过表4进一步观察。例如，在L1中，"说一说"环节要求学习者向日本朋友简单介绍中国人鞠躬的礼仪场景；"做一做"环节要求分组讨论中日鞠躬礼仪的异同，并以小组为单位在班上汇报。在L6中，"写一写"环节要求学习者把自己知道的"春节的新过法"介绍给日本朋友；"做一做"环节要求分组从"装饰""食物""庆祝活动"中任选一个主题查找资料、讨论中日过年习俗的异同，并向全班汇报等。也就是说，该教科书不仅在阅读、听力等显性输入的文本中充分呈现了中华文化信息，而且在所设计的产出性任务中也为学习者使用日语传播中华文化提供了较为充分的机会，体现了《课标》所提出的"感知与比较""认同与传播"等文化意识的培养路径。关于该教科书在培养学生学会传播中华文化的编写策略上，本文

发现"设计与中华文化相关的产出性任务"是主要的显性策略,即通过教学活动的设计落实学会"传播中华文化",具有一定的约束力。除显性策略之外,教科书还使用了如下节所示的隐性策略。

表4 教科书中与中华文化相关的产出性任务的具体事例

	环节	任务要求	任务特征
L1 鞠躬	说一说	向日本朋友简单介绍中国人鞠躬的礼仪场景	传播中华文化
	做一做	分组讨论中日鞠躬礼仪的异同,以小组为单位在班上汇报	对比中日文化
L2 选择社团	写一写	你对三田的疑问有什么想法?查阅资料后给三田提出建议。参考:介绍武术的历史、内容、影响等;学习武术对身心方面的好处;推荐可以体验的中国文化	传播中华文化
L5 城市导游	做一做	分组开展研究性学习,以小组为单位调查了解所在城市的基本情况,并做成旅行手册,在班上汇报	传播中华文化
L6 过年	写一写	请把你知道的春节过法介绍给日本朋友	传播中华文化
	做一做	分组从"装饰""食物""庆祝活动"中任选一个主题查找资料,讨论中日过年习俗,并说说对中日异同的理解。组内讨论的成果在全班汇报	传播中华文化
L9 饺子	做一做	假设有日本朋友向你询问中国饺子的情况,你将如何回答?分组交流,然后给你的日本朋友写一封邮件,简单介绍中国饺子的情况以及你家乡饺子的特点	传播中华文化
L10 传承鉴真精神	说一说	请说说你的想法。参考:对鉴真精神的理解;对中日友好的期待;当今青年人可以做的事情	传播中华文化
	大家一起说	和日本高中生交流时,你想了解日本哪些情况?想介绍中国哪些情况?为什么?如何介绍?如何才能顺利交流	传播中华文化
	做一做	分组查阅近两年中日两国高中生的互访和友好交流活动的相关报道并进行梳理、归纳,在班上汇报	传播中华文化

3. 教科书中的中国学生形象能积极传播中华文化

本文通过具体事例,从教科书的语篇类型、语篇形式、情境设定等视角探究了教科书中的中国学生以何种方式传播中华文化。如表5所示,首先,教科书中的中国学生传播中华文化的语篇类型多种多样,有对话、口头介绍、演讲、即时通信信息、电子邮件、墙报、短文、发言记录、谈话记录、公众号推文、实践活动报告、调查报告、新闻报道等。除了新闻报道之外，教科书中的中国学生所传播的中华文化信息很多源于学生自身的思考或所收集的资料。其次，从语篇形式看，教科书中的中国学生传播中华文化主要通过阅读语篇和听力语篇两种形式。在22个语篇材料中，阅读语篇为18个，听力语篇为4个。也就是说，该教科书的学习者大多通过阅读文本的方式学习如何传播中华文化。最后，从情境设定看，教科书的编写体现了学生传播中华文化的主动性。例如，在L1中，中国学生了解到日本的鞠躬礼仪后，主动查阅资料，向日本同学说明鞠躬源于中国古代祭祀，并介绍了鞠躬姿势的内涵以及这一礼仪由中国传到周边国家的历史事实。又如，在L6中，中国学生自发查找资料，主动向日本学生介绍自己眼中"红色""美味""温暖""热闹"的春节。教科书中的中国学生热爱思考、善于学习、热爱文化交流，能够有依据地传播中华文化。这种学生形象将对该教科书的学习者起到一定示范作用。

表5　教科书中的中国学生传播中华文化的情境设定、语篇类型及语篇形式

	情境设定	语篇类型	语篇形式
L1 鞠躬	周亚男看了佐佐木实希发来的信息后，给他回了一条信息	即时通信信息	阅读
	第二天课间，周亚男与佐佐木实希继续讨论鞠躬礼仪的问题	对话	阅读
L2 选择社团	高一（3）班的同学们在班级群里发送了一些信息，介绍社团情况	即时通信信息	阅读
	三田祥向孙翔宇了解武术社团的情况	对话	听力
L3 力所能及的志愿活动	京安高中鼓励学生参与志愿服务。高一（3）班班会上，张老师与同学们谈起了志愿服务的话题	对话	听力
	班会上，张欣老师请志愿活动经验丰富的程晶晶和三田祥向大家介绍各自的活动经历	口头介绍	阅读
L4 健康的生活习惯	李爱香将同学们分成饮食、运动、睡眠、心理四组，分别围绕调查结果交流感想，并反思自己的日常生活习惯。饮食组的程晶晶等人在小组内交流并将交流内容整理成谈话记录	谈话记录	阅读
	李爱香基于问卷调查结果，结合各组的交流情况，写了一篇短文，推送到本班的公众号上，向全班同学发出倡议	公众号推文	阅读

续表

	情境设定	语篇类型	语篇形式
L5 城市导游	高一（3）班分组完成调查后，在班上进行交流，以下是各组代表的发言记录	发言记录	阅读
L6 过年	程晶晶查找资料后，写了一篇短文，向佐佐木实希介绍她眼中的春节	短文	阅读
	过年的话题引起了大家的兴趣和关注，大家将查阅到的新年相关内容归纳后，张贴在教室的文化园地里	墙报	阅读
L7 三个节约	午餐时间，孙翔宇和三田祥在食堂吃饭，周亚男端着餐盘坐到了二人旁边	对话	听力
	周亚男、孙翔宇和三田祥归纳总结了自己调查的情况，为下一期墙报做准备	调查报告	阅读
	周亚男、孙翔宇和三田祥通过讨论制作了一期新墙报，同学们围绕节约的话题，在网络上展开了讨论	墙报、讨论	阅读
L8 垃圾问题	三人完成京安高中的垃圾量和垃圾种类的调查后，在班上汇报调查结果	调查报告	阅读
	李爱香、佐佐木实希、孙翔宇三人合作完成并提交社会实践活动报告，提出减少垃圾的办法	实践活动报告	阅读
L9 饺子	佐佐木实希的日本同学高桥美奈第一次来中国旅游，佐佐木向她介绍认识了程晶晶。三人一起去饺子馆用餐，高桥第一次见到中国水饺，感到很新奇	对话	听力
	为了让高桥进一步了解中国的饺子，程晶晶查阅了一些资料，在给高桥的回复中简单介绍了中国饺子的文化内涵	电子邮件	阅读
L10 传承鉴真精神	孙翔宇听了三田祥的报告。查找资料，在班级群里发送了一篇有关鉴真事迹的介绍	即时通信信息	阅读
L12 沙漠变绿洲	高一（3）班举行以"绿水青山，人人有责"为题的演讲会，各小组分头搜集资料。乌力吉在网上看到一则家乡内蒙古举办库布其沙漠论坛的报道，分享给组内成员	新闻报道	阅读
	离开小林老师办公室后，山田祥与乌力吉继续讨论库布其沙漠的绿化活动	对话	阅读
	乌力吉作为小组代表在班上演讲，号召大家行动起来，一起为解决沙漠问题而努力	演讲	阅读

为了进一步探究教科书中的中国学生传播中华文化时的对话特征，本文分析了以对话为主要内容的听力语篇。如表6所示，在L2中，日本学生就中国的学校社团提出了问题，中国学生给予回应，介绍了中国的学校文

化。当日本学生就中国的学校社团发表见解时，中国学生表示同意后又追加了新的信息，更为全面地介绍了中国的学校文化。此外，当日本学生询问中国学生是否学过武术时，中国学生回应日本学生的提问，介绍自己学习武术的经历及自身学习武术后的身体变化，同时主动询问日本学生是否对武术感兴趣。当日本学生谈及个人对武术的看法后，中国学生做了解释和说明，纠正了日本学生对中国武术的片面理解。又如，在L4中，当日本学生谈及日本关于健康的谚语时，中国学生主动回应中国也有很多关于健康的谚语，显示出平等交往、主动发出中国声音的姿态。在L9中，当中国学生看到日本朋友对中国的水饺表示惊讶时，能主动询问，并向对方解释、说明，帮助日本朋友顺畅地理解中国事物。如上所示，在该教科书所设定的中日跨文化交际中，中国学生表现出积极传播中华文化的姿态，针对日本学生的提问，能用所学日语做出较为详细的说明，针对日本学生对中华文化的片面理解能主动解释或说明，还能细心观察日本朋友对中华文化的反应，针对对方的疑惑主动询问并给予解释。教科书中的中国学生形象较好地诠释了《课标》所要求的"以对方易于理解的方式介绍中国的人和事"，通过教科书对传播中华文化的中国学生形象的描述间接为日语学习者树立了跨文化交际的示范。

表6　教科书听力语篇中中国学生传播中华文化的对话特征（部分事例）

	情境设定	交际功能	内容
L2 选择社团	日本学生就中国的学校社团提问	中国学生回应日本学生的提问	介绍中国的学校文化
	日本学生就中国的学校社团发表见解	中国学生同意并追加新的信息	介绍中国的学校文化，改变日本学生原有的认知
	日本学生询问中国学生是否学过武术	中国学生回应日本学生的提问	介绍自身学习武术的经历，学习武术后的身体变化
		中国学生向日本学生提出问题	主动询问日本学生是否对武术感兴趣
	日本学生回应中国学生的提问	中国学生对日本学生的反应做出反馈	更正日本学生对中国武术的片面理解，并进行解释说明
		中国学生表达个人想法	主动表达个人关于武术的想法，并邀请日本同学一起练武
	日本同学表示有语言方面的顾虑	中国学生进行安慰、解释说明、鼓励	介绍中国的学校文化，帮助对方消除顾虑

续表

	情境设定	交际功能	内容
L4 健康的生活习惯	日本学生谈及日本关于健康的谚语	中国学生主动回应	介绍中国关于健康的谚语
		中国学生撰写公众号推文	基于调查，发出倡议，提倡健康生活
L6 过年		向日本同学提问	
	日本同学回应	中国学生对日本学生的反应做出反馈	了解到日本的情况后，主动介绍中国人互祝新年的方式
	日本同学提问	中国学生回应日本学生的提问	主动阐述中日传统节日共同之处后，转为介绍中国的春节
L9 饺子	看到日本朋友对中国饺子表示惊讶时	中国学生向日本朋友提出问题	询问原因
	日本学生回答中国学生的提问	中国学生进行解释说明	说明中国水饺与锅贴的不同
	见到日本朋友没有动筷子	中国学生向日本同学提出问题	询问日本朋友为什么不动筷子

四 总结与讨论

本文分析了人教版高中日语教科书（2019年版）中的文化呈现，针对研究问题1（教科书所呈现的国别文化信息及其呈现方式），发现该教科书所呈现的文化信息中，中华文化信息数量占比突出（61.4%），超过日本文化和世界文化的数量之和。该教科书在注重呈现中华文化的同时，也在一定程度上呈现了日本文化或世界文化，为学习者提供了基本的文化比较视角；且在各课文化内容的呈现上，能从多个方面围绕主题挖掘和拓展中华文化信息。针对研究问题2（教科书设计了哪些与中华文化相关的产出性任务），本文发现人教版高中日语教科书设计的产出性任务中41.7%与中华文化相关，内容包括向日本学生介绍中华文化的相关知识或比较中日文化，这体现了该教科书在培养学生学会传播中华文化方面的显性编写策略。针对研究问题3（教科书中的中国学生形象以何种方式传播中华文化），本文发现教科书中的中国学生能"以对方易于理解的方式介绍中国的人和事"，能在多种情境下积极主动地传播中华文化。例如，能用日语回应日本学生的提问、能观察对方对中华文化的反应，能主动介绍中华文化，改变日本学生对中华文化的刻板印象等。教科书中呈现的中日学生平等交往和双向交往的形象将为学习者学习跨文化交际提供范例。

郭宝仙指出，我国外语教材中关于中华文化内容的常见问题包括：目的语国家文化主导，中国文化不足或边缘化；中华文化内容结构零散，系统性欠佳；主动传播、传承中华文化的意识不足；中华文化内容的学习缺乏深度等。① 而本文的分析结果显示，2019 年版人教版高中日语教科书在一定程度上解决了上述问题。从跨文化外语教学视角来看，该教科书也提供了较好的学习方式。具体来说，跨文化外语教学理论模型强调体验式、思辨式、互动式学习方式②，对此，该教科书基于情境的语篇导入及任务设计有利于提供准体验式学习方式；关于不同国别文化的比较及语篇中对中华文化的追根溯源也有利于提供思辨式学习方式；以多模态语篇呈现中日学生相互交流、重视小组合作的任务设计也有助于实现互动式学习方式。总体而言，人教版高中日语教科书的上述特征是在《课标》引领下，我国高中日语教科书编写水平不断提升的具体体现。

此外，在我国高中日语教材编写取得新成果的同时，教材编写者、使用者、研究者应不断探究新时代背景下的外语教材建设问题。郭宝仙指出，新时代背景下，外语教材肩负两个文化使命：一是立足本土文化，理解世界多元文化；二是用外语讲好中国故事，坚定文化自信，增强国家认同。事实上，教材在编写过程中处理好中华文化与目的语文化以及世界多元文化的关系并非易事。③ 张虹、于睿研究发现越新近出版的外语教材越注重融入中华文化，同时也提出了外语教材中文化内容的呈现如何在中华文化、目的语文化和世界多元文化之间达到平衡的问题，指出什么比例是"适当"的尚需研究。④ 2019 年版人教版高中日语教科书中，中华文化、日本文化和世界文化的占比是否合适也有待今后的教学实践来检验。

---

① 郭宝仙：《新时代英语教材的文化使命及其实现路径》，《课程·教材·教法》2020 年第 9 期。
② 彭仁忠、付容容、吴卫平：《新时代背景下跨文化外语教学理论模型和实践模型研究》，《外语界》2020 年第 4 期。
③ 郭宝仙：《新时代英语教材的文化使命及其实现路径》，《课程·教材·教法》2020 年第 9 期。
④ 张虹、于睿：《大学英语教材中华文化呈现研究》，《外语教育研究前沿》2020 年第 3 期。

结　语

关于教材中的文化呈现，诸多学者提出了他们的见解。刘长江指出外语教科书中的语篇既要包括目的语文化，也要包括本族语文化；教材中的文化项目应遵循实用性、适度性、相关性和阶段性原则。① 王宗华提出了语言与文化相融合的原则及多元文化、文化对比、有效性等原则。② 王松、刘长远则指出"学习者对于外国文化的态度往往从一个极端，即恐惧、敌视、抵制变化到另一个极端，即被吸引甚至毫无条件地痴迷""不管学生表现出亲近还是抵制他国文化，他们对于文化身份和文化差异本性的这种意识和理解均是片面的"。③ 上述这些原则和警示对我们思考日语教科书中的文化呈现具有借鉴意义。江曼、王鉴从文化回应教学的视角追溯了我国普通高中英语教学的百年历史，历史经验提醒我们，务必理性与科学地思考外语教育与文化教育。④

本文探究了新时代背景下高中日语教科书文化呈现的最新状况，已知新近出版的高中日语教科书解决了"中华文化缺失"这一问题。如《课标》所要求的，今后还需在教学实践中进一步探索如何"提高学生对文化的感知、比较和鉴赏能力，加深对不同文化的理解，引导学生用所学的日语以对方易于理解的方式介绍中国的人物事件、身边的大事小情，初步探讨中外文化的内涵，培养学生尊重和包容多元文化的品格"。郭宝仙指出，应"围绕主题采用互联、互通、互动与互鉴的视角设计和呈现文化内容，凸显中外文化的异同，体现中外文化的互相影响，推动学生跨文化能力的培养和人类命运共同体的构建"。⑤ 这启示我们，教科书在凸显中华文化的同时，还应处理好中华文化与目的语文化及世界多元文化的互联、互通、互动与互鉴。唯有这样，我们才能指导学生在跨文化交际中知己知彼，百战不殆。

---

① 刘长江：《谈外语教育中目的语文化和本族语文化的兼容并举》，《外语界》2003年第4期。
② 王宗华：《外语教学融入文化教学的原则与内容探究》，《安徽理工大学学报》2013年第3期。
③ 王松、刘长远：《外语学习者的跨文化意识培养》，《外语学刊》2016年第5期。
④ 江曼、王鉴：《我国普通高中英语教学的百年书写：文化回应教学的视角》，《中国教育科学》2020年第4期。
⑤ 郭宝仙：《新时代英语教材的文化使命及其实现路径》，《课程·教材·教法》2020年第9期。

Cultural Representation in Japanese Language Textbooks

Abstract: This study analyzes the cultural presentation in the 2019 edition of high school Japanese textbooks (People's Education Press), and finds that Chinese culture accounts for 61.4% of the textbooks, which is more than the number of Japanese culture and world culture combined; and 41.7% of the output tasks are related to Chinese culture, which introduce the knowledge of Chinese culture and compare the differences and similarities between Chinese culture and Japanese culture; the images of Chinese students designed in the textbooks are able to spread Chinese culture in various forms of discourse and in a proactive manner. The textbook does not have a lack of "Chinese culture" and strongly emphasizes the importance of Chinese culture. However, while highlighting Chinese culture in textbooks, how to handle the interconnection, intercommunication, interaction and mutual learning with the culture of the target country and the world still needs to be discussed in depth.

Keywords: Japanese Textbooks for High School; Cultural Representation; Cultural Dissemination; Image of Chinese Students

日本文学与文化

《本朝一人一首》再考*

陈可冉**

【摘　要】笔者曾围绕《本朝一人一首》的成书过程、版本系统及其对松尾芭蕉的影响发表过一系列的学术论文，但尚有一些不可忽视的细节问题未遑在先前发表的文章中展开讨论。作为前阶段研究成果的补充，本文主要以《嵯峨日记》诸注对《本朝一人一首》的误解为切入口，通过对文献的梳理与精读，讨论《本朝一人一首》所收日本汉诗的年代下限等悬而未决的学术问题。

【关键词】《本朝一人一首》《嵯峨日记》　林鹅峰　林罗山　日本汉诗

引　言

岩波书店的"新日本古典文学大系"自出版以来，广惠学林，为当代的日本古典文学研究提供了严谨可靠的基础文本。1994年刊行的大系第63卷①收录了江户初期儒者林鹅峰（1618～1680）编纂的日本汉诗选集《本朝一人一首》。其外函的书腰上写着如下一段推荐语：

---

* 本文为教育部人文社会科学重点研究基地重大项目"日本汉诗汇编与研究"（16JJD750021），以及四川外国语大学校级重点科研项目"十七世纪日本汉文学写本文献汇编"（SISU201705）的阶段性成果。
** 陈可冉：四川外国语大学日语学院教授，文学博士，主要研究方向为日本近世文学与出版文化。
① 〔日〕小島憲之校注『本朝一人一首』，新日本古典文学大系第63卷，東京：岩波書店，1994。

王朝から江戸まで、三百余の漢詩人たちが華やかに織りなす言葉の美の世界。芭蕉にとって本書は座右の書であった。

鹅峰先生若泉下有知，看到这样一番介绍，不知会做何感想。如今被尊为俳圣的松尾芭蕉（1644～1694），在《本朝一人一首》初次刊刻出版的宽文五年（1665）[1]，还只是22岁的"文艺青年"。作为林家第二代儒宗，名满天下的鹅峰林学士或许终生没有听说过俳人芭蕉的名字。

然而，芭蕉对《本朝一人一首》的耽读确是不争的事实。根据《嵯峨日记》开篇部分的记载，元禄四年（1691）芭蕉旅居京都嵯峨的落柿舍时，手边携有六种书籍，分别是："《白氏集》《本朝一人一首》《世继物语》《源氏物语》《土佐日记》《松叶集》。"[2] 另据《嵯峨日记》"四月二十九日·晦日"条的记录，落柿舍中的芭蕉读完《本朝一人一首》所收的部分诗作后，还有的放矢地做出了自己的评论[3]。

廿九日　　『一人一首』奥州高舘ノ詩ヲ見ル。
晦　日　　高舘聳天星似冑。衣川通海月如弓。
　　　　　其地風景聊以不叶。古人とイヘ共、不至其地時は不叶
　　　　　其景。

由此不难看出《本朝一人一首》对于理解芭蕉俳谐所具有的重要参考价值[4]。笔者此前曾围绕《本朝一人一首》的成书过程、版本系统及其对芭蕉的影响等问题发表过一系列的学术论文。由于选题和篇幅的限制，尚有一些微观的细节未遑在先前发表的文章中展开讨论。现将这部分内容总结

---

[1] 严格说来，《本朝一人一首》应该是宽文五年跋刊。其初版的准确刊印时间尚有待后考，但与学界一般认为的宽文五年不会有太大出入。参见陈可冉《〈本朝一人一首〉出版始末考》,《中国诗歌研究》第17辑，2018，以及《〈本朝一人一首〉版本要略》,《域外汉籍研究集刊》第19辑，2020。

[2] 〔日〕井本農一ほか校注・訳『松尾芭蕉集2』,新編日本古典文学全集第71卷，東京：小学館，1997，第147頁。

[3] 『松尾芭蕉集2』，第158頁。

[4] 〔日〕上野洋三編『現代語付 笈の小文・更科紀行・嵯峨日記』，東京：和泉書院，2008，第85～86頁。陳可冉：「芭蕉における『本朝一人一首』の受容」,『総研大文化科学研究』第8号，2012。

如下，是为研究余滴。

一　俳谐研究领域对《本朝一人一首》的误解

　　尽管《本朝一人一首》是联系芭蕉与林家著述乃至日本汉诗文的重要纽带，但在此前的芭蕉研究中，学术界对《本朝一人一首》的重视程度并不高。有些论述甚至长期因循守旧，沿袭了不少常识性的错误。试以《嵯峨日记》的各类注本为例，以下单列其中对《本朝一人一首》所添加的注释，由此概观俳文学研究领域对该书的总体认识。

　　【1】日本古典全書『芭蕉文集』(穎原退蔵校註・山崎喜好補訂、朝日新聞社、1955)
　　　　林鵞峯撰。漢詩集。寛文五年刊。
　　【2】日本古典文学大系『芭蕉文集』(杉浦正一郎ほか校注、岩波書店、1959)
　　　　林恕（鵞峯）編、寛文五年刊。天智天皇の時代から天正の頃までの漢詩を一人一首ずつ集めたもの。
　　【3】校本芭蕉全集『紀行・日記篇』(井本農一ほか校注、角川書店、1962)
　　　　林恕編、寛文五年刊。天智天皇から徳川義直までの漢詩一人一首に評などを加えたもの。十巻五冊。
　　【4】『芭蕉紀行文集　付嵯峨日記』(中村俊定校注、岩波書店、1971)
　　　　林恕編。寛文五年刊。天智天皇から徳川義直時代までの漢詩を一人一首ずつ収めたもの。
　　【5】日本古典文学全集『松尾芭蕉集』(井本農一ほか校注・訳、小学館、1972)
　　　　林恕りんじょ編。寛文五（一六六五）年刊。天智天皇から徳川義直までの漢詩一人一首に評など加えたもの。
　　【6】新潮日本古典集成『芭蕉文集』(富山奏校注、新潮社、1978)
　　　　林<ruby>鵞峰<rt>はやしがほう</rt></ruby>編。第三十八代天智天皇以降天正年代までの名家百人の漢詩を一人一篇宛採録批評した漢詩集。
　　【7】新編古典文学全集『松尾芭蕉集2』(井本農一ほか校注・訳、小学館、1997)
　　　　林恕りんじょ林鵞峰はやしがほう編。寛文五年（一六六五）刊。天智天皇から徳川義直までの百人の名家の漢詩一人一首に評など加えたもの。
　　【8】『現代語訳付笈の小文・更科紀行・嵯峨日

記』（上野洋三編、和泉書院、2008）

本朝一人一首—林鵞峰編。天智天皇以降、天正年間までの、日本人百人の漢詩を集めたもの。鵞峰の評言に見るべきものがある。寛文五年（一六六五）刊。

上述文字描述中的粗体部分是笔者认为有误或不准确的地方。比如，【6】【7】【8】三项都声称《本朝一人一首》收录了100位日本汉诗人的作品，然而这一数字显然与事实不符。《本朝一人一首》共五册十卷①，如书名所示，以"一人一首"的形式将日本历代诗人的杰作合为一集，并在多数诗篇的末尾附录了编者林鹅峰的诗评。既然以"一人一首"为编辑的原则，也就是说本书所收诗作的数量即是入选诗人的人数。那么，《本朝一人一首》到底收录了多少首诗作呢？结合"词华集日本汉诗"《本朝一人一首他》②以及"新日本古典文学大系"《本朝一人一首》的提要解说，现将《本朝一人一首》的整体结构及各卷所收诗作的数量列示如表1。

表1　《本朝一人一首》卷次构成及内容概览

集	卷	辑录来源/内容	诗数	合计
内集	一	怀风藻	64	371
	二	万叶集、凌云集、文华秀丽集、杂言二首	43	
	三	经国集等	64	
	四	本朝文粹等	45	
	五	本朝丽藻、朝野群载等	44	
	六	本朝无题诗、赖长久安日记	32	
	七	镰仓时代以后的作品	79	
外集	八	残篇仅存者	（不列入统计）	
杂集	九	伪作、无名氏作、怪诞之诗		
别集	十	见中华书者		

《本朝一人一首》卷一至卷七为内集，卷八、卷九、卷十分别为外集、杂集和别集。根据"新大系"《本朝一人一首》所标注的诗作番号可知，内

---

① 参见文末附图。
② 〔日〕富士川英郎ほか編『本朝一人一首 他』，詞華集日本漢詩第1卷，東京：汲古書院，1983。

集共收录日本汉诗 371 首。其中，少量作品有作者阙名、重出以及误将中国诗人视作日本诗人予以收录的特殊情况①，因此实际应列入统计的诗人人数最终略少于 370 人。其实，编者林鹅峰早已统计过这方面的数据，他在《本朝一人一首》外集的开篇部分就曾明确指出："林子标出本朝诗人，得三百六十余人，勒为七卷。"②

总之，《嵯峨日记》的部分注释把《本朝一人一首》的收录诗人数量标注为"百人"的做法实在是令人费解。背后的确切原因虽不得而知，但据笔者推测，这些注释或许多少受到了《国书总目录》的"误导"。按照《国书总目录》"本朝一人一首"条的说法，本书另有一别名，叫作"本朝百人一首"。至于为何有这样的别称，词条并没有进一步做出说明。不过几乎可以肯定的是，这一别名实在是迷惑性太强，如果不仔细对照原书认真辨别一番的话，恐怕很容易"望文生义"。

二 《本朝一人一首》所收诗作的时间跨度

关于作品的时间跨度问题，小岛宪之氏在"新大系"《本朝一人一首》的解题中略云"其范围始自天智淡海朝，终于近世初期"③，而前述《嵯峨日记》的各类注释则多认为《本朝一人一首》收录的诗作始于天智天皇（如【3】~【8】），终于安土桃山时代（1573~1598）的天正年间（如【2】【8】）。以下是《本朝一人一首》内集首尾，即卷一开篇及卷七末尾的两首日本汉诗。

述怀　　大友皇子（天智帝长子）
道德承天训，盐梅寄真宰。
羞无监抚术，安能临四海。

林子曰："大友好学有才，本朝言诗无先于此。想夫此诗任太政大臣，执朝政时之作也。"（后略）

春兴（在江府邸作）　　源敬义（尾张亚相直卿）
梅花红绽惠风香，草色江城日日昌。

---

① 〔日〕後藤昭雄：「創り出された平安朝詩人」，『国語国文』第 63 巻（第 7 号），1994 年。
② 本文中，《本朝一人一首》的原文皆引自岩波书店"新大系"《本朝一人一首》（小岛宪之校注：1994）。录入采用简化字，并由笔者添加了标点。下同。
③ "新大系"《本朝一人一首》，第 486 页。文字经由笔者翻译，并对标点进行了微调。

酌酒弹筝更无事，已知恩顾在君王。

林子曰："此诗亲笔被寄先考，今传在余手。彼此怀旧，不觉泪之下也。"

鹅峰在《本朝一人一首》的编纂过程中，充分施展了史家的本领，作品以时代先后为序，排列有章可循。换言之，位于内集首尾的两首汉诗的创作年代即代表了《本朝一人一首》所收作品的时间跨度。如上所示，开卷第一首是"天智帝长子"大友皇子（648～672）的五言诗《述怀》。"天智帝"即天智天皇（626～671），其在位期间的天智朝（668～671）是日本汉诗创作的发轫时期。这一时期出现了首位日本汉诗人——"好学有才"的大友皇子。根据鹅峰的推测，绝句《述怀》很可能作于大友皇子"任太政大臣，执朝政时"。按天智十年（671），时年24岁的大友皇子被任命为史上第一位太政大臣，由此可推算出《述怀》的创作年代当不早于公元671年。不管怎么说，既然"本朝言诗无先于此"，大友皇子的父亲天智天皇并没有诗作传世，《嵯峨日记》诸注所谓《本朝一人一首》中的日本汉诗始于天智天皇的说法终归是不够严谨的。

与此相比，更为棘手的难题是如何考证《本朝一人一首》收录诗作的年代下限。前述【2】【8】两注断言年代下限在天正年间（1573～1592）。如引文所示，《本朝一人一首》卷七末尾的七言绝句《春兴》出自"尾张亚相"源敬，即江户时代尾张藩初代藩主德川义直（1600～1650）。尾张藩是号称"德川御三家"之一的天下雄藩。义直生于庆长五年（1600），乃是江户幕府初代将军德川家康（1542～1616）的第九子。其诞生之日，距离天正末年的1592年已经过去了八年。毋庸置疑，义直的汉诗绝无可能是在其出生以前的天正年间创作完成的，故而《春兴》作于天正年间的说法显然不能成立。根据义直的生卒年来推断，《春兴》的创作时间必然处于近世初期，只是具体的年代还需要进一步考辨。

三 《春雪》《春兴》小考

为了探究《春兴》创作的准确时间，并由此判定《本朝一人一首》收录诗作的年代下限，我们先从另一首诗的解读来寻找某些线索。以下是仙台藩初代藩主伊达政宗（1567～1636）所作的《春雪》，收录于《本朝一人一首》卷七倒数第二的位置，刚好在《春兴》之前。

春雪　　　　藤原政宗^{仙台黄门
兼陆奥守}
余寒无去发花迟，春雪夜来欲积时。
信手犹斟三盏酒，醉中独乐有谁知。
林子曰："此诗示先考要和。"

特别值得注意的是，林鹅峰的评语告诉我们这样一个事实：政宗曾把这首七言绝句出示给鹅峰的"先考"林罗山（1583～1657），并希望罗山作诗酬和。检《罗山林先生诗集》，卷二十八中的确录有一首《和政宗卿春雪佳作并序》[1]。其诗曰：

今兹奥州太守、仙台中纳言政宗卿有《春雪》佳作，阶上白雪辉于阳春之谓乎？远寄武城被示柳生宗矩丈，使余得见之。（中略）宗矩丈劝余使和之。于是叨嗣其琼韵云。
春到江山朝日迟，东风吹雪剩寒时。
天降白玉唯今见，州产黄金自古知。

作为和诗的铺垫，罗山用一篇二百余字的序文详细交代了此诗的创作背景。据其所述，当年直接找到罗山递诗"要和"的人物并不是伊达政宗本人，两者之间尚有一人中介。此人便是罗山的雅友柳生藩初代藩主、著名的剑术家柳生宗矩（1571～1646）。《春雪》既是"远寄武城"而来，可知政宗所咏"春雪夜来""醉中独乐"的种种场面应该都是发生在藩国仙台的事情。

林罗山的《和政宗卿春雪佳作并序》并未标注明确的写作日期，若要考证《春雪》的创作时间，还须参考伊达政宗方面的资料。幸而《仙台丛书》卷一所收《政宗卿诗歌集》也收录了政宗的这首《春雪》，且诗题下有小字注曰："宽永四年正月十七日。御作入本朝一人一首。"[2] 按政宗于宽永三年（1626）八月被授予"从三位权中纳言"的官位，《春雪》即其次年正月咏作的汉诗。这一点与罗山在《和政宗卿春雪佳作并序》的诗序中，

---

[1] 本文中，《罗山林先生诗集》的原文皆引自内阁文库林家旧藏本。录入采用简化字，并由笔者添加了标点。以下同。
[2] 〔日〕铃木省三编：『仙台叢書』第1卷，仙台：仙台叢書刊行会，1922，第84頁。

称政宗为"仙台中纳言"的说法在时间上也是吻合的。

那么，德川义直的《春兴》情况又如何呢？义直平生尊崇儒学，与林氏诸彦交情至笃。宽永九年（1632），他出资在上野忍冈的林家别邸中营建了祭祀孔子的先圣殿。对于林家的儒者来说，义直不仅是德川幕府的嫡系权贵，同时也是学问上的知音和家族事业的靠山。从这个意义上讲，鹅峰把德川义直的诗作安排到《本朝一人一首》内集卷尾的重要位置，也是情理之中的事情。鹅峰在《春兴》的诗评中云："此诗亲笔被寄先考，今传在余手。彼此怀旧，不觉泪之下也。"不难想象，所谓"彼此怀旧，不觉泪下"，一来是出于父子情深，睹旧物而思亡父；二来也是为林家庇护者的逝去而感到惆怅。

与前述《春雪》的诗评不同，在《春兴》诗的末尾，鹅峰只是说自己珍藏着诗稿的原件，并没有提及当年"此诗亲笔被寄先考"之后，义直是否曾向罗山"要和"。但既然有《春雪》唱和的先例在前，再加上此次又是"尾张亚相"本人亲笔赠诗，按照常理来讲罗山若不酬和一番的话，未免会有失礼之嫌。再度翻检《罗山林先生诗集》，果然在卷三十八中载有一首《和奉尾阳亚相春兴作》。

> 尾阳亚相公有《春兴》之新制。一日奉候之次，幸获纵观而拜读之。其风流蕴藉，诚不可言也。呜呼，文事武备相兼者乎。谨应其教命，裁此狂斐以奉嗣琼音之遗响。所谓瓦砾于珠玉侧者欤。不堪悚惧之至。伏希电瞩。
> 笔下官梅字字香，德辉仰览映文昌。
> 凭君发起儒林士，礼叶乐花归素王。○宽永癸酉仲春日

"文昌"即司掌文运的文昌星，"素王"是孔子的别称。从罗山的诗序及用韵（"香""昌""王"，下平声阳韵）可知，此诗正是《本朝一人一首》卷七所收德川义直《春兴》的次韵诗。更为难能可贵的是，诗尾用一行小字标注出了确切的写作时间——"宽永癸酉仲春日"，即宽永十年（1633）二月。又由于罗山在诗序中已有交代，《春兴》是义直近来所作的"新制"，且《本朝一人一首》所录《春兴》诗题后的小字注云"在江府邸作"。综合以上种种线索，我们基本可以确信：《春兴》是宽永十年春（一二月间）义直在尾张藩的江户藩邸咏作而成的。这一年，德川义直34岁，林罗山51岁。

需要补充说明的是，宽永十年的春天，对于林家来说确是一个意义非

凡的节点。是年由义直捐建的先圣殿刚刚竣工，二月十日，就在新落成的先圣殿里，林家首次举行了祭祀孔子的释菜典礼①。沐浴着太平祥和的大好春光，在万象更新、文运渐隆的时代氛围中，德川义直与林罗山以"春兴"为题进行了一番诗文的唱酬。"凭君发起儒林士，礼叶乐花归素王。"这一年春天，对义直充满敬意和期待的罗山，用意气风发的诗句描绘出一幅儒学复兴的美好画卷。

结　语

以上，本文以《嵯峨日记》诸注对《本朝一人一首》的误解为切入口，通过对文献的梳理与精读，主要考证了《本朝一人一首》所收诗作的时间跨度。一言以蔽之，《本朝一人一首》内集（卷一至卷七）共收录日本汉诗三百六十余首，作品的创作时间上自日本飞鸟时代的天智十年（671）左右，下迄江户时代的宽永十年（1633），纵跨九百六十余年的历史长河。

其实，对《本朝一人一首》的误解，或者说对其重要性的疏忽是俳谐研究领域的特殊现象，并不代表所有先行研究都带有类似的硬伤。早在江户中期的元禄十五年（1702），幸岛宗意就曾在名著《倭板书籍考》②的卷七中对《本朝一人一首》的总体情况进行了简明扼要的解说。

> 本朝一人一首　十卷五本アリ。萬治ノ初、弘文林公ノ作ナリ。大友皇子ヲ始、近世諸名公三百餘人ノ詩、各一首ヲ採レリ。禅僧ノ詩ト惺窩、羅山ノ詩ハ除之。詩評有リ。詩活（ママ）③アリ。作者ノ世系ヲ記ス。近時ノ珍書ナリ。

寥寥数语，《本朝一人一首》的结构、内容以及特色等可谓跃然纸上。享和二年（1802）刊《群书一览》（尾崎雅嘉编）也原封不动地延用了《倭板书籍考》的这段解释。近代以来，学术界对《本朝一人一首》的研究逐渐深入。辞书编纂方面，岩波书店出版的《日本古典文学大辞典》"本朝

---

① 〔日〕鈴木健一：『林羅山年譜稿』，東京：ぺりかん社，1999，第120頁。
② 〔日〕長澤規矩也・阿部隆一編『日本書目大成』第3卷，東京：汲古書院，1981。
③ "詩活"应作"詩話"。

一人一首"条大概是最便于检索,且内容最为翔实的词条。在该条解释的末尾,撰稿人大曽根章介氏称赞《本朝一人一首》"作为史上最早的日本汉文学研究著作具有重要的学术价值"[①]。

自江户时代以来就备受推崇的《本朝一人一首》,曾经被松尾芭蕉置之座右,被幸岛宗意视为"珍书"。作为日本汉文学研究史上具有里程碑意义的经典著述,《本朝一人一首》的生命力历久弥新,它的丰富内涵及价值有待我们进一步挖掘、探索。

(笔者摄影)
【附图】石川县立图书馆藏《本朝一人一首》(索书号:李花亭文库 821 - 1)

The other Discussions on *Honcho Ichinin Isshu*

Abstract:The author has previously published a series of academic papers on the writing process, version system of *Honcho Ichinin Isshu* and its influence on Matsuo Basho. However, there are still some specific details that have not been

---

① 〔日〕日本古典文学大辞典編集委員会編『日本古典文学大辞典』第 5 卷,東京:岩波書店,1984,第 482 頁。文字经由笔者翻译。

discussed in the previously published essays. As a supplement to the research results of the previous stage, this essay mainly uses the misunderstandings of notes of the *Saga Nikki* on *Honcho Ichinin Isshu* as an entry point. Through combing and close reading of the literature, it intends to research the ending year of Japanese Kanshi included in *Honcho Ichinin Isshu*.

Keywords: *Honcho Ichinin Isshu*; *Saga Nikki*; Hayashi Gaho; Hayashi Razan; Japanese Kanshi

村上春树文学中的父亲意象与历史认识
——从《弃猫》一文谈起[*]

张小玲[**]

【摘　要】 在《弃猫》一文中，村上春树通过探寻父亲的参战经历直面日本近代侵略战争的真相，此点值得高度肯定。但此文同时也显示出"父亲"这一意象在村上春树文学中不仅仅是指涉"历史"的抽象概念，更是鲜活的个体存在。村上文学中的父亲意象和历史认识不具有等价关系。"父亲"和"历史"二者的必然联系是在社会背景的推动以及村上本人的有意操作下被建构而成的。在"父亲"成为"被历史化"的符号的同时，"历史"也由于村上文学的个人主义底色而被高度"个人情感化"。"后记忆"理论也存在将"父亲"与"历史"等同使用的缺陷，用来解释村上春树文学中的战争书写未必合适。

【关键词】 村上春树　《弃猫》　父亲　后记忆

引　言

2019年6月，村上春树在《文艺春秋》杂志发表随笔《弃猫——谈论父亲时我要谈论的事》，首次详述了自己和父亲的相处点滴。其中关于父亲参加侵华战争的描述更是引起国际评论界以及大众媒体的普遍关注。在历史认识仍显暧昧的日本社会大背景下，村上春树作为享有世界声誉的当代日本代表作家，能够直面历史，公开发声，这种责任感和勇气是值得

---

[*] 本文系国家社科基金一般项目"日本近代反战文学研究（1894-1945）"（项目批准号：20BWW017）的阶段性成果之一。
[**] 张小玲，中国海洋大学外国语学院日语系教授，主要研究方向为日本文学。

高度肯定的。但笔者发现,目前的评论界和大众媒体(尤其是国内)都过于关注此文中"父亲"意象的历史意义指涉,而忽视了文本所展示的另一重要层面——"父亲"对于村上的个体意义。这种倾向显然是基于长期以来村上评论中常见的逻辑:由于父亲参加了侵略战争,村上文学提及"父亲",就必然指向历史认识。也有论者运用"后记忆"理论将村上文学中的"父亲"和"历史"的关系进行了解析,证明源于父亲的关于战争的"后记忆"对村上的战争书写有直接影响[①]。其实,由于日本战时"一亿总动员"的国家政策,不只是村上春树(1949年出生),与他年龄相仿的一代人的父亲都有参战的经历。"父亲"在村上春树人生及其文学中并不仅指涉"历史"的抽象概念,也是鲜活的个体存在。但在早期、中期的访谈及随笔中,村上自己有意无意地弱化了后一层面。而《弃猫》这篇以"父亲"为主题的长篇随笔却同时展示了作为"历史"符号的"父亲"和个体存在的"父亲"及村上对此的矛盾心情。本文拟对照《弃猫》与在此之前村上有关"父亲"的描述,并结合村上文学中关于"父亲"的书写,尝试揭示以下问题:村上文学中"父亲意象"与"历史认识"二者的直线关联是"建构"而成的,过于关注这种直线关联是对村上文学浓厚个人主义底色的忽略。"后记忆"理论的破绽正是将"父亲"和"历史"两个概念简单地画上了等号,用此理论解读村上文学的战争书写未必合理。

一 "父亲"的"被历史化"

笔者认为,村上春树文学中"父亲意象"与"历史认识"这两者之间的联系并不像先行研究及大众媒体认为的是不证自明的,而是"建构"而成的。虽然从代际传承来说,"父亲"很容易被作为"历史"的隐喻符号,但"父亲"是个人性的,"历史"是集团性的。如论者所言,文学中往往会

[①] 相关评论如:清水良典「自画像と「父」なるもの—村上春樹『騎士団長殺し』論」(『群像』2017年5月)内田康「〈父なるもの〉の断絶と継承の狭間で—村上春樹『騎士団長殺し』と、〈父殺し〉のその先」(『近代文学試論』2018年12月)邹波《历史记忆与职责——村上春树随笔〈弃猫〉以及相关言论》(《文汇报》2019年11月8日)但汉松《历史阴影下的文学与肖像画——论村上春树的〈刺杀骑士团长〉》(《当代外国文学》2018年第4期)。

将"父亲"作为"小说之虚构投向宏大历史的诱饵"①。具体到村上春树，这种投诱饵的行为是在当代日本乃至国际社会背景推动之下，作家的有意为之。

如先行研究所指出的，村上对社会历史的态度大致有一个从"疏离"到"介入"的转变，其转折点为1991~1995年的美国旅居经历。这段较长时间的异国生活促使村上从外部重新审视日本社会及历史。其间创作的长篇小说《奇鸟行状录》（1992~1995）以及紧接其后的采访东京地下铁沙林毒气事件②亲历者的记事文学《地下》（1997）、《在约定的场所》（1998）的确显示了村上对日本战争历史以及现代日本社会问题的正面关注，和《且听风吟》等初期作品表现出的有意与社会保持距离的态度有所不同。不过很多先行研究并没有注意到村上的这种转变和当时日本的社会背景是分不开的。从20世纪90年代开始，由于亚洲各国的战争受害者纷纷开始向日本法庭提出战争赔偿，战争历史问题在日本社会开始被重新提起，如何面对和承担战争责任和战后责任再次成为日本不得不重新面对的重要课题。在文艺界，左翼知识分子高桥哲哉和主张优先追悼日本战死者的评论家加藤典洋围绕战后责任和"国民主体"问题，进行了著名的"历史主体论争"。在这样的时代氛围之下，又加上1995年阪神大地震以及东京地铁毒气事件的触动，村上开始重新审视日本历史与自己文学创作之间的关系。村上在1995年和著名心理学家河合隼雄的对谈中明确说道："在日本要追求个人，只能去往历史"③，并提到旅居美国时海湾战争以及纪念珍珠港事件50周年活动对自己历史认识的直接影响，所以"一直追溯自己为何物的话，最终只能是重新检讨社会和历史这一全体"④。值得注意的是，正是在这个转折期内，村上开始在大众媒体前首次正面提及自己的父亲，并且不是在日本，而是在美国。

1994年，村上接受美国杂志 *Bomb* 采访，当记者问到作品中的历史因素

---

① 从治辰：《父亲：作为一种文学装置——理解双雪涛、班宇、郑执的一种角度》，《扬子江文学评论》2020年第4期。
② 1995年3月20日，奥姆真理教教徒在东京地下铁通过释放沙林毒气而实施的恐怖袭击事件，超过5800人受伤，约13人死亡。
③ 村上春樹、河合隼雄：『村上春樹、河合隼雄に会いに行く』，東京：岩波書店，2001，第57頁。
④ 村上春樹、河合隼雄：『村上春樹、河合隼雄に会いに行く』，東京：岩波書店，2001，第72頁。

时，村上这样回答："我写这一部分（指《奇鸟行状录》中有关诺门罕战争的描写——笔者注）是因为我的父亲在二战中去过中国。父亲给我讲了很多在中国打仗的故事，所以我很感兴趣。这甚至成了某种执念。有的时候他告诉我的故事对于一个孩子来说有点血腥。我想我的父亲不是有意吓我。那时是1955年或1956年，战争结束不久，那种记忆还栩栩如生而已。杀人和被杀。我完全没法吃中国菜，不知道具体因为什么，就是吃不了。"① 那么，村上是在什么样的氛围下提及此点的呢？在这篇访谈的开头和文中，采访者几次明确提到，虽然有些批评者认为村上是个不习惯日本的日本作家，但村上作品最打动他的仍然是其中的"非西方性""日本性"。对此村上回应说，"虽然有些人喜欢我是因为我是个外籍人（expatriate），而且我从日本逃离了出来。但是我到这个国家之后，我却越来越多地思考我的国家。对我而言日本是个非常特别的国家。'什么是日本？''什么是日本人'我现在乐于探究这些问题"②。1995年在接受 The New Yoker 杂志采访时，村上再次提到父亲。在这篇题为《成为日本人》的访谈中，他这样说道："这（指战争中的杀戮经历——笔者注）对于父亲，无疑是内心的伤痕，所以也成为我的伤痕。我和父亲相处并不融洽，这也许是我不要孩子的原因。"③上述两份材料表明，当村上开始直面历史问题时，"相处并不融洽"的"父亲"开始出现在村上的思考、公开谈话及文学中。因为自己父亲曾经参加过侵华战争，再没有比这个更适合作为联系历史的媒介了。所以，当村上提及父亲时，必然提及其参战经历，也必然要提及这段经历对自己的精神影响，父亲意象和历史认识就这样画上了等号。对此，我们不禁有这样的疑问："父亲"对于村上真的就只是"历史"的代言人这一种意义吗？两者之间的隔膜就完全是因为父亲的参战经历吗？对照《弃猫》一文，我们会对此有更加清晰的认识。

从村上至今为止的访谈来看，他和父亲之间的不睦是事实，不过起因未必是父亲的军队经历。在《弃猫》一文中，村上首次对自己和父亲之间的龃龉做了比较详细的陈述。父亲因为热爱学习，所以自然对身为独子的村上春树寄予了很高的期待，但是村上却一直学业不精，"让父亲没少失望"，长此以往，"父亲对我怀有了慢性的不满，我也感到了这种慢性的伤

---

①② Harding John Wesley, "Haruki Murakami," *Bomb*, Winter, 1994. Web. 2 Jan, 2021.
③ Buruma Ian, "Becoming Japanese," *The New Yorker*, 23 Dec., 1996：71.

痛（包含无意识的愤怒）""到如今，直到如今（着重号为原文所加——笔者注），我仍然怀有这样的心情——或者是这种心情的残留——我让父亲的希望彻底落空了，我辜负了他的期待"。① 随着村上的长大，其自我意识逐渐加强，"我和父亲的心理隔膜越来越深"，而且双方性格都"相当顽固"，以至于村上结婚后，和父亲彻底疏远，"二十多年没有见过面，没有特别的事情不会说话，也不联络"②。由此可见，村上和父亲之间的隔阂更多的还是源于常见的"恨铁不成钢"的父母和叛逆子女之间的矛盾。至于父亲的参战经历，虽然不能说对两者的关系没有影响，但并非决定性的。但是，当20世纪90年代村上初次向美国媒体谈及父亲时，却只提及了参战经历，有意无意地省略了其他部分。从《海边的卡夫卡》《1Q84》《刺杀骑士团长》等村上文学中为数不多的对父子关系的描写来看，我们亦可发现作品中父子间的矛盾并不主要起源于父辈的战争经历，更多的是性格或特殊际遇（往往为母亲的出走）导致的双方交流的隔膜。

而且，对照《弃猫》和1994年接受 Bomb 杂志的访谈，其中的矛盾之处显而易见。如前文所示，在 Bomb 杂志的访谈中，村上说"父亲给我讲了很多在中国打仗的故事"，但在《弃猫》中，村上明确陈述父亲只跟他提过一次战场的事情。这对二十多年没见过面的父子关于战争的交流几乎为零（详见本文第三节）。由此可见，村上在20世纪末开始关注日本历史问题之时反复提及父亲参战经历，某种程度上可以说是一种写作策略。综合以上，笔者认为，我们在承认村上父亲的参战经历对作家的历史认识有很大影响的同时，也不能忽视这两者关系中存在的人为建构因素。

二 "历史"的个人情感化

《弃猫》自始至终存在着一种矛盾，作者一方面以一贯的个人主义式笔调叙述与父亲相处的琐碎点滴，是叛逆的儿子在父亲逝后心怀某种歉疚的追忆；另一方面又时时被历史的宏大叙事吸引，不断试图在历史的洪流中

---

① 村上春樹：「猫を棄てる——父親について語る時に僕の語ること」,『文芸春秋』第6期，2019。本文所引用《弃猫》原文均根据2019年6月杂志《文艺春秋》所登载的初出版本。后记部分则根据2020年文艺春秋社所出的单行本。笔者译。

② 〔日〕村上春樹：「猫を棄てる——父親について語る時に僕の語ること」,東京：文藝春秋，2020，第264頁。

村上春树文学中的父亲意象与历史认识

寻找父亲以及自己的定位。这种矛盾其实贯穿村上文学始终，形成了"父亲"和"历史"的复杂关系。一方面如前节所述，"父亲"在村上文学中被有意地"历史化"；而另一方面，个人主义色彩浓厚的村上文学在某种程度上化解了"历史"的宏大叙事色彩，通过"父亲"将"历史"高度"个人情感化"。

《弃猫》一文以我幼时和父亲一起弃猫的往事开篇，接着提到父亲每天早晨面向佛坛，为在战争中死去的日本人和中国人祷念经文，由此引出父亲的生平，对其参战经历进行了详细追溯。在这个追溯过程中，村上显示了既想搞清真相，又怕直面结果的矛盾心态。当查清父亲参军的部队并非南京大屠杀的主力部队，父亲由于一些偶然事项也没有参加攻占南京的行动时，村上感觉"如释重负"[1]。问题在于，当解开这一始终萦绕在心头的疑团之后，村上却由此产生了对自身存在的虚无感。在文中题为"自我本身变成透明的感觉"这一小节中，村上对这种感觉的产生及表现进行了详细描述："我不知道这些个人性的文章会不会勾起一般读者的关注，但是因为我是只能通过写文章进行思考的类型，（我生来就不擅长抽象性的观念性的思考），所以有必要这样循着记忆，眺望过去，将其置换为眼睛能看到的语言、能出声朗读的文章。其后，越写这样的文字，越反复回头阅读这样的文字，不可思议的感觉便向我袭来，我的自身开始变成透明。"[2] 村上深感往事的偶然性，"如果父亲没有被解除兵役，而是去了菲律宾缅甸前线……"，那么"我这个人就不会存在于大地之上"，"我的意识不会存在，我写的书也不会存在"，"我作为小说家生存于此的营生本身，就如同虚妄的幻想，失去了实体。我这一个体所拥有的意义，渐渐变得模糊不清。即使手掌变成透明体也没什么不可思议的"[3]。

以上描述清楚地显示出村上试图通过追寻"父亲"的过去来确立自我，却归于失败的思想轨迹。作家本意是凭借"小说家"的特长，通过文字书写探究与自己血脉相连的"父亲"的过往，得到的结论却是自己是偶然性

---

[1] 〔日〕村上春樹:「猫を棄てる——父親について語る時に僕の語ること」，東京：文藝春秋，2020，第250頁。

[2] 〔日〕村上春樹:「猫を棄てる——父親について語る時に僕の語ること」，東京：文藝春秋，2020，第265頁。

[3] 〔日〕村上春樹:「猫を棄てる——父親について語る時に僕の語ること」，東京：文藝春秋，2020，第265~266頁。

的产物,自己的小说家身份也因此失去存在的基础。熟悉村上作品的人们对这种虚无感不会感到陌生,因为这种虚无感已经成为村上文学的标签。可见,很多评论者大加称赞的村上对父亲参战经历的追溯并不是单纯的对宏大"历史"的直面,这种追溯的起点和终点都落在村上对自身存在的确认上。这种认知思路不是1949年出身的村上独有的,在战后试图追寻文学家战争责任的那一代日本知识分子身上我们早已看到。只是村上与他们不同,追寻"历史"的结果不是明确了今后的人生方向,而是让自身感到虚无。这种虚无感恐怕也是村上的同龄人(俗称"团块世代")乃至更年轻一代日本人精神结构的共同特征。从这个意义上说,村上被称为"后现代作家"是名副其实的。在村上文学及其个人生活中,宏大的战争"历史"是通过"父亲"这一元素而被高度个人化,成为产生后现代式"虚无感"的要因。

不过,我们也不能否认村上春树近年来确实对历史问题非常关注,而且有了更多明确的反战言论。所以,在《弃猫》一文的结尾,出现了和前文虚无感描写颇有矛盾的描述,这也是被评论界广泛引用的一段文字。"换言之,我们是向广袤大地降落的无数雨滴中的无名一滴,虽然是固有的,却可以被替代。但是一滴雨水,也有一滴雨水的思想。有一滴雨水的历史,有将此继承下去的责任。我们不应该忘记这一点。"① 而前文的逻辑是,这一雨滴虽然搞清了自身的来龙去脉,却由此深刻怀疑自身的存在本身,也就是"可以被替代",那又何谈继承"历史"呢?很显然,这两段表述是矛盾的。并且,在这段文字之后,村上这样解释"一滴雨水"必须继承历史的原因:"即使被某处完全吸入,失去个体的轮廓,被集合性的某物置换乃至消失。不,也许应该这样说,正因为要被集合性的某物置换(所以我们才要继承——笔者加)。"② 此句中的"集合性的某物"自然指的是社会制度,即2009年村上在接受耶路撒冷文学奖时所做题为"墙与鸡蛋"演讲中的"墙"③。这也证明了笔者前文的论点,即村上追溯"历史"的起点和终

---

① 〔日〕村上春树:「猫を棄てる——父親について語る時に僕の語ること」,東京:文藝春秋,2020,第267頁。
② 〔日〕村上春树:「猫を棄てる——父親について語る時に僕の語ること」,東京:文藝春秋,2020,第267頁。
③ 〔日〕村上春树:「『壁と卵』——エルサレム賞・受賞の挨拶」,『村上春樹雑文集』,東京:新曜社,2013,第78頁。

点都在于确立个体，而不是"历史"本身。村上文学的底色依然是浓厚的个人主义，这是和大江健三郎等社会派日本作家截然不同的。只不过，随着社会声誉的提高，村上开始认识到自己作为公众人物的社会影响力，文学中个人主义的虚无感开始减弱，这也是《弃猫》文末出现这种呼吁个人继承"历史"责任表述的原因。

从迄今为止的村上春树文学，尤其是长篇小说来看，的确存在明显的从"反讽历史"到"直面历史"的发展轨迹。柄谷行人曾指出，在《1973年的弹子球》（1980）中所说的"1969年，我们的岁月"这一明确指涉"全共斗"[①] 历史时期的语句，"一瞬间唤起一代人的共鸣，而在这个语境中同时又被完全解构了"[②]。而在2017年出版的《刺杀骑士团长》中，1938年纳粹侵占奥地利以及1937年12月南京大屠杀的"历史"已经失去了"反讽"的意味，不仅没有被解构，而且已经成为构建故事情节的重要因素。但是，我们必须看到，无论是哪种意义的历史指涉，"历史"都最终湮灭在村上春树文本中的"成长小说"模式中，只是成为疗愈现代社会中个人伤痛的模棱两可的能指符号。《刺杀骑士团长》仍然只是村上小说中常见的都市边缘男性重回正常生活轨迹的故事，而其中的二战历史即使被作者设定为主人公意欲摆脱的黑暗与罪恶的象征，也由于种种灵异情节的加入而偏离了这种"作者意图"，变得意义不明[③]。同时，主人公成为父亲的情节设置，也反映了作者在面对"历史""父亲"这两大因素时的模糊态度。文中的"我"认为女儿是骑士团长等人赐予的礼物[④]，但这是否意味着"历史"记忆由此便被继承呢？这一答案由于"我"未必是女儿生物学意义上的"父亲"而变得扑朔迷离。这也证明了，村上文学中的"父亲"终归只属于个人，和"历史"的联系并不像有些评论认为的直接而明确。在村上作品中，最能显示"历史"因素被"成长小说"模式吞没的作品是2002年出版的《海边的卡夫卡》。在森林中超越时间生存的二战士兵以及经历过战争年代并受到创伤的中田老人经常被解读为对"历史"的影射，但这些其

[①] "全共斗"为"全学共斗会议"的略语，指的是1868~1869年日本学生运动期间，主要由无党派学生组成的大学内部的团体组织。（《大辞泉》）

[②] 〔日〕柄谷行人：《历史与反复》，王成译，中央编译出版社，2011，第117页。

[③] 灵异情节是村上文学的标志性符号之一，也成为村上文学中"历史"和"父亲"二者产生直接联系的主要媒介。这种方式虽然增强了故事情节的可读性，但如本文下节所述，却缺少了理性的语言化过程，村上文学的历史批判也由此显得苍白。

[④] 〔日〕村上春樹：『騎士団長殺し』（第2部），東京：新潮社，2017，第540頁。

实都只是15岁主人公成人仪式的必要环节。中田老人代替主人公杀死了作为叛逆青春直接对象的父亲。二战士兵带领主人公进入超时空，卡夫卡在此彻底宣泄了对父亲的仇视以及对母亲的依恋，得以重返真实世界。在这样的情节设置中，"历史"的沉重感已经所剩无几。

三 不可靠的"后记忆"

在近些年的研究中出现了以"后记忆"（postmemory）概念诠释村上战争书写的倾向，认为村上通过父亲对战争的讲述建构了有关日本军国主义的"后记忆"。那么，属于创伤理论的"后记忆"概念是不是解释村上春树文学中父亲意象和历史认识的一条有效路径呢？我们能否由此理论出发做如下的解读：父亲的战争创伤给年幼的村上留下了心理阴影，成年的村上在文学中以各种形式再现了这种创伤，从而直面"历史"？未必如此。

所谓"后记忆"，指的是没有亲历历史性创伤性事件，但与亲历者关系密切的人（一般指其后代）间接获得的记忆。而"后记忆"理论中，一个最大的破绽其实就是本文前述反复论证的问题：将"历史"和"父亲"这二者简单地画上了等号。首先，"后记忆"是关于什么的记忆？如同有学者所言，即使玛丽安·赫希（Marianne Hirsch）等理论家在"后记忆"加上一个"后"字，以表示"后记忆"在本质上和"记忆"相同，同时又具有想象和创造这样独特的产生方式，但"不能使它从本质上区别于记忆"[1]。既然是并没有亲历创伤性事件，只是从关系亲密者那儿间接获得，那么，准确地说，"后记忆"其实是对关系亲密者（即上一代）如何受到创伤性事件影响的记忆，而并不是对创伤性事件本身的记忆。比如幼年村上春树看到追悼战亡者的父亲背影，感到"死亡的阴影在飘荡"[2]，从而对日本的近代战争历史产生畏惧、回避的心态。村上春树的"后记忆"其实是对受到二战经历影响的父亲的记忆，不是对二战的记忆。村上"后记忆"的内容不是"历史"，而是"父亲"。其次，"后记忆"概念的提出与创伤理论密不可分，强调大屠杀等战争创伤对战争亲历者的第二代甚至第三代的影响。而这里就存在完全以战争创伤解释代际关系的"以偏概全"的

---

[1] 程梅：《"后记忆"之后》，《外国语文》2017年第4期，第19~23页。
[2] 村上春树：「『壁と卵』——エルサレム賞・受賞の挨拶」，第78页。

村上春树文学中的父亲意象与历史认识

弊端。如本文前述,村上春树和其父亲的隔阂并不完全来源于其父的战争创伤。其文学中的战争书写也并不是为了再现或疗愈战争创伤,而是成为个人主义色彩浓厚的"成长小说"模式中的必要情节。如果将村上文学中的战争书写直接解读为战争创伤的结果,其实是对村上文学的片面理解,同时也忽略了作家和商业资本对"父亲"和"历史"两者关系的有意建构。

除了上述两点之外,我们在运用理论时还需要注意日本的具体历史语境。"后记忆"概念是为了解释大屠杀等集体性创伤事件给人们造成的心理影响而诞生的,主要是站在战争受害者立场。而日本是战争的发起国,是战争创伤的"加害者"。亲历战争的日本人的战争创伤是复杂的,他们不仅要面对战争带来的经济上、生理上的痛苦,更要面对战败带来的思想意识上的巨大颠覆。在日本的历史语境中,战争创伤也意味着战争反省。那么,经过时间的沉淀之后战争亲历者究竟如何反省战争?其战争记忆呈现怎样的面貌?同时,既然其第二代的"后记忆"其实是对第一代的战争记忆的记忆,这其中就必然涉及一个重要问题:战争记忆应该以什么方式体现和传承?小森阳一曾在《村上春树论》的中文版序里这样说道:"精神创伤决不能用消除记忆的方式去疗治,而是必须对过去的事实与历史全貌进行充分的语言化,并对这种语言化的记忆展开深入反思,明确其原因所在。"[①]如果没有理性的语言对记忆进行梳理和表达,无论是"记忆"还是"后记忆"都无从谈起,尤其是在需要对战争进行反省的历史语境中。所以,战争记忆的代际传承应该主要依靠"诉说-聆听"这样的语言表达方式进行。但是,无论是村上本人还是村上文学中,这一继承方式并没有实现。几乎所有的父亲都在拒绝诉说,几乎所有的儿子都在拒绝聆听。

村上曾不止一次地提到,幼年时父亲每天清晨面对佛龛悼念死者的背影给自己留下深刻印象。这种避免面对面交流的"背影"姿势是具有象征意义。正因为没有直接的交流,原该陈述清楚的历史便具有了神秘感。在《弃猫》中,村上对这种父与子之间的交流障碍做了具体描述。从儿子的立场来说,"我"只主动问过"父亲"一次"为谁诵经"。父亲回答"为战争中死亡的人",不仅是日本人,还有中国人。"父亲没有再做说

[①] 〔日〕小森阳一:《村上春树论:精读〈海边的卡夫卡〉》,秦刚译,新星出版社,2007,第11页。

明，我也没有再做提问"，这是因为"当时有某种不让我再提问的气氛阻止了我"，这不是来自父亲的拒绝，事实上村上感到"如果我再说，他一定会再给我解释一些"，但是终究"我没再问。也许是在我自己内心有什么阻止了发问"①。直到村上父亲90岁去世，关于其战争经历"我什么也没问，父亲什么也没说"②。而从父亲的立场来说，在《弃猫》中，村上也提及"仅有一次，父亲如同向我坦白般，提起他所在的部队曾处刑过俘虏的中国兵"③。在村上上小学低年级时，父亲"淡淡地"说起中国兵被砍头前镇静的表情，并"似乎直到临终前都对其深深地怀有敬意"④。但是，这仅有一次的父亲有关战争的语言表达，却因为村上的模糊记忆变得不那么确定，比如"因为这（指父亲告诉我处刑之事——笔者注）已经是很久以前的事了，来龙去脉已经记不清楚了。记忆很孤立"⑤。而关于处刑的细节，比如"是同部队的士兵实施了处刑，还是父亲更深地参与了此事，我不知道"，"可能是我的记忆出现了混乱，或者父亲本来就含糊其词"⑥。从这些描述中不仅能读出村上对父亲参战经历的本能回避态度，而且说明村上父亲对战争还未有明确的理性反省态度。虽然村上紧接着便自陈父亲讲述的这一残酷景象给自己幼小的心灵留下深刻创伤，并由此抒发"继承"历史的必要。但前述关于模糊记忆的叙述无疑让读者对这种结论是否成立心存疑惑。总的来说，村上父子间关于战争的交流没有通过清晰的语言表达形式实现。

而在村上文学中，如此父子间（可以扩大为两代人）缺乏战争记忆交流的情节并不鲜见。《刺杀骑士团长》中，亲历纳粹暴行的雨田具彦从来没有把战争历史告诉儿子，而身为儿子的政彦为了逃避父亲的影响，甚至

---

① 〔日〕村上春樹：「猫を棄てる——父親について語る時に僕の語ること」，東京：文藝春秋，2020，第243頁。
② 〔日〕村上春樹：「猫を棄てる——父親について語る時に僕の語ること」，東京：文藝春秋，2020，第250頁。
③ 〔日〕村上春樹：「猫を棄てる——父親について語る時に僕の語ること」，東京：文藝春秋，2020，第252頁。
④ 〔日〕村上春樹：「猫を棄てる——父親について語る時に僕の語ること」，東京：文藝春秋，2020，第252頁。
⑤ 〔日〕村上春樹：「猫を棄てる——父親について語る時に僕の語ること」，東京：文藝春秋，2020，第252頁。
⑥ 〔日〕村上春樹：「猫を棄てる——父親について語る時に僕の語ること」，東京：文藝春秋，2020，第253頁。

"至今都尽可能不靠近画室"①,"作为父子间的对话",比如"自己经历过怎样的事情,怀着怎样的思想活过来的"等"一星半点"也没有。② 老年的具彦则如《1Q84》中天吾的父亲一样,陷入昏睡状态,更无法和儿子进行历史记忆交流。在村上至今为止的作品中,只有在1994~1995出版的《奇鸟行状录》中出现过一个讲述亲身战争(诺门罕战争)经历的人物——间宫中尉。也正是在同一作品中,热衷分享母亲隔空"看到"的战争中日本兵枪杀动物场景的肉桂却永远失去了讲话的能力,"自他不再开口的那个二月间的一个早上,肉桂便不再和我共同拥有那个故事了"③。这里的"故事"指的正是战争屠杀的血腥场景。"他的语言被那个故事世界的迷宫所彻底吞噬了,那个故事里出来的东西把他的舌头劫走了。几年后,它杀死了我的丈夫。"④ 这样的情节设定意味着两代人通过语言继承历史记忆这一方式的彻底失败。

结　语

本文以"父亲"和"历史"两个概念的区别为切入点,主要针对《弃猫》一文发表后媒体及评论界只重视村上历史认识的论调进行了分析和反驳。《弃猫》其实秉承了村上一贯的思想和文风,在提及历史认识的同时,仍然具有浓厚的个人主义色彩。个人主义视角始终是村上文学的底色,这一点是我们不应该忽视的。如同在《弃猫》的单行本后记中村上的自述:"我只想让它作为历史角落里的一个无名故事,尽可能呈现其原本的样貌。"⑤ 村上的个人主义式文学反映了后现代语境下"团块世代"的孤独与迷惘,包括"父亲"的参战经历给他们带来的更加彻底的空虚感。但作为一个已经享有国际声誉的作家,止步于此是不够的。村上近年来直面历史的勇气也让读者看到了作家在这方面所做的努力,但如何实现"父亲"和"历史"的真正的有效连接,是村上春树必须面对的严峻课题。从村上的中

---

① 〔日〕村上春樹:『騎士団長殺し』(第2部),東京:新潮社,2017,第91頁。
② 〔日〕村上春樹:『騎士団長殺し』(第2部),東京:新潮社,2017,第281頁。
③ 〔日〕村上春树:《奇鸟行状录》,林少华译,上海译文出版社,2010,第523页。
④ 〔日〕村上春树:《奇鸟行状录》,林少华译,上海译文出版社,2010,第524页。
⑤ 〔日〕村上春樹:「猫を棄てる——父親について語る時に僕の語ること」,東京:文藝春秋,2020,第100頁。

国观中，我们能看到过重的个人主义视角对作家观察及认识问题的制约[①]。由此，或许可以说村上春树文学仍然具有进一步拓展的巨大可能性。

The Image of "Father" and the Interpretation of "History" in Haruki Murakami's Writing: A Discussion Starting with *Abandoning a Cat*

Abstract: In *Abandoning a Cat*, Haruki Murakami seeks to face the true history of Japanese aggression in the second World War through exploring his father's experience as a soldier. While we should acknowledge the positive aspects of such writing, we should also see that the "father" in both Murakami's life and his writing does not refer to "history" as an abstract concept; instead, the "father" is also an individual who actually existed in history. The "father" thus cannot be simply equated with "history". In the post-war social context, Haruki Murakami intentionally manipulates the narration to construct the equivalence between "father" and "history". While "father" now signifies the history of the war, "history" is heavily colored by Murakami's personal emotions. The theory of "postmemory", which tends to simply equate "father" with "history", is thus inadequate for the analysis of Murakami's representation of the war.

Keywords: Haruki Murakami; *Abandoning a Cat*; Father; Postmemory

---

[①] 热爱旅行的村上至今只来过一次中国，即 1994 年因写作的《奇鸟行状录》中涉及诺门罕战役，村上受《马可·波罗》杂志邀请，前往中国和蒙古国边境的诺门罕战役遗址做实地调查。村上曾多次提到完全不能吃中国菜，原因就是他接受美国杂志采访时所说，父亲那唯一一次关于战争的讲述在其心灵中留下了血腥记忆。在村上至今为止的作品中，存在非常明显的将"中国"符号化的倾向，如果没有对中国乃至亚洲的体验及了解，村上春树的反战言论难免显得底气不足。关于此点可参考笔者的《作为"符号"的中国——从〈诺门罕的钢铁墓场〉看村上春树中国观之内涵》[《中国海洋大学学报》（社会科学版）2012 年第 6 期] 以及《论〈开往中国的慢船〉中作为"符号"的中国与美国形象》（《中国比较文学》2017 年第 1 期）。

平安时代内侍所镜烧损事件的思想史考察

刘琳琳[*]

【摘　要】内侍所镜在平安时代三次宫廷火灾中程度不同地受损，本文考察该镜烧损的情况及朝廷的应对态度，认为其中反映了古代朝廷神镜观的如下特点：统治阶层尽力维持天皇制的政治意识，在应对烧毁事件中起到决定性作用；强调日本的神器有着神圣起源和连续性，刻意与中国古代人为制造的玺、鼎等王权象征物区分开来，神/人区隔与对置的背后是把日本与中国区隔和对立的民族主义性质的思维模式；平安时代的大部分时间里，统治阶层没有赋予神镜明显的道德或哲学意义，还是在天皇制神话框架内理解神镜。

【关键词】内侍所镜　神镜　火灾　天皇制　平安时代

一　问题的提出

八咫镜是日本天皇的三种神器之一，这是广为人知的事实，但仔细说来，自古以来被作为神器的镜其实有两面，供奉在伊势神宫里的八咫镜是其中之一，还有另外一面，即存放在皇宫里的内侍所镜。内侍所镜从平安时代初期开始被认为最初是崇神天皇命人铸造的镜，也是天皇即位仪式上移交给新任天皇的镜。平安时代人们对这面存放在内侍所的镜子一般有两种名称，一是称为"神镜"，二是用供奉它的地点指代，即称为"内侍所"。

---

[*] 刘琳琳：北京大学外国语学院副教授，硕士生导师，主要研究方向为神道教、日本思想史、中日文化交流。

现当代很多学者称之为"内侍所神镜",或简称为"内侍所"。但是"内侍所"一词既指宫廷的一个机构,又指它所在的建筑,同时还指这个机构负责照看的镜,一词三义,这样容易概念混淆。因此本文需要特指这面镜子的时候,一般称为"内侍所镜"。从历史上看,八咫镜深藏伊势内宫正殿,绝少有人接触,因此没有发生过特别大的事件,可以说该镜的社会生命历程比较平静。与此相对,内侍所镜毕竟与天皇、朝臣距离较近,互动较多。到平安时代中后期,朝廷逐渐把内侍所镜视为八咫镜的复制品,但在日本古代镜史和政治史上,内侍所镜的角色反而比八咫镜更重要。特别是在平安时代,内侍所镜经历了在仪式上被使用、损毁,被带走而丧失以及失而复得等一系列事件,其生命历程颇有波澜。每一次重要事件中,朝廷的应对都反映了当时的政治制度、权力格局、理念和知识,因此内侍所镜不愧为日本传统政治和文化的折射镜。

生活常识告诉我们,物品在其社会生命历程中遭遇损毁几乎是必然的现象,具有政治性和神圣性的物品如果损毁当然会被视为大事,人们对此事态的认知、思考和应对会因时代、国家、文化而各不相同。因此考察神圣物品的损毁及人们的反应,可以发现时代因素、文化因素以及政治权力运作等多方面深层因素。内侍所镜在平安时代就遭遇过三次火灾,分别是960年(村上天皇时期)、1005年(一条天皇时期)、1040年(后朱雀天皇时期)。此后在王朝时代末期,受源平争战的影响,还发生了一次神镜被平家带走、一度丧失的危机。每一次事件都给朝廷造成巨大冲击。在对神镜烧损、远离的善后补救过程中,人们也免不了进行很多思考、阐释。可以说,内侍所镜经历的这些事件无疑都是政治事件,其引发的思考对于日本古代到中世的政治-宗教思想产生的影响值得关注。

本文结合内侍所镜经历的三次火灾来考察古代朝廷的神镜观,是因为近几年发现了朝廷处理该镜烧毁问题时的相关文献,而日本方面对于几次烧损情况的研究还很薄弱,目前只有神户航介、杉田建斗的《〈诸道勘文 神镜〉第一卷的介绍与基础的考察》,该论文翻刻介绍了朝廷相关人员应对内侍所镜烧毁后是否改铸的一系列文件,包括诸道博士的"勘文"(资料与先例调查报告),对于每一篇勘文都进行了简单分析,可以说是有很高的史料价值,在研究内侍所镜改铸问题上有首创之功。但是这篇论文中翻刻史料占了绝大部分篇幅,对于三次宫廷火灾特别是镜烧毁后朝廷上下心态动向的分析与把握还有很大的提升空间。笔者从思想史的角度,考察日本古代朝廷在应对过程中对神镜的认知和赋予其的意义。如下文所示，这也涉及当时朝廷对天皇政治的认知、国际关系意识以及中国王权象征文化在日本的传播问题。

二 960年火灾与第一次内侍所镜烧损

807年斋部广成撰写的《古语拾遗》中，宣称天皇即位仪式上经忌部之手移交给新大皇的镜是崇神天皇时期把八咫镜移除宫廷之后另外铸造的，同时铸造的还有剑。这就是内侍所镜的由来。目前日本史料记载的较早一次内侍所镜经历的火灾是在960年，即村上天皇天德四年。记载此次镜烧损情况的史料目前只剩下"村上御记"和当时的外记日记。平安时代天皇或者地位较高的贵族的日记、手记往往被称为"御记"，比如村上天皇的日记就被称为"村上御记"。其中涉及内侍所镜的部分是以被贵族转引或者在后来编纂的历史著作中引用的形式保存下来的，目前发现引用这份火灾日记的资料有藤原实资的《小右记》和史书《扶桑略记》。其中，《小右记》是生活在11世纪前后的小野宫右大臣藤原实资（957~1046）的日记，记录的时间跨度为978至1036年，中间有断续。《扶桑略记》由平安晚期的僧侣皇圆（？~1169）撰写，比《小右记》要晚，所引村上御记的文字与《小右记》稍有区别。因此本文考察内侍所镜烧损问题首先依据《小右记》中引用的"村上御记"。这个片段出现于宽弘二年（1005）十一月部分，具体如下：

> 村上御记云，天德四年九月廿四日烧亡云云。廿四日重光朝臣禀报云：到温明殿寻找，发现瓦上有镜一面，其镜径八寸许。虽头有一破，无损圆规，蒂等露出，甚以分明，缘破瓦之上。见之者无不惊叹。又求得大刀契等云云……①

村上御记中仅仅描述了该镜的大小，以及轻微受损的情况，并没有披露他对于该镜性质的认识，对于神镜遇险有怎样的心情等。村上天皇下令

---

① 笔者译自〔日〕増補史料大成刊行会編『小右記』第1卷，京都：臨川書店，1975，第207页。以下引用的史料如无特别说明都是笔者译自日文文献。原文为汉文体的，尽量保留原文风貌，稍做字句调整。

把内侍所存放的各种宝物暂时安置在缝殿寮，缝殿寮大允藤原文纪"参向"（参见天皇）时，报告了他负责安置的几件宝物的情况。

另一种记录此次火灾的文献是外记日记，这也不是独立的史料，而是平安后期担任大外记职务的中原师元在永历元年（1160）二月十三日撰写的勘文中抄录引用的，神户航介、杉田建斗在前述论文中整理并公开发表。外记日记记载了火灾发生后十月三日的情况："即日奉纳威所三所，一所镜〈件镜虽有猛火上，而不涌损，即云伊世御神云云〉一所鱼形……一所镜〈已涌乱破损，纪伊国御神云云〉。""威所"读音为"かしこどころ"，即是"贤所"的另一个书写方式，[①] 亦即内侍所的别称。当时被称为"贤所"（威所）的不光有镜，还有一个鱼形符契。镜有两面，其中一面基本没有受损，时人认为这面镜就是"伊势御神"，即天照大神，或者说，就是代表天照的镜；另一面损坏严重的镜被认为是供奉在纪伊国的镜，也就是在《古语拾遗》和《先代旧事本纪》中记载的天岩户事件中早于八咫镜铸造但是众神不满意的那面镜。从这份外记日记看，960年当时朝廷已经直接把内侍所镜视为天照大神本身。由此可以推测此时人们已经明确认为内侍所镜有着与八咫镜同样的性质，即代表天照大神。当然两个镜子性质意义相同，并不代表形状完全相同。人们逐渐认为两者形状完全相同是以后的事。

从外记日记可以发现，当时遭遇火灾的镜是2面，而《小右记》中认为存放在内侍所的镜有3面，到底是2面还是3面，其实当时贵族对此也没有清晰认识。能够确认的事实是只有一面保存基本完好，而且从村上天皇到缝殿寮的负责人都一致把这面幸运躲过了烈焰的镜视为代表天照大神的内侍所镜。考虑到温明殿里有多个镜的事实，严格说来，其实没有证据证明这个幸免于难的镜真的就是内侍所镜，也可能是其他的镜。但朝廷上下都没有认真追究，而是不约而同认定幸存的镜就是内侍所镜。这其中包含了明显的政治意图，即内侍所镜是皇宫保存的几面镜中与天照大神关系最紧密的物品，其神圣性、重要性不容置疑，朝廷显然不愿意看到该镜被损坏的结局，因此出现有一面镜基本完好的情况后，对于朝廷最有利的解释就是认定内侍所镜凭借自身的神力免于火灾。维护天皇制的政治意图就这样造就了内侍所镜发挥神威在火灾中"独善其身"的神话性叙述。

---

① 同样，文中的"伊世"其实是"伊势"的另一个写法。

三 1005年内侍所镜烧损及改铸问题

《小右记》宽弘二年十一月部分引用村上御记，是因为本月十五日内侍所镜再次遭遇火灾，这一次损毁情况非常严重。当时贵族最高领袖藤原道长、藤原北家小野宫流的代表藤原实资、以知识渊博而闻名遐迩的藤原行成都在日记中记载了这一大事。朝廷因为要决定改铸内侍所镜，命诸道博士们查阅中日两国史书典籍，寻找决策依据。大约花了半年的时间，1006年六月，诸道博士陆续提交了关于内侍所镜的"勘文"，七月，最终在一条天皇亲临的情况下高级贵族举行会议，进行"御前定"（御前决策会议）。会后，藤原行成按照天皇的要求整理了一份"定文"，即会议纪要，其中记录了参会贵族的意见。这些记录后来被统称为《诸道勘文 神镜》，同时收录进勘文中的还有一条天皇向伊势神宫祈祷的"宸笔告文"和大内记菅原宣义撰写的告文。因此综合看来，藤原实资的《小右记》、藤原道长的《御堂关白记》、藤原行成的《权记》以及《诸道勘文 神镜》都是关于1005年神镜烧毁事件的有价值的史料。

这次火灾发生于十一月十五日凌晨。根据《御堂关白记》记载，这场火灾的起火点可能是在温明殿与绫绮殿之间，[①]《小右记》宽弘二年十一月部分记录了火灾更详细的情况："十五日……众人云，火起自温明殿，神镜所谓恐所、大刀并启（疑为契——原注）不能取出。十七日……神镜太刀并契尽烧亡，镜仅有蒂，自余烧损无圆规、失镜形。"[②] 起火点就在温明殿附近，这可能是内侍所镜损毁严重的原因之一。

1160年外记局的中原师元在关于为神镜更换新的唐柜问题的勘文中，也根据宽弘年间的外记局记录描述了温明殿所藏宝物被损毁的情况："（宝物）在炭火之中，全部烧损。御镜二面融化，只剩余三四寸。鱼形无损。"[③] 藤原实资和中原师元记载的神镜损毁情况表述略有不同，综合二人的记录，包括内侍所镜在内的2面镜因烧损熔化，失去了原有的圆形，仅剩下镜钮周围的三四寸残片。

内侍所镜被烧毁之后，如何善后应对成了朝廷烦恼的大问题。朝廷把

---

① 〔日〕山中裕：『御堂関白記全注釈』（寛弘二年），京都：思文閣出版，2012，第158页。
② 〔日〕増補史料大成刊行会編『小右記』第1巻，京都：臨川書店，1975，第206页。
③ 〔日〕神戸航介、杉田建斗：「〈諸道勘文 神鏡〉第一巻の紹介と基礎的考察」，『東京大学日本史学研究室紀要』第23号，2019，第32页。

已经残缺的镜从温明殿移到东三条殿,继续供奉。这个过程中,宫中出现传言说发生了内侍所镜突然发光的神异事件。《小右记》十二月十日条记载:"头中将报告说,昨日移神镜,打开旧唐柜,把镜放入新唐柜时,忽然有如日光照耀。内侍女官等同见。神验犹存,此最是足以惊人者。"① 除此之外,《诸道勘文》中有的勘文也简要提到神镜残片发光的事情。后来朝臣们讨论是否另铸一面镜的问题时,这个偶然现象被作为神意来对待。这说明,朝廷把神镜残片突然发光理解为神的灵力依然存在,或者说,内侍所镜焚毁的大事件对于朝廷上下造成了极大的冲击,人人都知道这是一场政治危机,正需要一个神异事件来证明镜的神圣属性和效力并未因形状残缺而受影响,证明天照大神与国家政治一切正常安然无恙。因此,严格来说,内侍所镜残片发光的传闻完全有可能是虚构的,却能安抚朝廷上下的危机心理,笔者认为这正是这个传言生成的政治语境。

火灾发生后的第三天,十一月十七日,藤原道长召开高级公卿会议,会上他提出了是否要改铸一面新的镜子的议题。由于事关重大,公卿会议决定先让大学寮和阴阳寮等各个道的博士查阅中国和日本的经典记载,寻找可以作为比照的先例。藤原道长交给诸道博士研判的课题是:"因供奉于内侍所的神镜被烧损,是否应改铸?经籍中有无可以作为参照的记载?"②

提交勘文的博士有大江匡衡、大江以言、藤原有国、海善澄等12人,其中有几份勘文是2~3个人共同撰写,因此最终提交的勘文共9份。勘文交上来以后,公卿会议的正式开会时间是宽弘三年七月三日。会议上公卿各自发表了意见,最后的定文中记录了6份意见,共涉及10位公卿,这同样也是因为有的是几个人共同提交一份意见。勘文和定文是能够反映大臣和官方知识群体应对神镜烧损和改铸问题的珍贵资料。

目前日本的研究者一般认为藤原道长本人倾向于改铸,从他的《御堂关白记》的记述来看,情况的确如此。由于对改铸议题发表意见的人数较多,大多数人的观点陈述又有着日本人含蓄、模棱两可的特点,因此可谓意见纷纭。总的来说,9份博士勘文中,5人反对改铸,2人主张改铸,其余2人态度不明朗。同时,无论同意改铸还是持消极态度,他们都主张这件事应该先向神祈祷,也就是请求神意。公卿群体提出的6份意见中,5份意见反对改

---

① 〔日〕增補史料大成刊行会編『小右記』第1卷,京都:臨川書店,1975,第210頁。
② 〔日〕神戸航介、杉田建斗:「〈諸道勘文 神鏡〉第一巻の紹介と基礎的考察」,『東京大学日本史学研究室紀要』第23号,2019,第20頁。

铸，只有藤原隆家和主持政务的道长、公任尽量保持慎重中立态度，没有明确支持某一方。也就是说被征求意见的公卿大多数持反对立场。总的来看，朝廷意见的主流是不改铸，保留神镜原样一如既往的供奉。

笔者认为比起是否改铸的讨论，更重要的是上述参与者得出不改铸结论的前提立场和知识背景。仔细看反对改铸的意见的依据，可以发现都与"神物不可用人工代替"的观念有关，这是影响改铸议题的第一个前提。如明经博士海善澄、阴阳博士秦政国、明法道的令宗允亮、美麻部直本、令宗允正这几个人尽管分属于不同的道，知识背景不尽相同，但反对的理由基本一致，即神镜是最受崇敬的物品，不可以随便对待。其中海善澄和秦政国说得最明确："况此为神物，谁敢代神物，而改作之哉？""案日本纪，神镜之起源远出于神灵之工，不可以人力辄加锻冶之功哉。"① 即神圣物品不应该由人工造物来替代。还有，尽管有一些博士和大臣如下文所示同意把内侍所镜类比为中国的玺鼎等王权象征物，但是依然强调此镜是神制作的"神物"，必须与人工制作的王权符号有所区分。在"御前定"会议上，"前大宰权帅、仪同三司"（指藤原伊周）反对改铸的理由基本与上述海善澄和秦政国的主张一致，即："何以末代之人力，辄动万古之神物乎？"② 藤原实资和勘解由长官藤原有国等人都认为内侍所镜依然具有神圣效力，不需要另外铸造。其中藤原有国还指出镜在"火灾之后神光更灿烂，非宝镜之有神灵哉？"③ 这说的正是内侍所镜突然放出光明的现象。总的来说，真正握有决策实权的高级贵族都倾向于认定内侍所镜的神圣属性是完整的，不需要另外新铸替代品，同时也强调神圣性器物与人工物品的严格区别。

第二个影响改铸的因素在于是否要从中国政治文化的框架来认知和处理内侍所镜议题，即是否把内侍所镜比作中国的王权象征物——如传国玺、九鼎等。诸道博士中大部分都赞成以某一种或几种中国宝器为参照，而公卿几乎全部持反对态度。要注意的是，即使赞成参照中国王权象征物为理论依据，却并不意味着他们都同意改铸。

---

① 〔日〕神戸航介、杉田建斗：「〈諸道勘文 神鏡〉第一卷の紹介と基礎的考察」，『東京大学日本史学研究室紀要』第 23 号，2019，第 25、27 頁。
② 〔日〕神戸航介、杉田建斗：「〈諸道勘文 神鏡〉第一卷の紹介と基礎的考察」，『東京大学日本史学研究室紀要』第 23 号，2019，第 29 頁。
③ 〔日〕神戸航介、杉田建斗：「〈諸道勘文 神鏡〉第一卷の紹介と基礎的考察」，『東京大学日本史学研究室紀要』第 23 号，2019，第 29 頁。

在支持按照中国王权象征物框架来认知神镜的博士中，他们对于具体比照哪些王权符号又各有主张。纪传博士大江以言、藤原弘道和明经博士清原广澄主张依据黄帝的玺和禹铸九鼎的知识。阴阳头兼权阴阳博士秦政国稍有不同，他主张依据西域和晋的国库所藏金属器在火灾中飞去的知识以及《天地瑞祥志》中的阴阳五行知识，推断神镜被烧毁是凶兆，但他的最终结论是反对改铸。阴阳博士贺茂光荣则主张把神镜比照璿玑玉衡（又名璇玑玉衡）和浑天仪等天文仪器，理由是璿玑玉衡和浑天仪都是中国古代朝廷观测天象的仪器，而内侍所镜是太阳的形象，双方大致相同。"神镜者日像也，推其大概，略可相准欤？"① 他说的比较模糊，可能是认为内侍所镜与璿玑玉衡一样都与天体有关。海善澄则注意到日本的神镜在连续性方面与以上中国宝器不同，认为不应该把神镜比作玺鼎，理由是无论是禹的九鼎、刘邦夺天下的三尺剑还是秦始皇制作的传国玺、"照华之玉"，都随着王权的衰亡而不再受重视，甚至失传，是"无定主"的。他指出如果一定要找出可以与内侍所镜做比照的物品的话，应该是"太祖庙像"，因为"神镜即为图造天照日神之象也"②，天照大神当然是天皇的祖先。阴阳博士惟宗文高、安倍吉平引用了南朝萧吉编写的《金海》中黄帝梦见西王母授予"符"的知识和"黄帝出兵刃付王者"的记载，似乎在暗示内侍所镜相当于黄帝的"符"，但把该镜比拟为日本宫中宜阳殿的灵剑，进而又将灵剑比拟为《河图》中黄帝的兵刃，他们采用的是一种相当曲折而费解的比照方式。之所以把神镜与黄帝的符联系起来，可能是因为它们都由天上的女神（西王母和天照大神）所授予，而接受者又都是人间最早的统治者。

以下考察不主张依据中国王权象征物框架的意见。三个明法博士——令宗允亮、美麻部直本、令宗允正并没有以中国王权象征物为依据，也没有依据中国典籍，而是较多引用记载八咫镜、内侍所镜和天照大神神话的日本典籍，以及关于盗窃佛、菩萨图像行为的法律条文。看来明法道知识群体的基本态度是在日本本土神话和法律知识的框架内形成意见。公卿对于中国王权象征物文化的态度比博士群体更加消极。藤原实资、时光、俊贤、行成、有国等人都认为不应当依据中国的玺鼎等典故来比照神镜。其

---

① 〔日〕神户航介、杉田建斗：「〈諸道勘文　神鏡〉第一卷の紹介と基礎的考察」，『東京大学日本史学研究室紀要』第 23 号，2019，第 27 頁。
② 〔日〕神户航介、杉田建斗：「〈諸道勘文　神鏡〉第一卷の紹介と基礎的考察」，『東京大学日本史学研究室紀要』第 23 号，2019，第 23 頁。

中藤原有国的意见比较典型,他从政治角度即王朝的延续性分析了神镜与秦始皇传国玺的不同,秦王朝二世而亡,皇权断绝,而日本天皇朝廷却从建立之日一直延续到当前,因此他认为秦的传国玺不能与日本神镜相比:

> 秦始皇以蓝田玉刻造玉玺。汉代相传永以为宝者。始皇者庄襄王之子也,二世而亡天下,玉玺又为贼夺失,秦祚永绝。奉于神镜者铸造之处也。自天赍下之者,神也。神代以来传至当今,曾无遗失,累代之天日嗣也。昔唐帝曰:日本天子以日为兄以月为姊,故称天,最可尊贵。以此知之,非可以秦皇所造之玺相比此神镜也。①

藤原有国实际上把神圣物品的连续性置换为政权的连续性,字里行间散发着对日本政治体制长期延续的优越感。关于如何对待已损毁的内侍所镜,别的公卿都提到要举行祈祷请示神意,只有他没有要求祈祷,而是要"弥致如在之礼"("弥"为更加之义),即按照原样供奉现有的神镜残片,好像从来没有受到任何损害一样。在各种意见组成的观念光谱上,藤原有国的意见可以说是尊皇意识与日本本位主义最明显、程度最深的一个。

由于博士和公卿都把内侍所镜视为神代铸造的神物,这就意味着众臣普遍把内侍所镜与原来的八咫镜等量齐观。如大江以言、藤原弘道认为:"今此神镜乃天照大神闭磐户之时,诸神会商,于天安河铸作,累圣相承,奉安内侍所。"他们完全不提崇神后铸的故事,直接把内侍所镜完全等同于八咫镜。所以,把内侍所镜视为另一个八咫镜,或者八咫镜的复制品,以至于讲三种神器时不区分八咫镜与内侍所镜——这种认知最晚是在平安时代中期逐渐形成和普及开来的。

四 1005年火灾之后一条天皇的神镜观

1005年火灾后不久,一条天皇于十二月派遣钦差前往伊势进行祈祷,报告神镜受损的情况。按照伊势神宫御使的惯例,天皇命大内记宣义(指菅原宣义)撰写了一份告文,在神宫祈祷时诵读,向神报告祈祷的事由。

---

① 〔日〕神戸航介、杉田建斗:「〈諸道勘文　神鏡〉第一巻の紹介と基礎の考察」,『東京大学日本史学研究室紀要』第23号,2019,第32頁。

同时，一条天皇还特地亲自写了一份告文，称为"宸笔告文"。大内记告文和宸笔告文的内容基本相同，只是语言表述略有差异，其中体现的以下观念倾向值得注意。

（1）明确认为神镜是按照天照的形象铸造的。"此神镜据传说是模仿大神形象，故特别精诚祈祷"（宸笔告文），"因按照皇大神形象铸造，故在宫中供奉，无比虔诚"①（大内记告文）。内侍所镜究其本源是天皇即位仪式上献上的镜，没有明确证据证明是按照天照大神的形象铸造的。但自斋部广成提出内侍所镜是在八咫镜移出皇宫之后作为弥补而另行铸造的说法之后，朝廷越来越把内侍所镜与八咫镜混同起来，先是认为两者性质相同，到宽弘火灾时，多位博士认为内侍所镜的起源在于神代的神灵铸造神镜。而一条天皇进一步宣称内侍所镜的形状就是天照大神的形象。按照记纪记载，只有八咫镜当初是在天岩户事件中按照女神的形象铸造的，这就意味着，日本朝廷彻底认为两面镜子的形状和性质、意义完全相同。

（2）认为神镜是天皇政权的守护者，如宸笔告文中说"神镜原为万代之守护，此番其体已不全""往昔大神自天降之时，即护佑天皇，其心甚明"。② 这可以说是对内侍所镜功能的认知。日本朝廷的神镜守护观不同于中国古代对王权象征物的看法。对于玺、鼎，中国基本视之为象征王权的符号，并不强调其有守护王权的功用；而日本则非常强调这一点。因此内侍所镜烧损，形状不完整，就被朝廷理解为有可能失去天照大神的保佑。一条天皇由此进行了一番反省，思考造成这个局面的原因到底在于世运"浇薄"还是由于"身咎"（君主自身的过错）。

（3）以天皇名义献给伊势神宫的两份告文与后世《神皇正统记》等阐述神镜的文本相比，没有使用"鉴照""照临"等词，没有突出镜的映照显现功能与君主明道的资质、卓越的认知能力，只是强调镜作为天照的化身与守护性，镜的守护性来自天照对于天皇制政权的守护，其依据在于记纪的天孙降临神话，而《神皇正统记》中主张的镜象征智仁勇等帝德的说法来自儒学，因此上述两份告文中的内侍所镜观念主要是基于记纪中天皇和神器的神话，反映了日本本土的神话政治。

---

① 〔日〕神戸航介、杉田建斗：「〈諸道勘文　神鏡〉第一卷の紹介と基礎的考察」，『東京大学日本史学研究室紀要』第 23 号，2019，第 30 頁。

② 〔日〕神戸航介、杉田建斗：「〈諸道勘文　神鏡〉第一卷の紹介と基礎的考察」，『東京大学日本史学研究室紀要』第 23 号，2019，第 30 頁。

五 1040年（长久元年）内侍所镜烧损事件

1040年九月九日夜间，皇宫内发生火灾，关于这次火灾的同时期记录只有藤原资房的日记《春记》。藤原资房（1007～1057）是藤原实资的孙子，长期担任春宫权大夫，因此他的日记被称为《春记》。不过火灾发生时他的官职是藏人头。由于当时后朱雀天皇命令藤原资房在废墟中寻找温明殿的宝物，以及其他善后事务，《春记》中对镜烧损记载得非常详细。其他史料还有后来中原师元的勘文中抄录出来的外记日记。本文主要依据这两份资料来考察这一次内侍所镜罹火事件。

首先是镜的受损情况。这一次内侍所镜被烧毁且断为几个碎片。《春记》九月八日条写道："经过搜寻，仅挖到镜（烧余残骸有五六寸左右），又找到一块（二三寸左右）据传闻镜烧损已经看不出镜形。后来陆续寻二三寸残骸，以及几粒像金属颗粒一样的东西。"[①] 这些陆续发现的残片不一定都是内侍所镜的，因为该镜在上一次火灾中就烧得只剩下几寸了。而这一次损毁情况更加严重，基本上很难再称其为镜了。尽管如此，有了宽弘三年决定不能改铸的先例，这一次没有人提出要改铸的议题。藤原资房对于处理神镜善后的心境与天皇的心境明显不同。藤原资房奉命去搜寻神镜，他对这个工作很不满意，表面看来是此前没有藏人头负责搜寻神镜的先例，实际上他害怕接触神镜，这是由于当时流行人必须与神物保持距离、不能看到或者接触神物的观念。他在九月二十八日的《春记》中写道："办此差事时，必然接近神镜御体。凡夫之身，岂敢接近神灵？胆颤心寒，如履剑戟。然君命难违，又将如何？望神灵鉴照愚心，幸垂冥助。努力、努力，可畏、可畏。"[②] 凡人不可以接近神灵，但是君命不可违，所以藤原资房只能一边老老实实地奉命处理内侍所镜的各种事务，一边心里祈求神的冥助，同时也在日记里偷偷发着牢骚，比如，认为自己得到这份勉为其难的工作是由于"世运全尽",[③] 其心情可谓

---

① 〔日〕增補史料大成刊行会編『增補史料大成』第7卷『春記』，京都：臨川書店，1975，第182～183頁。
② 〔日〕增補史料大成刊行会編『增補史料大成』第7卷『春記』，京都：臨川書店，1975，第202頁。
③ 〔日〕增補史料大成刊行会編『增補史料大成』第7卷『春記』，京都：臨川書店，1975，第202頁。

五味杂陈，非常复杂。

藤原资房对内侍所镜烧毁一事的情绪基调是很灰暗、很低落的，而以天皇为首的整个朝廷的心态更加复杂，忧惧肯定是有的，这不仅由于内侍所镜烧毁本身，还有由此引发的一系列后续麻烦，比如，原本九月十一日应该举行的例币仪式以及大祓仪式都因为触秽而被迫延期："主上叹息不止……然此乃世运使然，更无计可施。烧亡亦有先例。上上下下谁人不愁闷？是政治不正之故也。"① 朝廷意识到烧毁事件反映了朝政不够清明，但不是一味忧虑哀叹或者自我批判，天皇以及右大臣等最高统治群体抓住一切机会竭力证明"世运犹在"，即天皇政治依然安好。藤原资房找到一些神镜残片后，向天皇奏报此事，天皇回答就是："神体略有存留，尚有希望。以此可知世运犹在。"② 尽管神镜已经被损坏为残片，惨不忍睹，但是天皇（也包括右大臣藤原实资等）依然勉强解释为有碎片就意味着"世运"或者"王法"依然存在，依然竭力寻找朝廷安稳、体制牢固的证据。其手法之一是对历史进行重新解释。比如，把 1005 年火灾后神镜发光的意外事件，与此前已存在的"内侍所御神乐"联系在一起。内侍所神乐是天皇命人在内侍所向供奉的天照大神表演神乐，这与神镜发光本来没有直接联系。《御堂关白记》《小右记》《权记》都没有提到宽弘火灾后一条天皇下令举行内侍所神乐。其他史料记载显示这个仪式的出现其实早于 1005 年，如《小记目录》③ 的长保五年（1003）四月二十六日条有"内侍所有御神乐事（依天皇旧愿也）"。④ 最早提出 1005 年神镜烧毁善后过程中举行过内侍所神乐、讲述这个"事实"的人，根据《春记》的记载，应该就是经历了火灾的后朱雀天皇本人。1040 年九月十四日条中，后朱雀天皇派人向内藏寮传旨，内容如下：

> 神镜之事，愁闷不休，不知如何应对。是朕不肖之咎也。据说一条院之时，有火灾。当时有名为"进内侍"者于内侍所当值，暗中让

---

① 〔日〕増補史料大成刊行会編『増補史料大成』第 7 卷『春記』，京都：臨川書店，1975，第 184 頁。
② 〔日〕増補史料大成刊行会編『増補史料大成』第 7 卷『春記』，京都：臨川書店，1975，第 183 頁。
③ 平安中期 1033 年以后给《小右记》编写的目录，目的是方便查找，具有较高的史料价值。
④ 〔日〕斎木涼子：「内侍所神鏡をめぐる儀礼——十一世紀における神聖化」，『洛北史学』第 19 号，2017，第 28~29 頁。

宿值的卫士为神献演御神乐，又让女官舞蹈，持续终日。翌日天明，移神镜入（新的唐柜）时，神光照耀。此乃神验犹在也。……今日之事，甚于往昔，试奉献神乐如何。又欲另遣钦使赴伊势奉告。①

后来九月二十八日举行神乐当天，后朱雀天皇又派藤原资房向内侍所女官们再次讲述了宽弘年间举行神乐和神镜突然发光的"先例"。两次讲述的内侍所神乐虽然细节稍有出入，但共同点在于，天皇和藤原资房都强调因为举行了神乐，所以才出现烧损的神镜发出光芒的事情。天皇把神镜发光视为举行神乐的结果，意思是举行神乐抚慰了天照大神的心情，女神依然发挥神力保佑天皇和朝廷，这就是"神验犹存"。实际上，从《御堂关白记》等史料来看，只有神镜发光的记载，没有举行内侍所神乐的记载。是经历火灾的后朱雀天皇本人希望证明他以及整个政权依然受到天照大神的保护，因而对于历史进行了重新解释，形成了新的历史叙事。从古往今来的政治史来看，作为最高统治者一般不可能主动承认自己的统治已经衰败、无可挽回，如果原来镇护政治的神器遭遇不测，也尽一切努力向着有利于王权的方向来解读神圣物品遇到的危机局面。

结　语

内侍所镜三次经历火灾，朝廷在应对过程中，各种想法、主张交错，笔者认为以下几个思想因素对于内侍所镜的处理非常重要。

（1）以天皇为首的最高决策层尽力维持天皇制的政治心理，如坚持把神镜残片存留与突然发光解释为"神验犹存"、皇统不坠的征兆。1040年火灾后，尽管藤原资房在日记中充满悲观情绪，感觉社会整体局面不妙（"世运全尽"），但毕竟是个人私密看法，不敢公然表现出来，对烧毁事件走向起到决定作用的还是最高层维护天皇政治的意识和措施。

（2）改铸问题的主要影响因素是依据神物与人力的二元对立观念，这反映了日本神与人的区分意识比中国要严格，而且，神/人区隔与对立的模式背后是把日本与中国区隔和对立的民族主义性质的思维模式。日本古代

---

① 〔日〕增补史料大成刊行会编『増補史料大成』第 7 卷『春記』，京都：临川书店，1975，第 188 页。

朝廷有意强调自己的神器有着神圣起源和连续性，与中国人为制造又随着改朝换代而命运多舛的玺、鼎等王权象征物不同。诸博士和贵族虽然掌握了大量的中国王权象征物知识，但最终没有据此来处理改铸问题，具有民族主义性质的神话意识占了上风。

（3）朝廷把神镜（内侍所镜与八咫镜）视为天皇制的象征和守护，具有浓厚的政治意义，但没有赋予其明显的道德或哲学意义，依然在天皇制政治神话框架内理解神镜，没有依据儒学、道教思想资源。实际上，后来的史料显示，对于神镜的真正儒学化、道教化理解是于平安时代末期开始出现的。笔者今后将撰文对这个问题进行探讨。

Study on the Intellectual History of Fire Incidents Relate to the Mirror in the Naishi-dokoro during Heian Period

Abstract: The divine mirror, deified in the Naishi-dokoro, was damaged to varying degrees in three fire incidents during Heian Period. This study investigates the extent of damages of the mirror in the Naishi-dokoro and corresponding attitudes from imperial court, considering these suggest the divine mirror view of the ancient court in the following three aspects. The highest decision-making layer, headed by the emperor, endeavored to maintain the Tennoism, which determined coping approaches to fire incidents. the dominance hierarchy emphasized the divine origin and continuity of Japanese artifacts, consciously distinguishing them from imperial symbols that were artificially produced in ancient China, such as Royal Seal and Tripod. The mode of separating and opposing deity and man reflects a nationalistic mindset of separating and opposing Japan and China. During most of the Heian period, no obvious moral or philosophical significance about the secred mirror was endowed by the dominance hierarchy. It was recognized within the framework of the Tennoism mythology.

Keywords: Mirror in the Naishi-dokoro; the Divine Mirror; Fire Incidents; Tennoism; Heian Period

贵族·私学·贡举[*]
——以菅原氏为核心的日本"科举学"一瞥

梁 青[**]

【摘 要】 日本"科举学"作为探究古代日本学术思想的新视角,借助这一范畴,可以搜集到以菅原氏一族为核心的历史遗存。正是通过推行模仿中国典籍制度的"贡举制度",平安时代的菅原氏家族成为"文章博士"的三代世袭者,成为"菅家廊下"的贡举群体人才的培育者,成为中国式的贡举制度与日本式的世袭体制的有力支撑者。来自中国的贡举制度在古代日本发挥出重要作用,也为东亚文化交流互鉴、凝聚文化共识提供借鉴与参考。

【关键词】 菅原氏 贡举制度 科举学

引 言

迄今为止,围绕古代日本思想学问的研究,不管是日本学术界还是中国学术界,或是侧重于中国典籍制度在日本的传承,或是关注中国文化在日本的渗透与传播,或是倾向于唐、宋、明与日本或者整个东亚的文化往来。但是,这样的研究也构筑起关注制度受容而忽略教化实效、关注贵族主体而忽略私学功效、关注日本化内涵而忽略了实证应用的一系列问题。历史上,在经历了史称大化改新(645)的改革之后,日本效法中国唐朝的政治经济制度,废除部民制,实行班田收授,改革租税制,试图建立以天皇为中心的中央集权制国家。在这样的社会形势下,兴办学校、培养官吏

---

[*] 本文为中央高校基本科研业务费专项资金项目(项目编号 2072021030)的阶段性成果。
[**] 梁青:厦门大学外文学院副教授,硕士生导师,主要研究方向为中日比较文学。

就成为政府的当务之急、时代之需。在这样的急需之下，日本事实上接受了来自中国的"贡举"制度，将之落实到了大学寮的官学体制、私学教育之中，并实施了以贵族子弟为对象、以人才招募为目标的科举考试[1]。

围绕平安时代的儒学与私学的研究，日本出现了久木幸男《大学寮与古代儒教：日本古代教育史研究》（SAIMARU 出版会，1968）、桃裕行《上代学制研究》（吉川弘文馆，1983）、山中裕·铃木一雄编《平安贵族的环境：平安时代的文学与生活》（至文堂，1991）等一系列研究著作。这一批研究大多偏重于政治制度的研究，但是不曾深入探究世家私学与科举制度之间的关系。不过，以中国学者王方撰写的《日本平安时代大江氏家族的贡举参与探究》（《日本问题研究》第 1 期，2020）一文为例证，该论文以大江氏家族的贡举参与为研究对象，探讨了"贡举制度"无法根植于日本社会的根源问题。但是，这一研究也间接论证了日本"实施"过科举考试的问题。基于此，本文以平安时代的世家大族——菅原氏为考察对象，通过考察文章博士的缘起、作为私学支撑的"菅家廊下"、贡举考试构筑起的贵族社会，以期一窥平安时代科举考试在日本，或者说古代日本科举学的内涵与价值[2]。

一　日本古代的贡举制

承前所述，自大化改新之后，日本效仿中国颁布了《大宝律令》（701）《养老律令》（718）等一系列法典，效仿唐朝科举制度设立了贡举制度，以

---

[1] "东亚科举文化圈"这一概念最早出现在刘海峰《科举考试的教育视角》（湖北教育出版社，1996，第 115 页），可参考刘海峰《东亚科举文化圈的形成与演变》，《厦门大学学报》（哲学社会科学版）2016 年第 4 期（文中未提及"东亚科举文化圈"这一概念）。

[2] "科举学"这一范畴，正如刘海峰在《"科举学"——21 世纪的显学》[《厦门大学学报》（哲学社会科学版）1998 年第 4 期]一文中所指出的，作为 21 世纪的显学将会备受关注。这一范畴牵涉两大问题，一个是日本是否施行过科举，这一点可以参考台湾学者高明士、大陆学者吴光辉的研究，不管是律令制度的文献史料，还是平安时代《本朝文粹》，或者是江户时代《对策则》所代表的"日本式科举"，皆可以构成实证。另一个是如何把握"科举学"，这一点可参考刘海峰的论著《科举学导论》（华中师范大学出版社，2005），更是提到了科举制在整个东亚的传播，本文提出"日本科举学"即是基于这一前期研究而提出来的。换言之，日本存在着实行过科举的事实，如今需要我们站在"学"，尤其是跨学科的立场来重新把握，即是本论文提出的一点浅见。围绕这样的问题，可参考刘海峰《科举学导论》，华中师范大学出版社，2005；吴光辉《文化与形象——日本学研究前沿》，厦门大学出版社，2019。

选拔人才、提拔官员，实施了以仿效唐代官学，尤其是以太学为蓝本的开科取士制度。这一点事实上也得到了日本学者的佐证。依照桃裕行的研究，古代日本采取了由大学寮实施贵族子弟教育、式部省主持贡举考试、中第之后授予官职的系列措施①。

日本的贡举制度究竟如何？其一，依照大学寮规定，"凡大学生，取五位以上子孙及东西史部子为之。若八位以上子，情愿者听。国学者，取郡司子弟为之。并取年十三以上，十六以下，聪伶者为之。"（《令义解》第三·学令②）几乎完全是召集中央贵族、地方豪族的子弟入学。其二，入学大学寮的贵族子弟经由推荐，可以参加国家的任官考试。自地方举荐到中央应试的考生称"贡人"，自大学推荐的考生称"举人"③，因此，这一类的国家任官考试被称作"贡举"④；贡举考试由式部省主持，考试科目包括秀才、明经、进士、明法、医、针六科；选拔的原则是"凡秀才取博学高才者，明经取学通二经以上者，进士取明娴时务，并读《文选》《尔雅》者，明法取通达律令者。皆须方正清循，名行相副"（《令义解》第四·选叙令⑤）。其三，就中第之后授予的官阶来看，日本明经、进士、明法等科目较之唐制为高，秀才科则与之相同⑥。由此可见，日本的贡举制度的基本原则、实施程序与唐朝大致相同，但是在考试者、考试内容和及第授阶上则出现了一点变化⑦。

这样的"贡举制度"是否得到落实？乃是确定"日本科举学"的关键之所在。依照历史记载，神龟五年（728）七月，大学寮设文章博士一人、

---

① 〔日〕桃裕行：「第一章 大学寮の草創と近江奈良時代に於けるその隆替」，『上代学制の研究』，東京：吉川弘文館，1983，第10、18、19頁。
② 〔日〕経済雑誌社編『国史大系第12巻 令義解 類聚三代格 類聚符宣抄 続左丞抄』，東京：経済雑誌社，1897~1901，第119頁。
③ 《令义解》（卷六·职员令）："贡者，依令，诸国贡人。举者，若别敕令举，及大学送官者为举人。"〔日〕黒板勝美編『新訂増補国史大系23 令義解』，東京：吉川弘文館，1966，第156頁。
④ 学者李卓指出，这一条模仿《唐律疏议》卷九"职制"中"贡举非其人"条："依令，诸州岁别贡人。若别敕令举及国子诸馆年常送省者，为举人。皆取方正清循，名行相副。"参阅李卓《日本古代贡举的贵族化》，《史学集刊》2019年第5期。
⑤ 〔日〕経済雑誌社編『国史大系第12巻 令義解 類聚三代格 類聚符宣抄 続左丞抄』，東京：経済雑誌社，1897~1901，第133~134頁。
⑥ 高明士：《日本古代学制与唐制的比较研究》，学海出版社，1977，第287页。
⑦ 吴光辉：《日本科举制的兴亡》，《厦门大学学报》（哲学社会科学版）2003年第5期。

文章生二十人、明法生十人，并在各学科设置得业生，创立文章科（纪传道）①。文章科是研究与教授文学、史学的学科。承和元年（834），日本进行学制改革，文章科一跃成为最热门的学科。文章科最初只设置了《文选》《尔雅》等文学相关课程，到了天平七年（735）吉备真备自唐朝回国之后，加入了《史记》《汉书》《后汉书》三部史学类教科书。大学寮的学科从贞观期（859~877）开始被称为"道"，"纪传道（文章道）"这一学科名称也于这一时期正式得以确立，与明经、进士、明法合称为大学寮"四道"。

"贡举制度"是否发挥出了真正的作用？不言而喻，这一制度的目的在于取士，取士的目的在于治国。历史上，为了进一步拓宽人才选拔的途径，式部省一方面开始模仿唐制举办文章生选拔考试，即"文章生试（省试）"。弘仁十一年（820）十一月十五日太政官符："今须文章生者，取良家子弟，寮试诗或赋补之。"（《日本逸史》卷三十五②）中国学者李宇玲根据南渊弘贞（776~833）创作于796年的试帖诗，推断出文章生试在8世纪末期开始模仿唐朝进士科考试以诗赋取士③。另一方面，大学寮也举行最高级别的课程考试——文章得业生考试，亦称"秀才试、方略试"，由此来破格提拔人才。《考课令》规定："凡秀才试方略策二条，文理俱高者为上上。"（《令义解》卷四）④ 这一考试大多就政事、经义问题进行提问，应试者撰写对策文来回答考官提出的问题。对策文以骈文为载体，以四六隔句对为主，注重辞藻、对仗，征引中国经史典故，不仅反映了儒家的思想和观念在日本的传播⑤，也展现了日本积极模仿唐朝制度，进而按照自身需要招募人才的思想。

---

① 《类聚三代格》（卷四·加减诸司官员并废置事）："大学寮 律博士二人、直讲三人、文章博士一人，生二十人。"〔日〕経済雑誌社編『国史大系第12巻 令義解 類聚三代格 類聚符宣抄 続左丞抄』，東京：経済雑誌社，1897~1901，第507頁。

② 〔日〕経済雑誌社編『国史大系第6巻 日本逸史 扶桑略記』，東京：経済雑誌社，1897~1901，第391頁。不过，迄今为止未见任何文章生试赋的记录。

③ 李宇玲：《唐代科举诗与平安朝文学》，《日语教育与日本学》第三辑，2013，第109页。唐代进士科以诗赋取士时断时续，直到天宝年间（742~756）才固定下来。徐松《登科记考》（卷二）："按杂文两首，谓箴、铭、论、表之类，开元间始以赋居。其一，或以诗居其一，亦有全用诗赋者，非定制也。杂文之专用诗赋，当在天宝之季。"

④ 〔日〕経済雑誌社編『国史大系第6巻 日本逸史 扶桑略記』，東京：経済雑誌社，1897~1901，第155頁。

⑤ 孙士超：《唐代试策文化东渐与日本古代对策文研究》，中国社会科学出版社，2018，第177页。

二 "文章博士"的世袭

就在这样的背景下,一个著名的科第世家——菅原氏家族得以登上历史舞台。依照《续日本纪》(卷三十七)的记载,菅原氏的元祖——野见宿祢因提议在陵墓中使用土制的人马(埴轮)来代替活人殉葬,被垂仁天皇赐姓为土师。而后土师氏世代负责墓葬事宜,定居在大和国伏见菅原邑。天应元年(781),土师宿祢古人(野见宿祢的第十四世孙,生卒不详)提出将姓氏改为菅原。延历九年(790),桓武天皇赐姓朝臣。古人之子菅原清公始登科第,自此科名绵延十二世,共培育十八位文章博士。正如日本学者所评价的,菅原氏家族以"读书—文章生及第—对策及第—文章博士"的起家模式逐渐发展成为平安时代"专攻儒学的家族中最顶尖的门阀"①。接下来以菅原清公(770~842)、菅原是善(812~880)、菅原道真(845~903)三代"文章博士"为例,以阐明古代日本科举学的存在样态与时代传承。

首先,"贡举制度"的制度本身,乃是朝廷选拔人才的关键,成为了菅原家族持续地跻身仕途、位列中枢的制度保障。菅原清公是从五位下、远江介菅原古人(土师宿祢古人)之子,自幼熏炙于父辈,潜心学习汉文。延历八年(789),菅原清公由文章生试(省试)及第。《续日本后纪》(卷十二)承和九年十月十七日条记载菅原清公"弱冠(即延历八年)奉试,补文章生。"② 延历十七年(798),清公顺利通过秀才试,成为文章得业生③。此后,历任文章博士、式部大辅、弹正大弼、左京大夫,官至从三位。菅原清公之子"菅原是善,幼传父祖业。弘仁末,侍殿上,时年十一。承和初,补文章得业生,叙从六位下。六年,对策,判置中上等,进三阶。"(《扶桑略记》)④ 是善在承和二年(835)成为文章得业生,承和六年(839)对策及第。贞观十四年

---

① 〔日〕植田成纪:「菅原道真の家門意識とその詩の諷喻詩」,『二松』第 11 集,1997,第 287 頁。
② 〔日〕経済雑誌社編『六国史:国史大系 日本後記・続日本後記・日本文徳天皇実録 再版』,東京:経済雑誌社,1917~1918,第 368 頁。
③ 《续日本后纪》(卷十二):"学业优长,举秀才。十七年对策登科。"〔日〕経済雑誌社編『六国史:国史大系 日本後記・続日本後記・日本文徳天皇実録 再版』,東京:経済雑誌社,1917~1918,第 368 頁。
④ 〔日〕経済雑誌社編『国史大系第 6 巻 日本逸史 扶桑略記』,東京:経済雑誌社,1897~1901,第 606 頁。

(872）拜参议，元庆三年（879）叙从三位。贞观四年（863）春，是善之子、年仅18岁的道真成为文章生，又于贞观九年（867）正月七日成为文章得业生，同年二月二十九日授正六位，任玄藩助，贞观十二年（870）二月二十三日对策及第。历任文章博士、少内记、藏人头等。

其次，贡举制度的内容，即以儒学文化为核心，成为菅原家族持续地获得重视与关注的学问保障。历史上，菅原氏三代皆出任"文章博士"这一儒职，以学问为家职侍奉朝廷。菅原清公出任大学头兼文章博士。大学寮由事务官六名、教官九名、学生430人构成。大学头是事务官的最高职位，负责掌管学生考试与释奠，定员一名，位阶从五位上。"文章博士"则是纪传道的教官，位阶从五位下。秀才、进士科的考试要求学生能够用华丽的辞章撰写方略策、时务策等。为此，大学寮纪传道设置了专门的教职"文章博士（唐名翰林学士）"来给学生讲授《史记》《汉书》《后汉书》《文选》等系列课程，培养精通汉诗文创作的宫廷诗人。不仅如此，"文章博士"的工作还包括陪侍天皇和摄关家读书论学、在宴席上挑选诗题、替权门代写文章等。步入嵯峨朝之后，"文章博士"的官阶一跃升至三位，成为大学寮学官中官阶最高的博士。时任文章博士的就是菅原清公。承和十二年（845），34岁的菅原是善继承清公衣钵，出任文章博士，一直到56岁。元庆元年（877），菅原道真秉承家风，33岁任文章博士。菅原道真曾撰诗："文章暗被家风诱，吏部偷因祖业存。"［《菅家文草》82·讲书之后戏寄诸进士（自注云：文章博士非材不居。吏部侍郎[①]又能惟任。自余祖父降及余身。三代相承，两官无失。故有谢词。）］由此可见，菅原道真将"文章博士"这一职位视为世袭事业，继承该职乃是自身不可推卸的责任。

再次，贡举考试注重诗文的传统，不仅影响到古代日本，且传承到了当下，成为中国文化在日本的一大符号。菅原氏不仅参与了大量官修史书、敕撰文集的整理汇编，还对个人文集、家集进行了编撰，彰显了家族的文业功德。菅原清公曾任文德、清和两代天皇的侍读，并大量参与诏书的起草工作。[②] 菅原清公编撰《令义解》《凌云集》《文华秀丽集》，并撰有《菅家集》，今已佚，只剩下被收录在敕撰集中的十几首汉诗。菅原是善编撰

[①] 吏部侍郎即式部大辅，式部省次官，正五位下，一般由担任过天皇侍读的儒学者出任。
[②] 《续日本后纪》（卷十二）："延历三年，诏令陪东宫。（中略）兼文章博士，侍读文选，兼参集撰事。"〔日〕経済雑誌社編『六国史：国史大系 日本後記·続日本後記·日本文徳天皇実録 再版』，東京：経済雑誌社，1917～1918，第368頁。

《贞观格式》《文德实录》《东宫切韵》《银榜翰律》《集韵律诗》《会分类集》等书,并撰有《菅相公集》。菅原道真被尊为"文道之大祖、风月之本主"(《本朝文粹》卷十三·大江匡衡·北野天神供御币并种种物文[①]),编修《类聚国史》,参与编撰《日本三代实录》,著有《菅家文草》《菅家后集》。昌泰三年(900),菅原道真向醍醐天皇献家集,家集共计二十八卷,包括祖父清公的《菅家集》六卷、父亲是善的《菅相公集》十卷以及道真的《菅家文草》十二卷。对此,醍醐天皇作诗称赞:"门风自古是儒林,今日文华皆尽金。唯咏一联知气味,况连三代饱清吟。"(《见右丞相献家集》[②])

最后,贡举制度的结果,即获取官职,成就了菅原家族在古代日本政治、外交领域的突出贡献。延历二十三年(804),菅原清公作为遣唐使判官与空海、最澄一同入唐,"至唐,与大使俱见德宗"[③]。延历二十四年(805)回国后,清公大力推行唐风文化。弘仁九年(818),嵯峨天皇诏令:"天下仪式,男女衣服,皆依唐制。五位以上位记,改从汉样。诸宫殿院堂门阁,皆著新额。"[④] 这正是菅原清公向天皇请奏的结果,可以说清公在推动唐风化的过程中发挥了重要的作用。菅原道真于仁和二年至宽平二年(886~890)出任讚岐守,在任期间巡视所管州县,督促耕作,政绩卓著。宇多天皇亲政时期,为了压制藤原氏的专权,重用菅原道真,组成了以自己为中心的近臣集团。醍醐天皇登基后,菅原道真任右大臣,成为吉备真备(693~775)以来日本历史上第二位文人出身的从二品高官。宽平六年(894),菅原道真被任命为遣唐使(未能成行)。对此,菅原道真以唐朝日益衰落、政府负担沉重、渡海艰险等为由,提出停派遣唐使的建议。至此,长达两百多年的遣唐使被废止,日本在吸收、消化唐文化的基础上开创了独特的"国风文化"。

如果说日本古代存在着"科举学"的话,那么这样的"日本科举学"

---

① 〔日〕国史大系編修会編『新訂增補国史大系第29巻下 本朝文粹·本朝続文粹』,東京:吉川弘文館,1965,第314頁。
② 〔日〕川口久雄:『日本古典文学大系72 菅家文草·菅家後集』,東京:岩波書店,1966,第471頁。
③ 〔日〕経済雑誌社編『六国史:国史大系 日本後記·続日本後記·日本文德天皇実録 再版』,東京:経済雑誌社,1917~1918,第368頁。
④ 〔日〕経済雑誌社編『六国史:国史大系 日本後記·続日本後記·日本文德天皇実録 再版』,東京:経済雑誌社,1917~1918,第368頁。

就落实到了菅原清公、是善、道真三代"文章博士"持续努力的过程之中。正是通过这样的贡举制度,菅原(土师)氏一族由从事墓葬的家族成为显赫一时的文学世家,尤其是"文章博士"一职得以承传下来,可谓左右了菅原氏家族的兴衰。在此,贡举制度为这一家族的崛起与兴盛提供了重要契机,并成为保持与维护这一世袭门第的重要途径。

三 世家私学与菅家廊下

历史上的日本私学,事实上或许存在着超越官学的更具丰富性、更具创造力的深刻内涵。依照学者久木幸男的分类,古代日本私学包括:(1)以儒佛习合思想或非儒家思想为中心,以提高个人素养为目标的私学,如吉备真备的二教院;(2)主要以白丁(普通百姓)上层部为对象,进行初等教育的地方校;(3)以儒家思想为中心,由大学寮教官经营的面向贵族的私学,也是最具代表性的古代私学。[1] 在这一分类下,无论是内容还是对象,私学仿佛都超越了官学,最为关键的,就是以菅原氏一族为代表的"大学寮教官",兼顾了双重性的身份,亦具备了超越大学寮的藩篱、构筑起新的学问的可能性。在这一批私学之中,规模最大、持续时间最长的私塾,即菅原氏的"菅家廊下"。接下来本文以"菅家廊下"为例,试考察文章博士在私邸进行的科举人才培养。

菅原家坐落于东京(今京都左京)宣风坊(四条与五条之间),府邸西南有一个一丈四方的书斋(私塾)。道真于宽平五年(893)撰写的《书斋记》(《菅家文草》526)对其进行了如下描述:"东京宣风坊有一家。家之坤维有一廊。廊之南极有一局。局之开方,才一丈余,投步者进退傍行,容身者起居侧席。先是秀才进士,出自此局者,首尾略计近百人。故学者目此局为龙门。又号山阴亭,以在小山之西也。"[2]《北野天神御传》记载:"尝祖父门人,若其请益之处,曰菅家廊下。至大臣时,其名弥盛。"[3] "菅

---

[1] 〔日〕久木幸男:『大学寮と古代儒教:日本古代教育史研究』,東京:サイマル出版会,1968,第167、175頁。

[2] 〔日〕川口久雄:『日本古典文学大系72 菅家文草・菅家後集』,東京:岩波書店,1966,第535頁。

[3] 〔日〕川口久雄:『日本古典文学大系72 菅家文草・菅家後集』,東京:岩波書店,1966,第75頁。

家廊下"具体创设年代不明,始于菅原清公时期,菅原道真出任文章博士后更是鼎盛一时,英才迭出。该私塾直到1100年尚存于世,可知至少存续了三百多年时间。① 《本朝文粹》(卷九·菅原道真·八月十五日严关尚书授后汉书毕各咏诗得黄宪)记载,菅原是善"遂引诸生,校授艺阁('艺阁'即书库,是指菅原家的书斋)",出现了"人吐白凤者,通引籍以先来,世踏青云者,待撞钟竞至"② 的盛况。狭小的书斋无法容纳更多的学生,讲义只得改在"廊下"(日本寝殿造建筑的中门廊)举行,因此菅原家的私学又被称为"菅家廊下"。

"菅家廊下"是一个集藏书、教学与自习三种功能为一体的私塾,据说是古代日本藏书最为丰富的图书馆之一。菅原道真《书斋记》记载:"余为秀才之始,家君下教曰:'此局名处也。钻仰之间,为汝宿庐。'余即便移帘席以整之,运书籍以安之。"③ 菅原道真离开京城去讚岐任地方官时从家中带去了《史记》《汉书》《文选》《白氏文集》等大量书籍,却依然格外怀念家中的藏书,作诗吟道:"家书久绝吟诗咽。"(《菅家文草》192·早秋夜咏④)小小的书斋无法容纳如此丰富的藏书,学者大曽根章介推测这些图书被秘密地藏在菅原家的某个书库之中。⑤ 《菅家文草》(114·小廊新成聊以题壁⑥):"数步新廊壁也钉,青烟竹下白沙庭。北偏小户藏书阁,東向疏窗望月庭。"这首诗中也提到菅原家的"廊下"附近有一座"藏书阁",极可能是因为菅家廊下日益兴盛之故,藏书规模也在不断扩大,需要建造一条新廊连接书斋。⑦ 出生于"累叶刺史之家"的橘直干(生卒不详,天历期文章博士)苦于家中"素无一卷文书之蓄"(《本朝文

---

① 〔日〕山中裕、鈴木一雄編「平安時代の学制と教育」,『平安貴族の環境:平安時代の文学と生活』,東京:至文堂,1991,第216頁。
② 〔日〕国史大系編修会編『新訂増補国史大系第29卷下 本朝文粹·本朝続文粹』,東京:吉川弘文館,1965,第226頁。
③ 〔日〕川口久雄:『日本古典文学大系72 菅家文草·菅家後集』,東京:岩波書店,1966,第535頁。
④ 〔日〕川口久雄:『日本古典文学大系72 菅家文草·菅家後集』,東京:岩波書店,1966,第253頁。
⑤ 〔日〕大曽根章介:「『書斎記』雑考—菅原道真研究序説」,『王朝漢文学論攷』,東京:岩波書店,1994,第189頁。
⑥ 〔日〕川口久雄:『日本古典文学大系72 菅家文草·菅家後集』,東京:岩波書店,1966,第197頁。
⑦ 〔日〕桃裕行:『上代学制の研究』,東京:吉川弘文館,1983,第467頁。

粹》卷六·127·请被殊蒙天恩兼任民部大辅阙状①）。与之不同，以儒学起家的菅原家则是底蕴充盈、藏书丰富，从而为生徒提供了良好的学习环境。

正如学者久木幸男所指出的，"菅家廊下"这一私学机构的性质是："大学寮的预备学校、补习学校，有时也被视作大学寮的代用校，一言概之，具有大学寮补充教育机构的特点。"② 与大学寮的教官讲授、学生听讲的学习方式不同，菅家廊下的学生主要以自学为主。③《书斋记》描述门下生徒"有智者，见之卷以怀之。无智者，取之破以弃之"，自学的方法就是道真所说的"学问之道，抄出为宗。抄出之用，稿草为本"，也就是《文镜秘府论》（南卷）中的"凡作诗之人，皆自抄古今诗语精妙指出。名为随身卷子，以防苦思。作文兴若不来，即须看随身卷子以发兴也"。④ 为了继承父辈祖辈的"家业"，菅原道真就在书斋埋头苦读，甚至到了"朋交绝言笑，妻子废亲习"（《菅家文草》292·苦日长）的地步。贞观四年（862）四月，菅原道真即将参加文章生试（即省试），父亲是善在考前给道真出了模拟题。《菅家文草》自序："赋得赤虹篇一首七言十韵，自此以下十首，临应进士举，家君每日试之。虽有数十首，采其颇可观，留之。"对此，李宇玲指出平安朝初期省试诗深受唐初至开元年间的试帖诗影响，日本考题中的"赋得"二字也沿袭了唐例，是善为使道真顺利通过考试，特地搜罗了唐代曾出过的试题。⑤

与大学寮主张门第格调、极为封闭保守不同，菅家廊下除了本族子弟，还大量吸纳了外姓生徒。大部分是大学寮的学生，既有"少日偏孤冻且饥"（《菅家文草》135）的寒门士子，更有"此是功臣代代孙"（《菅家文草》136）的名门之后。⑥"菅家廊下"既然招募了这样一批学生，那么是否实现了科举中第、选拔人才的实效？对此，我们可以通过《书斋

---

① 〔日〕国史大系編修会編『新訂増補国史大系第29巻下 本朝文粋·本朝続文粋』，東京：吉川弘文館，1965，第125頁。
② 〔日〕久木幸男：『日本古代学校の研究』，東京：玉川大学出版部，1990，第271頁。
③ 〔日〕石川謙：『日本学校史の研究』，東京：小学館，1960，第80頁。
④ 遍照金刚撰、卢盛江校考《文镜秘府论汇校汇考》，中华书局，2006，第1331页。
⑤ 李宇玲：《平安朝文章生试与唐进士科考》，《日语学习与研究》2009年第2期。李宇玲：「道真と省試詩—古体詩への道のり—」，『古代宮廷文学論 中日文化交流史の視点から』，東京：勉誠出版，2011，第172~173頁。
⑥ 〔日〕川口久雄：『日本古典文学大系72 菅家文草·菅家後集』，東京：岩波書店，1966，第214頁。

记》一书的阐述来加以佐证。就在该书写成之际，出自该书斋的"进士秀才"（文章生、文章得业生）达到了百人之数，故而士人将"菅家廊下"比为"登龙门"。《北野天神御传》记载菅原家"门徒数百，充满朝野。其显明者，藤原道明、藤原扶干、橘澄清、藤原邦基，皆登纳言。橘公统、平笃行、藤原厚、衍博文，对策及科。其余不可遑载"①。元庆八年（884），菅家廊下就有十人进士及第。作为家主，菅原道真满怀喜悦地作诗《绝句十首贺诸进士及第》（《菅家文草》129~138②）向他们一一道贺③。菅原是善、菅原道真儒学造诣深厚、文学成就突出，既是大学寮教官，又是考试出题者④，故而"菅家廊下"也成为门下弟子被选拔、被录用的"终南捷径"。

结　语

再度审视这一时期日本的"贡举制度"，在此我们可以得到一点启示。第一，"贡举制度"在古代日本确实发挥出了推行教化的实效功能，这一点构筑起了日本"科举学"的历史实证与价值根干。不过，日本的"教化"与其说是社会性的、大众性的，不如说是家族式的、贵族化的。这样的"教化"事实上亦是通过以贵族为核心逐渐自中央向地方、自上层向下层而不断传习、演绎下去。第二，"贡举制度"在古代日本发挥出了人才培养的功能，这一点构筑起日本"科举学"的历史传承与文化遗迹。菅原氏家族通过设立菅家廊下，勉励本族子弟努力向学，积极进学于培养官人机构之大学寮。本族子弟不断奋进，通过科举考试，进出中央官界，从而扩张了家族势力，奠定本族世袭政权的基础。第三，"贡举制度"在古代日本确实发挥出一定的影响作用，甚至成为贵族子弟进入仕途的台阶，这一点构筑

---

① 〔日〕川口久雄：『日本古典文学大系 72 菅家文草·菅家後集』，東京：岩波書店，1966，第 75 頁。
② 〔日〕川口久雄：『日本古典文学大系 72 菅家文草·菅家後集』，東京：岩波書店，1966，第 211~215 頁。
③ 十人之中只有田弦（矢田部名实）、多信（多治敏范）、右生（藤原菅根）、橘木（橘公廉）可推知身份。参阅〔日〕後藤昭雄「紀長谷雄「延喜以後詩序」私注（一）」，『静岡大学教育学部研究報告』(25)，1975，第 5 頁。
④ 《本朝文粹》（卷七）："就中龙图授羲诗之题者，菅家先祖赠太政大臣。"〔日〕国史大系編修会編『新訂増補国史大系第 29 巻下 本朝文粋·本朝続文粋』，東京：吉川弘文館，1965，第 159 頁。

起日本"科举学"的核心内涵与时代效应。

正如本论文标题所示，可以说"贵族·私学·贡举"才真正地构成了日本"科举学"的"环"。在这一过程中，贵族拥有了权力，私学培养了人才，贡举选拔了具有能力的人，由此构筑起古代日本的政治"中枢"。在此，与其批判贡举制度导致日本社会阶层的"固化"，倒不如说这一时期的日本社会本身就是一个"固化"的社会。此外，探究日本科举制的历史遗迹与文化影响，无法避免贵族体制下的文化留存，尤其是"藏书"一途。在这样的过程中，日本逐渐培养起了自身解读中国古典的思维，可谓与中国权威保持着一种"对话"的格调，逐渐培养起了借助中国古典来把握日本"先王之道"（语出荻生徂徕『論語徵』）的思想，由此也奠定了自身走向本土化、日本化、神国化的思想基础。但是，本文的探究绝不是以此而终结，这样的终结也不过是"日本式的神话"的一个延续而已。在这样的借助中国贡举制度、诠释中国古典的过程中，我们可以为东亚文化交流互鉴、凝聚文化共识提供历史遗迹与思想留存的重要资源，这一点才是本文的初衷与期待之所在。

Nobility · Private Education · Imperial Examination —— A Glimpse of Japan's "Imperial Examination Studies" with the Sugawara Family as the Core

Abstract: As a new perspective to explore ancient Japanese academic thought, with the help of the category of Japan's "Imperial Examination Studies", the historical relics with the Sugawara Family as the core can be collected. It is through the implementation and imitation of the "civil examinations for government degrees system" of the Chinese classics system that the Sugawara Family in the Heian Period of Japan has become the third generation hereditary person of "doctor of literature", the cultivator of civil examinations for government degrees group talents of "Sugawara Family", and the strong supporter of Chinese civil examinations for government degrees system and Japanese hereditary system. The civil examinations for government degrees system from China not only played an unparalleled important role in ancient Japan, but also provided reference for cultural exchange in East Asian.

Keywords: Sugawara Family; Civil Examinations for Government Degrees System; Imperial Examination Studies

儒学日本化的一个典型
——以古学对《孟子》评价的分歧为中心[*]

张晓明[**]

【摘　要】 日本江户古学思想中,《孟子》被排除在山鹿素行"周孔之教"与荻生徂徕"先王之道"之外的同时,又构成伊藤仁斋"孔孟"的关键。特别是从道统学说来看,《孟子》在古学中的地位既不从属于朱子学"孔孟之道"道统的合理性和正当性,也不同于"四书"理论体系中的权威性,而是江户儒学者根据日本社会政治体制的现实需要对《孟子》做出不同评价的体现。可以说,山鹿素行、伊藤仁斋、荻生徂徕对《孟子》评价的分歧不仅体现了古学与朱子学在道统学说上的冲突,更是儒学日本化的一个典型。

【关键词】 古学思想　《孟子》　山鹿素行　伊藤仁斋　荻生徂徕

日本古学思想发轫于江户时代（1603～1868）之初,主要以山鹿素行（1622～1685）、伊藤仁斋（1627～1705）、荻生徂徕（1666～1728）为代表,主张通过复古的方式批判朱子学。其中,山鹿素行主张回归"周孔之教",即周公、孔子的思想,他将这种复古思想称为圣学;伊藤仁斋以《论语》和《孟子》为其思想核心,提倡"孔孟之意味血脉",并称之为古义学;荻生徂徕将先王之道求诸"六经、《论语》",创立古文辞学。一般意义

---

[*] 本文系北京第二外国语学院北京对外文化传播研究基地（智库单位）科研项目"关于《孟子》与日本怀德堂町人思想的研究"（项目编号：WHCB19A003）研究成果；国家社会科学基金青年项目"日本江户时代《孟子》文献的整理与研究"（项目编号：19CZX031）阶段性成果。项目主持人：张晓明。

[**] 张晓明,北京第二外国语学院日语学院副教授,硕士生导师,日本学术振兴会外国人特别研究员,日本京都国际日本文化研究中心外国人研究员,主要研究方向为日本思想史。

而言，山鹿素行的圣学、伊藤仁斋的古义学、荻生徂徕的古文辞学都属于古学思想的范畴。

从"周孔之教"到"孔孟之意味血脉"再到"六经、《论语》"，《孟子》在山鹿素行、伊藤仁斋、荻生徂徕三人道统学说中的地位变化最为剧烈。可以说《孟子》在古学中的地位是准确理解山鹿素行、伊藤仁斋、荻生徂徕思想的关键。目前，关于日本江户时代古学思想与《孟子》的研究主要集中在山鹿素行、伊藤仁斋、荻生徂徕对孟子思想的阐释上，[①] 鲜有成果涉及古学思想中《孟子》的地位问题，而这一问题又关系到山鹿素行、伊藤仁斋、荻生徂徕对孟子思想的阐释。因此，本文在探讨朱子学的道统学说与《孟子》地位的基础上，分析山鹿素行的"周孔之教"、伊藤仁斋的"孔孟之意味血脉"、荻生徂徕的先王之道在于"六经、《论语》"对《孟子》的评价，进而围绕他们的分歧把握《孟子》在古学思想中的地位变化，明确儒学日本化进程中古学与《孟子》关系的特殊性。

一 《孟子》与朱子学的"孔孟之道"

中国儒学道统学说滥觞于《孟子》，孟子认为圣人之学是由尧舜传于文王，再由文王传于孔子[②]。及至韩愈进一步发展了孟子的道统之说，"尧以是传之舜，舜以是传之禹，禹以是传之汤，汤以是传之文、武、周公，文、武、周公传之孔子，孔子传之孟轲，轲之死不得其传焉"[③]。从孟子到韩愈，他们建构了中国道统学说的结构框架，为后来儒学道统体系的完善奠定了基础。

孟、韩二氏确立了儒学的道统学说之后，南宋理学家朱熹又进一步明确、完善了这一学说，他在《中庸章句序》说：

[①] 关于江户时代前期《孟子》注解的转变问题，参见张晓明《〈孟子〉注解在日本江户时代前期的转变及影响》，《汉籍与汉学》第 2 辑，2020。关于山鹿素行对孟子思想中"王道·霸道"论述的演变过程，参见张晓明《山鹿素行思想中王霸论的变迁——以与朱子学的关系为线索》，《日本语·日本学研究》第 6 期，2016；张晓明《山鹿素行的古学与孟子思想——从"天命"到"民本"》，《日本问题研究》第 4 期，2020。关于伊藤仁斋对《孟子》的阐释，参见张晓明、庞娜《东亚儒学视域下〈孟子〉在日本的传播：接受、批判与再阐释》，《大连理工大学学报》2020 年第 1 期。关于伊藤仁斋、荻生徂徕的王道政治论，参见张崑将《日本德川时代古学派之王道政治论》，华东师范大学出版社，2008，第 213~219 页。

[②] 杨伯峻译注《孟子译注》，中华书局，2010，第 320 页。

[③] 韩愈撰《朱文公校昌黎文集》卷 11《原道》，朱熹校，日新书堂，1270，第 3 页。

夫尧、舜、禹，天下之大圣也。以天下相传，天下之大事也。……自是以来，圣圣相承：若成汤、文、武之为君，皋陶、伊、傅、周、召之为臣，既皆以此而接夫道统之传，若吾夫子，则虽不得其位，而所以继往圣、开来学，其功反有贤于尧舜者。然当是时，见而知之者，惟颜氏、曾氏之传得其宗。……自是而又再传以得孟氏，为能推明是书，以承先圣之统，及其没而遂失其传焉。①

于是，朱熹完成了中国儒学道统学说的体系。从孟、韩、朱的观点来看，中国儒学的道统学说基本都遵循了尧舜禹汤、文武周公、孔子孟子这一基本思路，建构了圣人之学相继而传的体系。不过，朱熹以为"然而尚幸此书之不泯，故程夫子兄弟者出，得有所考，以续夫千载不传之绪"。②他通过肯定宋代理学对"孔孟之道"的传承，进一步完善了孟、韩二氏的论述，确立了朱子学的道统学说。随着朱子学道统学说的确立，朱熹还建构了以《大学》《中庸》《论语》《孟子》为核心的"四书"理论体系。

"四书"体系的形成过程大致可以划分为四个阶段：第一是唐代以前，《论语》《礼记》作为"七经"时期；第二是唐代中期韩愈、李翱等开创"四书"之先河时期；第三是北宋理学周程杨首创"四书"学说时期；第四是朱熹最终确立"四书"体系时期。③朱熹通过对《大学》《中庸》《论语》《孟子》重新进行经解的方式著成《四书章句集注》，进而建构了朱子学的"四书"理论体系。

"四书"体系的建构又进一步明确了儒家的道统。朱熹祖述二程（程颢、程颐）的学说，以为《大学》中的"经"部为"孔子之言而曾子述之"，"传"部为"曾子之意而门人记之"；《中庸》为"孔门传授心法"而"子思笔之于书以授孟子"④；加之《论语》《孟子》构成了从孔子经由曾参、子思传至孟子的道统学说。当然，二程与朱熹便是"孔孟之道"在道统和理论上的继承者。

---

① 朱熹撰《四书章句集注》，中华书局，2012，第 14~15 页。
② 朱熹撰《四书章句集注》，中华书局，2012，第 15 页。
③ 关于"四书"体系的形成过程，参见徐公喜《宋明理学四书学与道统观》，《广州社会主义学院学报》2010 年第 3 期。
④ 朱熹撰《四书章句集注》，中华书局，2012，第 1 页。

儒学日本化的一个典型

在朱子学的道统地位上，孟子承上启下，延续了圣人之学的传递；在思想构成上，《孟子》也是朱子学"四书"体系的核心之一。《孟子》在朱子学"孔孟之道"的道统与理论之间是相辅相成的关系。可见《孟子》在朱子学道统学说中是不可或缺的一环。

二 山鹿素行的"周孔之教"

在山鹿素行的古学思想中，他将汉唐宋明以来完成的"孔孟之道"排斥在"周孔之教"的道统学说之外，从而确立了以周公和孔子为中心的复古思想。而山鹿素行对《孟子》的评价则主要体现在他对朱熹与韩愈道统学说的认识上。

关于朱熹"孔孟之道"的道统学说，山鹿素行在《山鹿语类》"君道"中指出："圣学自尧舜起，至周公、孔子备。是道学之传来各万世不出之大圣也。后世有志于道学之人，不师此圣必不可至其极也"又说："自孟子没后，虽残圣书于世，圣书之本意悉绝，以我考之已及二千有余年"，最后他强调"自孟子后，皆圣学之要教相绝，其中宋元之间，玩五经四书之儒者，各立意见训诂，故恣是注释，唯炫奇说奇注，尤好胜而多俗儒，又多取圣书而成异端之说，名为儒实则同于杨、墨、老、佛。是圣人之罪人也"[①]。从这段论述来看，一方面，山鹿素行肯定了从尧舜到周公，再到孔子，最后传于孟子的道统学说；另一方面，与朱熹不同，他认为"圣学之要"绝于孟子之后，宋元儒学者对四书五经的解释实质上是与杨、墨、老、佛一样的异端。实际上，山鹿素行是把宋以后的儒学从道统意义上的相继关系中逐渐剥离，指摘朱子学是杂糅了杨、墨、老、佛思想的异端。换句话说，山鹿素行道统学说的本质是通过排斥宋以后的儒学，将批判的矛头直指朱子学。于是，山鹿素行在"圣学篇序"中强调"夫子没圣人之道隐，孟子去则无有知圣人之道者"[②]。所以，在山鹿素行的古学思想中，孟子仍然具备道统意义上的合理性与正当性。对于韩愈的道统学说，山鹿素行指出："予师周公、孔子而不师汉、唐、宋、明诸儒，志在学圣教而不志于异端，专行日用而不事洒落"[③]，后又感慨说："数年有此疑惑不明之处，宽文之

---

① 〔日〕广濑丰：《山鹿素行全集思想篇第五卷》，东京：岩波书店，1941，第41~44页。
② 〔日〕广濑丰：《山鹿素行全集思想篇第六卷》，东京：岩波书店，1941，第3页。
③ 〔日〕广濑丰：《山鹿素行全集思想篇第十一卷》，东京：岩波书店，1940，第6页。

初，我等见汉、唐、宋、明学者之书而不得解哉，直见周公、孔子之书，以之为手本方知可正学问之道，与之不通则后世之书而不用，昼夜勘圣人之书，初分明心得于圣学之道，以定圣学之法"①。在古学思想中，山鹿素行不仅排斥宋明理学，还进一步否定了汉唐儒学。于是，山鹿素行将汉唐宋明以来的儒学从周公、孔子为代表的圣人之教的道统学说中排斥出去。

虽然山鹿素行对朱熹、韩愈道统观的认识是为了排斥宋明理学、汉唐儒学，但是回归"周孔之教"的主张却让他对《孟子》的评价陷入极为矛盾的困境。一方面，山鹿素行认为伏羲、神农、黄帝、尧、舜、禹、汤、文、武、周公十位圣人以及孔子的思想到曾子、子思、孟子之时已经式微，而周（周敦颐）、程（程颢、程颐）、张（张载）、邵（邵雍）之学是另走他途的"异端"之学，因此，只有"周孔之教"才是真正的圣学，孟子在"周孔之教"的道统中被降格。另一方面，山鹿素行又承认孟子在道统意义上的合理性与正当性，而且他还肯定了朱子学在传播圣学文献方面的贡献②，特别是在"四书"体系中，《大学》《中庸》《论语》《孟子》分别为曾子、子思、孔子、孟子所作，与"四书"一致的是道统上的师承关系，即孔子、曾子、子思、孟子，所以宋明理学的道统学说与思想体系严密的"四书"之间是相辅相成的关系。不过，由于山鹿素行将汉唐宋明儒学从"周孔之教"的道统学说中排斥出去，这就意味着他的古学思想就只能吸收"四书"体系中的《论语》作为思想资源。但是，实际并非完全如此，山鹿素行仍然继续承认孟子在道统上承袭孔子思想的合理性和正当性，他指出，"孟子，受学于子思之门，尊信孔子，距杨墨，其功甚重"③，"大圣夫子之言行明，孟子尊信之，正注解"④。只有在排斥宋明理学以及汉唐儒学的时候，山鹿素行才会将《孟子》降格而强调"周孔之教"的权威性。而且，为了切断孟子对孔子的继承关系，山鹿素行严格地对二者做了区分。山鹿素行认为孟子"口必以仁义、以性心养气教"，而孔子并没有这么说过；孟子"自高以韩魏之家，以其自视欿然之故，王欢之徒甚行迹"，孔子则"乡党之一篇只礼容之实可云"；孟子"不动心而立地，此可云伎俩"，孔子"无可无不可"；孟子言辞刻薄，"臣视君如寇仇，舜视弃天下，犹弃敝踪，犹草

---

① 〔日〕广濑丰：《山鹿素行全集思想篇第十二卷》，东京：岩波书店，1940，第595页。
② 〔日〕广濑丰：《山鹿素行全集思想篇第十一卷》，东京：岩波书店，1940，第14~15页。
③ 〔日〕广濑丰：《山鹿素行全集思想篇第十二卷》，东京：岩波书店，1940，第277页。
④ 〔日〕广濑丰：《山鹿素行全集思想篇第十二卷》，东京：岩波书店，1940，第279页。

芥",孔子言论终不至此;孟子门人都喜欢辩论,孔子门人不至如此;读《孟子》"欢娱而志悦,久时则人倦",《论语》"读时弥高,味则弥深"。① 因此,在山鹿素行看来,孔子所代表的"圣人之学"显然不同于孟子思想。

总而言之,山鹿素行在古学思想的道统学说中,对《孟子》评价始终处于一种极为矛盾的困境,而这恰恰体现了山鹿素行的思想特质。换句话说,山鹿素行对《孟子》的评价体现了其古学思想的双重性格:"承袭儒家注疏的传统,对《孟子》政治论进行合理主义的重构。""基于现实幕府政治的判断,通过诠释《孟子》阐述了自己的政治主张。"② 究其原因,山鹿素行作为江户时代的儒学者,继承了朱子学的道统学说;同时,江户时代的政治体制是幕藩体制以及世袭四民身份制,这是与实行科举制、身份可以流动的中国最大的不同,而山鹿素行属于统治者的武士阶级,要维护幕藩体制的合法性,这就决定了他不可能拥护主张革命思想的《孟子》。所以,山鹿素行儒学者的身份与维护幕藩体制合法性的需求是其对《孟子》评价的矛盾性及其双重性格的根本原因。

三 伊藤仁斋的"孔孟之意味血脉"

伊藤仁斋与山鹿素行的"周孔之教"不同,他在宽文三年(1663)提出了以"孔孟之意味血脉"为中心的古学思想。虽然伊藤仁斋仍然强调"孔孟"的权威,但区别于朱子学"孔孟之道"的传承关系,特别是他切断了"四书"体系中从孔子到曾参、子思再到孟子的连续关系,而是以"意味""血脉"建构了从孔子到孟子、从《论语》到《孟子》的道统与思想体系。

当然,与山鹿素行一样,伊藤仁斋所创立的古学思想也旨在区分汉代以来的儒学,特别是针对朱子学进行批判。因此,他指出:"惟能识孔孟之意味血脉,又能理会其字义,而不至于大谬焉。"③ 对于理解儒学的"大谬",他在《大学非孔氏之遗书辨》中说:

> 汉儒责之不精,识之不彻,贪多务得,不知其害道之甚至于此。

---

① 〔日〕广濑丰:《山鹿素行全集思想篇第十二卷》,东京:岩波书店,1940,第277页。
② 张晓明:《山鹿素行对孟子思想的诠释研究——以〈孟子句读大全〉为例》,《日语学习与研究》2020年第3期。
③ 〔日〕关仪一郎编《日本儒林丛书第六册语孟字义》,东京:凤出版,1978,第1页。

大学本在礼记，则为一篇书，而不详于谁人之手，至于朱考亭氏，始分为经一章传十章，经以为夫子之言，传以为曾子之意而门人记之，盖出于其意之所好尚，而非有所考证而言，后学不知自辨，直以为孔子之言而曾子传之，可谓害道之尤者也。①

从伊藤仁斋的论述可知，汉儒以及朱熹对于儒学的认识及阐释是存在"大谬"的，特别是关于《大学》的认识妨碍了他们对"孔孟之道"的理解。伊藤仁斋对朱子学的批判肇始于他对儒学道统学说和"四书"体系的破坏，他在《语孟字义》中说：

学问之法，予岐而为二，曰血脉，曰意味。血脉者，谓圣贤道统之旨，若孟子所谓仁义之说是也。意味者，即圣贤书中意味是也，盖意味本自血脉中来，故学者当先理会血脉，若不理会血脉，则犹舡之无柁，宵之无烛，茫乎不知其所底止，然论先后，则血脉为先，论难易，则意味为难，何者血脉犹一条路，既得其路程，则千万里之远，亦可从此而至矣。若意味，则广大周遍，平易从容，自非具眼者，不得识焉，予尝谓读语孟二书，其法自不同，读孟子者，当先知血脉，而意味自在其中矣。读论语者，当先知其意味，而血脉自在其中矣。②

在道统方面，伊藤仁斋的古学思想格外强调"孔孟之血脉"，他认为："欲读孔孟之书者，不可不识孔孟之血脉。"③ 于是，伊藤仁斋首先强化了孔子、孟子在古学思想的道统地位，形成了不同于朱熹的另一种"孔孟之道"。换句话说，在伊藤仁斋的古学思想中，他强调的"孔孟"不再是朱子学中从尧、舜、禹三圣经由孔孟传承至周（周敦颐）、程（程颢、程颐）、朱（朱熹）连续性学术系统的一环，而是建构以孔子与孟子为绝对权威的道统体系。为了说明孔子与孟子之间的关系，伊藤仁斋首先指出："孟子之学，孔门之大宗嫡派也。"④ 在道统关系上，伊藤仁斋将孟子升格到孔子的宗嫡地位。这无疑确立了《孟子》在伊藤仁斋思想中的权威，而能够体现

---

① 〔日〕关仪一郎编《日本儒林丛书第六册语孟字义》，东京：凤出版，1978，第83页。
② 〔日〕关仪一郎编《日本儒林丛书第六册语孟字义》，东京：凤出版，1978，第59页。
③ 〔日〕关仪一郎编《日本儒林丛书第六册语孟字义》，东京：凤出版，1978，第79页。
④ 〔日〕伊藤仁斋：《孟子古义》，京都：文泉堂，1720，第3页。

"孔孟之道"宗嫡继承关系的核心是"仁义",因此,伊藤仁斋解释《孟子》说:"其学仁义为宗,以王道为主,而所谓王道者,亦由仁义而行,非外仁义而有所谓王道者矣。而至所以求仁义,则以恻隐羞恶辞让是非之心为之端,以功利邪说为之害。所谓性善者,明仁义之有于己也。浩然之气者,明仁义之功用也。存心者,存此也。养性者,养此也。尽心者,尽此也。求放心者,求此也。皆莫非所以求仁义也,故孟子之学,莫要于求仁义,而求仁义莫先于扩充四端之心,可谓一本矣。"① 在伊藤仁斋看来,王道以仁义为依据,性善是仁义的内在体现,浩然之气是仁义的外在表现,存心、养性、尽心、求放心都是为了仁义,所以仁义是孟子思想展开的原点。于是,关于《论语》与《孟子》的关系,伊藤仁斋继续解释:"论语为最上至极宇宙第一书。"②"孟子之书,为万世启孔门之关钥者也。"③ 他认为:"又曰欲学孔孟之道者,当知二者之所同,又知其所异也,则于孔孟之本指自了然矣。盖天下所尊者二,曰道,曰教,道者何,仁义是也。教者何,学问是也。《论语》专言教而道在其中矣,《孟子》专言道而教在其中矣。"④ 根据伊藤仁斋的解释可知,《孟子》主要论述的是《论语》中的"仁义"之说,这也正是二者"血脉"之所在,"血脉者,谓圣贤道统之旨,若孟子所谓仁义之说是也"⑤。在确立了《论语》与《孟子》的绝对权威后,伊藤仁斋将《大学》与《中庸》从古学思想中降格。这也是伊藤仁斋对朱子学"四书"理论体系最根本性的破坏。对于《大学》,伊藤仁斋从八条目、忿懥恐惧好乐忧患、心视听、正心、明德、人君、诚意、楚书、生财有大道九个方面指出"大学非孔氏之遗书"⑥。同时,对于《中庸》,伊藤仁斋认为:"中庸又演绎孔子之言,其书虽未的知子思所作与否,然以其言合于论语故取之。"⑦

从伊藤仁斋的道统学说来看,孟子的权威地位通过"以《论语》《孟子》为中心强调二者血脉与意味的内在理路"得到确立。⑧ 在这里,伊藤仁

---

① 〔日〕伊藤仁斋:《孟子古义》,京都:文泉堂,1720,第3~4页。
② 〔日〕伊藤仁斋:《论语古义》,京都:文泉堂,1712,第4页。
③ 〔日〕伊藤仁斋:《孟子古义》,京都:文泉堂,1720,第4页。
④ 〔日〕伊藤仁斋:《论语古义》,京都:文泉堂,1712,第6页。
⑤ 〔日〕关仪一郎编《日本儒林丛书第六册语孟字义》,东京:凤出版,1978,第59页。
⑥ 〔日〕关仪一郎编《日本儒林丛书第六册语孟字义》,东京:凤出版,1978,第82页。
⑦ 〔日〕伊藤仁斋:《中庸发挥》,京都:文泉堂,1714,第1页。
⑧ 张晓明:《东亚儒学的复古思潮与伊藤仁斋的古义学——以〈孟子〉的诠释为中心》,《日语学习与研究》2021年第3期。

斋对《孟子》的绝对肯定评价完全不同于山鹿素行在"周孔之教"中所显现出的矛盾性。因为伊藤仁斋出身于江户时代幕藩体制与士农工商身份制度下的被统治阶层——町人，他与以武士身份维护幕府统治的山鹿素行有着天壤之别。实质上，伊藤仁斋试图从"仁义"的道德立场出发确立《孟子》的权威性，进而建构町人阶层的主体性。所以，伊藤仁斋的古学思想在肯定《孟子》权威地位的同时，也意味着承认了其中的性善思想的平等性、王道思想的革命性。尽管伊藤仁斋只是在"仁义"的道德层面讨论町人的主体性，但这已经是对江户时代士农工商身份制度的一种反抗。

四　荻生徂徕的"先王之道"

荻生徂徕古学思想的提出晚于山鹿素行与伊藤仁斋，他主张诉诸"六经、《论语》"以确立"先王之道"的古文辞学。从普遍意义而言，"先王之道"主要是指尧、舜、禹、汤、周文王、周武王、周公七位圣人所创的历史、文化、制度，但是王青指出："孔子修订六经，使先王之道赖以流传后世，所以孔子的德业可以比之作者之圣，孔子之道也就是先王之道。"[①] 也就是说，在荻生徂徕的古文辞学中，"先王之道"既指记载古代圣人所创的历史制度的意思，也指孔子思想。因此，可以说从尧、舜、禹、汤、文、武、周公到孔子，他们之间仍然存在"道"的传承关系，具备了道统学说的基础意义。

不过，关于荻生徂徕的古文辞学中"圣人"与孔子的关系，目前学界颇有争议。子安宣邦在《作为"事件"的徂徕学》中指出：孔子并非荻生徂徕所谓圣人。[②] 李宗鹏也认为：在荻生徂徕的思想中，孔子并非圣人，而是传礼者或传道者。[③] 但是，王青则主张荻生徂徕将孔子比之于圣人[④]；而林美茂更加明确地指出孔子在荻生徂徕思想中是一位特殊的圣人[⑤]。从上述争议可以看出，孔子是否圣人的问题既是理解荻生徂徕"先王之道"的关键，又是一个极具张力的课题。根据荻生徂徕的解释，一方面，他认为："总之治天下国家之道莫如古圣人之道，古圣人尧舜禹汤文武周公能治天下，遗其道

[①] 王青：《日本近世儒学家荻生徂徕研究》，上海古籍出版社，2005，第50页。
[②] 〔日〕子安宣邦：《作为"事件"的徂徕学》，东京：筑摩书房，2000，第164~168页。
[③] 李宗鹏：《荻生徂徕的孔子观——从"圣人"到自画像》，《孔子研究》2013年第3期。
[④] 王青：《日本近世儒学家荻生徂徕研究》，上海古籍出版社，2005，第50页。
[⑤] 林美茂、谢杏芳：《荻生徂徕的圣人思想辨析》，《世界哲学》2017年第6期。

于后世，不依其道不知以是为救之道，传此道者乃孔子"①；另一方面，他又指出："古之时，作者之谓圣，而孔子非作者，故以至诚为圣人之德。"② 由于孔子不是"道"的作者，荻生徂徕明确地指出孔子是传道者而不是圣人。尽管荻生徂徕也承认孔子具备了圣人的品德——至诚，但是"诚者，圣人之一德，岂足以尽之哉"③，仅仅是至诚还不足以让孔子成为圣人。于是，荻生徂徕又说："孔子之道，先王之道也"，孔子与先王一样都是圣人。这是因为"先王之道，安天下之道也，孔子平生欲为东周，其教育弟子，使各成其材，将以用之也，及其终不得位，而后修六经以传之，六经即先王之道也，故近世有谓先王孔子其教殊者非也"④。在荻生徂徕看来，孔子通过修订六经传承了先王之道，所以孔子的思想也是代表圣人的先王之道。由此可见，孔子作为传道者所具备的圣人意义正是从道统关系角度产生的。

虽然荻生徂徕肯定了孔子在"先王之道"传承关系中的圣人意义，但是，这并不意味着他承认了朱子学"孔孟之道"的道统学说。在孔子的圣人品德至诚问题上，荻生徂徕认为："至于孟子性善，亦子思之流也。杞柳之喻，告子尽之矣，孟子折之者过矣。"⑤ 而在"先王之道"的传承问题上，荻生徂徕也指出："思孟而后，儒家者流立焉，乃以为尊师道未务，妄意圣人可学而至矣。已为圣人，则举而措诸天下，天下自然治矣，是老庄内圣外王之说，轻外而归重于内，大非先王孔子之旧也。"⑥ 可见无论是孟子的性善论，还是子思、孟子对先王、孔子的传承关系，都是荻生徂徕批判的对象。换句话说，荻生徂徕的道统观就是指从先王到孔子的传承关系，具体就是六经和《论语》，他将《孟子》排除在"先王之道"的道统意义之外。

当然，与其说荻生徂徕将《孟子》排除在"先王之道"的道统意义之外，不如说他对孟子思想持一种批判性的评价。如前所述，在告子与孟子"性犹杞柳也，义犹杯棬也"的问题上，荻生徂徕认为："至于孟子性善，亦子思之流也。杞柳之喻，告子尽之矣。孟子折之者过矣。盖子思本意，亦谓圣人率人性以立道云尔，非谓人人率性，自然皆合乎道也，它木不可

---

① 〔日〕荻生徂徕：《政谈》第二卷，东京：松园，1859，第2页。
② 〔日〕荻生徂徕：《辨道》，东京：昌平坂学问所，1717，第1页。
③ 〔日〕荻生徂徕：《辨道》，东京：昌平坂学问所，1717，第1页。
④ 〔日〕荻生徂徕：《辨道》，东京：昌平坂学问所，1717，第2页。
⑤ 〔日〕荻生徂徕：《辨道》，东京：昌平坂学问所，1717，第1页。
⑥ 〔日〕荻生徂徕：《辨道》，东京：昌平坂学问所，1717，第3页。

为杯棬,则杞柳之性有杯棬,虽然杯棬岂杞柳之自然乎,恻隐羞恶,皆明仁义本于性耳,其实恻隐不足以尽仁,而羞恶有未必义者也,立言一偏,毫厘千里,后世心学胚胎于此。"①孟子主张人性本善,告子虽然不反对性善,但更强调仁义是人为的结果。荻生徂徕不仅是武士阶级,还是幕府将军的政治顾问,他援引告子的观点是想否定孟子性善论所说人具有先天的、同样的善的本性,主张以人为的阶级秩序来固化身份制。这与作为町人儒学者的伊藤仁斋通过强调《孟子》的性善论来证明町人阶级在道德上与武士阶级具有平等性有着本质的区别。

与此同时,荻生徂徕还批判了《孟子》的革命思想,他认为:"至于孟子劝齐梁王,欲革周命,则不得不以圣人自处矣。以圣人自处,而尧舜文周嫌于不可及矣。故旁引夷惠,皆以为圣人也。子思去孔子不远,风流未泯,其言犹有顾及,故其称圣人有神明不测之意。若孟子则止言行一不义杀一不辜而得天下不为也,是特仁人耳,非圣人也。要之孟子亦去孔子不甚远,其言犹有斟酌者若此,只二子急于持论,勇于救时,辞气抑扬之间,古义籍以不传焉,可叹哉。"②江户时代中期,随着商品流通的繁荣,贫富分化严重,幕府和大名奢侈成风,财政失控,日本各地纷纷涌现出要求减负的农民起义,最终导致幕府体制与士农工商身份制度面临着崩溃的危机。荻生徂徕正是在这样的社会背景下成为八代将军德川吉宗的政治顾问。所以,为了维护德川幕府的绝对权力以及武士的统治地位,荻生徂徕立足统治阶层,根据日本政治社会的现实需求,必然要对《孟子》中性善论的平等性和王道论的革命性进行批判。换句话说,荻生徂徕将《孟子》排除在"先王之道"的道统关系外,实质上是为了维护幕藩体制以及武士阶级统治地位。

结 语

从山鹿素行的"周孔之教"到伊藤仁斋的"孔孟之意味血脉",再到荻生徂徕将"先王之道"求诸"六经、《论语》",《孟子》在古学思想中的地位的剧烈变化体现了山鹿素行、伊藤仁斋、荻生徂徕对《孟子》评价的分歧。山鹿素行在肯定《孟子》道统地位的同时又将其降格,显现出极为矛

---

① 〔日〕荻生徂徕:《辨道》,东京:昌平坂学问所,1717,第1页。
② 〔日〕荻生徂徕:《辨道》,东京:昌平坂学问所,1717,第5~6页。

盾的思想特征；伊藤仁斋则通过强调《论语》《孟子》之间的"血脉""意味"确立了孟子道统地位的权威；荻生徂徕不仅否定了《孟子》在"先王之道"传承中的道统关系，还直接批判了它的性善和王道思想。不过，山鹿素行、伊藤仁斋、荻生徂徕对《孟子》评价的分歧并不是他们表面学术思想的差异，这反映了日本江户时代幕藩体制和士农工商身份制与中国科举制不同，是他们三人所属身份阶级之不同导致的。因此，可以说是政治体制和社会形态的差异造成江户时代儒学的日本化。

虽然山鹿素行、伊藤仁斋、荻生徂徕所代表的古学思想都主张通过回归古典儒学来反对朱子学，但是，朱子学将"理""道"等概念视为贯穿宇宙、万物以及人类社会的根源和原理，具有形而上学的本体的意义，而"气"等概念则是现实具体的多样性和特殊性，是形而下的层面，所以朱子学其实已经具有了哲学的要素。而古学对朱子学的形而上的普遍的"理"的批判和对形而下的"气"的强调并不能从哲学上有效地解构朱子学，特别是山鹿素行和荻生徂徕站在维护幕藩体制和士农工商身份制度的立场展开对朱子学的批判，其并非丸山真男所谓近代思维样式的萌芽，而是中日政治体制和社会形态的不同体现。

A Case Study of the Japanization of Confucianism
—On the Divergence in Kogaku Comments on *Mencius*

Abstract: In the intellectual studies field during the Edo period in Japan, *Mencius* was rejected by Soko Yamaga and Sorai Ogyu in their respective advocating of the teachings of Zhou Kong and the Six Classics and the Analects, but at the same time, it became critical in Jinsai Ito's advocating the doctrines of Confucius and Mencius. From a perspective of Confucian orthodoxy, *Mencius* in Kogaku was neither subordinate to the legitimacy and validity of the doctrines of Confucius and Mencius, nor enjoying a dominant position as the Four Books does in its derivative theoretical system. In fact, *Mencius* in Kogagu was a combination of the comments by the Confucian intellectuals who were responsive to the social and political needs in Japan. Arguably, the divergence in the comments made by Soko Yamaga, Jinsai Ito, and Sorai Ogyu on *Mencius* not only reveals the conflict between Kogaku and Zhuzi Studies on the Confucian orthodoxy, but also represents the Japanization of Confucianism.

Keywords: the Kogaku, Mencius, Soko Yamaga, Jinsai Ito, Sorai Ogyu

论民国学人的中日关系史研究
——以史学家陈乐素为中心[*]

李 炜[**]

【摘 要】 作为我国著名的历史学家及文献专家,陈乐素在宋史研究领域备受注目,而其早期从事的中日关系史研究却鲜被提及。本文对陈乐素在20世纪三四十年代发表的涉及日本古代史、中日文化交流史及日本侵华思想史的研究论文进行了全面梳理,并将之置于当时的历史语境下进行了中日间的横向及纵向分析,发现此类成果不仅具有"拓荒性"学术价值,同时蕴含站在中国学者的立场与日本学界进行对抗的深层意义。

【关键词】 陈乐素 中日关系史 日本古代史

引 言

陈乐素(1902~1990)是我国著名的历史学家及文献专家,被史学界公认为"20世纪中国宋史学的奠基者与开拓者"[①]。而"宋史专家"陈乐素的学术之路[②],实际上是从研究日本古代史及中日关系史开始的。自1930年,他陆续发表了《魏志倭人传研究》《日本古代之中国流寓人及其苗裔》

---

[*] 本文系国家社会科学基金重大项目"近代以来中日文学关系研究与文献整理(1870~2000)"(课题编号:17ZDA277)的阶段性成果。
[**] 李炜,中央财经大学外国语学院教授,主要研究方向为中日比较文学。
[①] 张其凡:《陈乐素与二十世纪的中国宋史研究——陈乐素教授逝世十周年祭》,《暨南学报》2000年第2期。
[②] 陈乐素曾先后任职于浙江大学史地系、浙江师范学院历史系、人民教育出版社历史室、中国社会科学院历史研究所、杭州大学历史系及暨南大学历史系,并担任中国宋史研究会副会长、国务院古籍整理出版规划小组顾问、暨南大学古籍研究所所长等职。

等多篇学术论文。历史学家陈智超（陈乐素之子）曾提出，学界应该重新评价陈乐素对日本史研究的贡献。[1]但迄今为止，中国学界的关注点主要集中在陈乐素的宋史研究上，对他早期致力于日本研究的经历，仅在学术及生平介绍中略有提及，既缺乏总体的梳理，也少有具体的分析，亦没有学术价值的定位。基于此，本文在全面搜集陈乐素相关成果的基础上，试图探究三个层面的问题：其一，陈乐素为何会致力于日本研究；其二，陈乐素的研究涵盖哪些内容；其三，应该如何评价陈乐素研究成果的学术地位及意义。

一 研究契机初探

陈乐素是著名历史学家陈垣的长子，自幼在其父的熏陶下对历史，特别是对中国古代史萌生了兴趣。如陈乐素在六七岁时开始阅读《三国演义》，并在父亲的教导下将书中初次出现的人名地名记录下来，由此"学会了初步的治史方法"[2]。1918年，陈乐素中学毕业后赴日留学，选择的是明治大学的政治经济学科，但出于对历史的喜爱，"把相当多的时间用在读历史书、抄录历史资料、访问著名历史学者上"[3]，并在陈垣的委托下经常去日本图书馆查阅与中国相关的史料[4]。1923年回国后，陈乐素曾在广州的中学任教，业余时间潜心阅读家中收藏的一部竹简斋《廿四史》，还翻阅了《资治通鉴》等书籍。后来参加了国民革命军，大革命失败后于1928年来到上海，"在华侨办的南阳烟草公司做文书，同时研究日本史"[5]。关于陈乐素致力于日本史研究的缘由，笔者认为可从如下三个方面来分析。

首先，对中日两国史料的广泛研读为陈乐素从事日本史，特别是中日古代交流史研究提供了深厚基础。陈乐素的文章涉及大量中日史料，中国史籍方面以《二十四史》为主；日本史籍方面，主要包括《古事记》《日本

---

[1] 林旭娜等：《从日本史转治宋史，只为史家爱国担当》，《南方日报》2012年12月11日，第A13版。
[2] 张其凡：《陈乐素与二十世纪的中国宋史研究》，《暨南学报》2000年第2期。
[3] 陈乐素：《学习历史 整理古文献》，陈乐素：《求是集》第二集，广东人民出版社，1986，第336页。
[4] 陈智超：《励耘学谱第二代传人陈乐素》，暨南大学古籍研究所编《陈乐素先生诞生一百十周年纪念文集》，齐鲁书社，2014，第4页。
[5] 陈智超：《励耘学谱第二代传人陈乐素》，暨南大学古籍研究所编《陈乐素先生诞生一百十周年纪念文集》，齐鲁书社，2014，第5页。

书纪》《古语拾遗》《姓氏录》《姓氏家系辞书》《大日本史》《除目大成抄》《神皇正统记》等。除此之外，陈乐素还对照了部分朝鲜资料，如《新罗本记》、《三国遗事》、"高句丽好大王碑"的碑文内容等。能够阅读到如此丰富的东亚三国史料，并有能力对其进行甄别与论证，莫说20世纪二三十年代，即便在今日的学术界，亦非一般学者所能企及。

其次，日本史籍中存在的诸多"疑点"，是陈乐素进行相关研究的直接原因。以三世纪的日本史事为例，陈乐素在对照中日史料时发现："同一时代，同一地点之事件，而两国记录，绝无相同之点，此实一大异事，亦一大疑问，然则二者之间，必有一真一伪，或两者均伪。"[①] 陈乐素还察觉到，《日本书纪》等史书中对古代中日两国的交流活动"讳莫如深，不着半字"[②]。于是带着"去伪存真"及"查漏补缺"的明确目的，陈乐素开启了日本史的研究。

最后，陈乐素的爱国情怀，是促使他从事相关研究的重要动因。进入民国时期后，在日本侵华政策步步紧逼的大背景下，部分中国学人意识到中日间的研究成果严重不对等的问题。如戴季陶在《日本论》（1928）中强烈呼吁中国人要切实研究日本："要晓得他的过去如何，方才晓得他的现在是从哪里来的。晓得他现在的真相，方才能够推测他将来的趋向是怎样的。（中略）无论是怎样反对他攻击他，总而言之，非晓得他不可。"[③] 可以说，在1930年前后，研究日本的必要性、重要性及紧迫性已是中国各界知识阶层的共识。在这样的社会背景下，陈乐素决定发挥个人所长，通过历史研究论证我国对日本的文化影响，并"对比当时现实，唤起同胞对日本军国主义者侵略野心的同仇敌忾"[④]。

如果说家庭内的史学熏陶、留日的学习经历、对中日两国史料的广泛研读、身为中国学者的研究自觉及爱国热情等因素是促使陈乐素研究日本史的主要"内因"，杂志《日本研究》的诞生则是不容忽视的"外因"。

《日本研究》的前身是1929年3月创刊的"注意国际情势，尤注意于日本研究"[⑤] 的《新纪元周报》，主编陈彬龢早年曾在陈垣创办的平民中学

[①] 陈乐素：《魏志倭人传研究》，《日本研究》1930年第1期。
[②] 陈乐素：《魏志倭人传研究》，《日本研究》1930年第1期。
[③] 戴季陶：《日本论》，岳麓书社，2013，第1~2页。
[④] 陈乐素：《学习历史 整理古文献》，陈乐素：《求事集》第二集，广东人民出版社，1986，第337页。
[⑤] 《发刊词》，《新纪元周报》1929年第1期。

任职，或许出于这层关系与陈乐素相识。《新纪元周报》自1930年1月起更改为专门研究日本问题的月刊《日本研究》，在陈彬龢的委托下，陈乐素担任杂志的主编。需说明的是，《日本研究》创刊之前，陈乐素已经完成了部分研究论文的撰写。据张荣芳考证，马相伯1929年6月寄给陈垣的信中提道："世兄乐素于日本研究竟笔下有父风，可喜可喜。"① 这里说的"日本研究"，应指陈乐素最初发表在《日本研究》上的《魏志倭人传研究》。尽管杂志的主编工作与陈乐素的日本研究之间并没有直接的因果关系，但《日本研究》为陈乐素的研究成果提供了快捷的发表平台，同时也推进了其相关研究。

1931年6月，在完成《日本研究》第9期的编辑工作后，陈乐素为了"专门研究'清日战史'，暂去北平"②。但陈乐素的"清日战史"研究很快被九一八事变的爆发打断，之后便转为宋史研究③。不过，陈乐素并没有完全中止对日本史的关注，1935年在蔡元培的推荐下被教育部派往日本考察，主要调查中国古籍流传日本和日本史学界研究中国的情况④。后来在大学任教期间，他曾开设过日本史及日本关系史等课程，也发表过数篇相关文章。

据笔者目前搜集到的资料看，陈乐素共有12篇研究日本古代史及中日关系史的文章，其中7篇登载在《日本研究》上，有的因篇幅较长需分三期连载。如按发表时间顺序排列，分别为：《魏志倭人传研究》（1930年1月），《后汉刘宋间之倭史》（1930年2月），《日本民族与中国文化》（1930年2月），《日本古代之中国流寓人及其苗裔》（1930年3月、4月、5月），《中国文字之流传日本与日本文字之形成》（1930年5月），《日本之遣隋唐使与留学生》（1930年6月、7月及1931年1月），《光绪八年朝鲜李（大院君）案与朝日定约史稿》（1931年6月、1931年9月）。转为宋史研究后，陈乐素在《思想与时代》《东南日报》《国立浙江大学日刊》等刊物上发表过5篇与日本相关的文章，分别为：《第七世纪中叶的中日战争》

---

① 张荣芳：《陈垣陈乐素父子与马相伯的学术交往》，《学术研究》2013年第12期。
② 杨幸之：《卷头语》，《日本研究》1931年第1期。
③ 据陈智超等人的研究，陈乐素之所以转做宋史研究，主要是因为"九一八"的国难激发他要在宋金关系中吸取历史教训。在陈乐素看来，靖康之耻不仅是宋朝人不能遗忘的，也是汉民族历史上最大的耻辱之一。
④ 常绍温：《陈乐素同志从事教育和学术研究情况述略》，陈乐素：《求事集》第一集，第16页。

(1943)、《古代日本及其新文化》(1947)、《朱舜水一尺牍》(1947)、《明末吴杭两戴笠》(1947)、《陈乐素先生讲"日本与资本主义"》(1949)。

二 研究内容及研究方法

从研究内容而言，陈乐素的相关成果均可归到"中日关系史"的大范畴内，但按照时代或研究重心又可细分为三大类：一是日本古代史研究；二是古代中日文化交流史研究；三是中日朝战争问题研究。

首先看陈乐素的日本古代史研究，具体成果为《魏志倭人传研究》、《后汉刘宋间之倭史》及《古代日本及其新文化》。在《魏志倭人传研究》中，陈乐素分析了"倭女王遣使之原因"，梳理了"郡史入倭"的经过，并在汇总"日人对于卑弥呼与耶马台之研究"的基础上，介绍了"卑弥呼之政绩及其生平"，论证了"女王国之存在年代"及"耶马台与大和"的相关问题，指出"'倭'字原不音 Yamato，其音之为 Yamato，日人之事也，（中略）耶马台为都名而倭为种族名，其义大异，而日本人竟混而为一音"①，进而批判太田亮等人将当时的倭女王认定为大和国之藩屏的观点只是一种理想。在《后汉刘宋间之倭史》中，陈乐素按照时代顺序梳理了中国史籍中涉及日本的记述，并在文后附了详细的"后汉刘宋间中国史籍中倭记事年表"。在此文中，陈乐素进一步强调"倭"是中国人对日本古民族称谓的"音译"，邪马台是魏时"倭"中女王国的都名，日本的史学界之所以围绕邪马台问题存在各种论争，根本原因在于日本史的立脚点谬误，"而后世千余年来沿此谬误以为史实，至今未改"。②

其次看陈乐素的古代中日文化交流史研究。除登载在《日本研究》上的四篇文章外，其1947年发表的《朱舜水一尺牍》和《明末吴杭两戴笠》，亦应归于此类。其中，《日本民族与中国文化》原是陈乐素于1930年2月6日在东亚同文书院的演讲稿，文中将中国文化对日本民族的影响分为了四个时期：第一时期为1世纪前后至3世纪的三百余年，提及乐浪文化、"汉式镜"及"汉倭奴国王印"等物品的传播；第二时期以朝鲜为媒介间接地接受了中国文化的影响，如王仁将《论语》《千字文》带入日

---

① 陈乐素：《魏志倭人传研究》，《日本研究》1930年第1期。
② 陈乐素：《后汉刘宋间之倭史》，《日本研究》1930年第2期。

本、钦明天皇聘五经博士马丁安等；第三时期是从圣德太子时期到近世，通过列举《十七条宪法》《怀风藻》等具体实例，论证了中国文化对日本的思想道德、文学创作等诸多方面的深远影响；第四时期为近世的"儒学时代"，指出"日本近世思想里面，除了本居宣长的日本学外，其余就全部是儒学史。（中略）中日间以前的传承关系，在历史上无论任何两国都不能仿佛比较的"①。

如果说演讲稿《日本民族与中国文化》属于陈乐素对中日文化交流史的"综述研究"，其后的相关文章则是围绕人物往来及文字传播展开的"专题研究"。如《日本古代之中国流寓人及其苗裔》对日本史籍中"中国流寓人"皆为古代帝王后裔的说法提出了质疑，指出"功满王"为秦始皇三世孙孝武王之子、"王仁"为汉高祖之后、"阿知使主"为后汉灵帝之曾孙的相关记述不实，并根据《古事记》《古语拾遗》等书籍内的记载，考证了中国人流寓日本的原因及具体身份、在日本如何被赐姓氏等问题。在《中国文字之流传日本与日本文字之形成》一文中，陈乐素论证了中国文字传入日本的时间、日本人开始使用汉字的时间、假名诞生的原因及经过。分三期连载的《日本之遣隋唐使与留学生》强调了中国文化对日本奈良时代文化的影响，指出"国人对于此文化外流之史迹，可不加以研究耶？"② 考虑到与之相关的"日本史籍之间有夸大不实与中国史籍之简误"③，陈乐素在对照整理中日资料的基础上编制成了"隋唐时代中日交通史料年表""遣唐使一览表""遣唐留学生一览表"，细致汇总了相关人员及事件，还包括详尽的"图书之携归"记录④，总篇幅长达37页，堪称国内学界对遣隋唐使资料的首次较为全面的整理。

最后是中日朝战争问题研究，主要成果为《光绪八年朝鲜李（大院君）案与朝日定约史稿》及《第七世纪中叶的中日战争》。1930年2月，陈乐素从马相伯处得到与"清光绪八年朝鲜大院君倡乱事"相关的直隶督署往来

---

① 陈乐素：《日本民族与中国文化》，《日本研究》1930年第2期。
② 陈乐素：《日本之遣隋唐使与留学生》，《日本研究》1930年第6期。
③ 陈乐素：《日本之遣隋唐使与留学生》1930年第6期。
④ 列举了最澄《传教大师将来目录》、空海《御请来目录》《弘法大师正传》《常晓和尚请来目录》《灵岩寺和尚将来法门道具等录》《日本国承和五年入唐求法目录》《慈觉大师在唐送进录》《惠运禅师将来教法目录》《惠运律师书目录》《开元寺求得经疏等目录》《福州温州台州求得经论疏记》《青龙寺求法目录》《日本比丘园珍入唐求法目录》《新书写请来法门等目录》等。

文件，阅读后深感其为"史家之珍也，当为之发表"①。以《光绪八年朝鲜李（大院君）案与朝日定约史稿》为名在第9期的《日本研究》上登载时，文前附有马相伯、蔡元培及黄炎培高度评价此文的序言，同时附有此稿的目录，共分八个章节。但令人遗憾的是，《日本研究》上只连载了前三章，剩余五个章节的内容未能登载。②另外，在1943年发表的《第七世纪中叶的中日战争》中，陈乐素分析了公元663年中日军队在朝鲜半岛西部海面发生的"白江之战"，指出此次海战决定了日本之后数百年的对华政策，因为日本的战败使其意识到了中国的强大，于是开始采取对华亲善的政策，并通过频繁派遣使臣及留学生等方式来输入中国文化，概言之，日本军事上的失败"却促进了文化的发展"。③

除上述研究性论文及资料整理，陈乐素还介绍了日本最早的汉诗集《怀风藻》。最先是在《中国文字之流传日本与日本文字之形成》中论及了其为贵族专属的特点，之后分三期在《日本研究》上连载了其中的诗文，并在文前附有介绍性引言，希望读者由此体会到日本"一班人染受中国文化思想到甚么程度与及他们的诗和唐诗风格的关系"。④据笔者视野所及，这应是完整的《怀风藻》与中国读者的首次"会面"。

如若通读上述研究论文可以发现，综合中、日、朝三国史料进行"互证"与"互补"，是陈乐素的主要研究方法。在研究日本古代史的过程中，陈乐素考虑到日本"有文字太迟"⑤，如依靠口口相传必然会产生疏漏或混乱，"若言日本古史事而以日本史籍为据，在日本人自身，是自欺欺人，在其他国人，是谓盲从"⑥，故而他采取以中国史籍为主，同时辅助日本及朝鲜资料进行考证的方法。在研究中日文化交流史的过程中，陈乐素察觉到，不论是日本古代的中国流寓人问题，抑或是中国文字在日本的流传问题，日本史籍中"可疑者滋多"⑦，于是在综合梳理日本相关记录的基础上，结

---

① 陈乐素：《光绪八年朝鲜李（大院君）案与朝日定约史稿》自序，《日本研究》1931年第9期。
② 从文前序言不难可能出，《光绪八年朝鲜李（大院君）案与朝日定约史稿》已全文撰写完成。但在陈乐素离开《日本研究》之后，杂志主编更换为杨幸之，杂志风格也随之变化，历史研究不再受到重视，这应该是剩余内容未能登载的主要原因。
③ 陈乐素：《第七世纪中叶的中日战争》，《思想与时代》1943年第22期。
④ 《怀风藻》，《日本研究》1930年第4期。
⑤ 陈乐素：《后汉刘宋间之倭史》，《日本研究》1930年第2期。
⑥ 陈乐素：《后汉刘宋间之倭史》，《日本研究》1930年第2期。
⑦ 陈乐素：《中国文字之流传日本与日本文字之形成》，《日本研究》1930年第5期。

合中朝资料"一一加以讨论"①；具体到遣唐使方面的研究，由于中国学者"注目于此者犹稀"②，日本学者对此问题关注较多，他主要引用、借鉴了日本的资料，同时对其中夸大不实之处进行了辩证。

受篇幅所限，以上仅为主要成果的概述，若要论证陈乐素在中日关系史研究领域内的学术贡献，则需回到20世纪三四十年代的历史语境下，在中日间进行横向与纵向的综合分析。

三 研究成果之学术意义

中国对日本的关注由来已久，战国时期的《山海经》、东汉时期的《汉书》、西晋时期的《魏志·倭人传》中均有关于日本的记述。进入明代后，除了自古以来的官撰史书记载，《日本考略》《筹海图编》《日本一鉴》等出自民间学者或官员之手的论著也开始问世。从清朝建立之初到鸦片战争前的二百余年内，中国对日本少有关注，到了晚清，特别是在1871年《中日修好条规》签订后，与日本相关的著作才开始增多，如黄遵宪的《日本国志》、康有为的《日本变政考》等。若纵向梳理民国之前的相关资料不难发现，在数千年的历史长河中，中国专门研究日本的著作数量极少，这与日本浩如烟海的中国研究成果形成了鲜明对比。从研究内容来看也有两个明显的特征：一是笼统的概述介绍及史事罗列占绝大多数，少有对某一问题的深入探究；二是关注重心多放在"当下的日本"而忽略"过去的日本"，中国学界的日本史研究极为薄弱。

民国时期开始出现专门研究日本的杂志，如1915年创办的被誉为"中国日本研究杂志之嚆矢"③的《日本潮》、1919年的《黑潮》、1930年的《日本研究》等，这确实从一个侧面反映出国人对日本问题的关注。但当时专门致力于日本研究的人员却较为缺乏，以至于民国北大图书馆馆长叶誉虎曾感慨："三十年来留学日本的人，连游历经商的，统计总不下十万人吧；但是专门研究日本的书，怕找不出二十种，这是何等可笑可叹可怕的事？"④《日本研究》创刊之时也在《卷头语》中专门说明，相关材料主要

---

① 陈乐素：《中国文字之流传日本与日本文字之形成》，《日本研究》1930年第5期。
② 陈乐素：《日本之遣隋唐使与留学生》，《日本研究》1930年第6期。
③ 林昶：《中国的日本研究杂志史》，世界知识出版社，2001，第63页。
④ 叶誉虎：《叶誉虎先生日本研究谈》，《日本研究》1930年第3期。

依靠日本国内"对于自己本国的公道批评研究,所以希望读者不要以为是译品就减轻注意的程度"①。由此可见,因缺少"原创稿件"而依靠译文是1930年前后日本研究领域的一大特征。

在中国的日本研究整体水平较低的年代,陈乐素的相关成果无疑具有"拓荒性"学术价值,他所关注的日本古代史、中日之间在"人员""文字""书籍"等方面的文化交流与影响研究,在此前国内的论著中均少有涉及,而这些问题直到半个世纪后的1980年代才真正受到中国学界的关注与重视。除了研究内容的前沿性,在涉及资料的丰富性、论述逻辑的严谨性、论证方法的科学性等方面,亦是令人惊叹。也正因为如此,陈乐素的研究成果在当时不仅得到了马相伯、蔡元培、黄炎培等人的高度评价,还获得了日本学者的认可。1930年日本出版的《支那史籍的日本史》专门译介了陈乐素的文章,如书中第五章的"前汉及后汉的支那史籍中看到的日本古代"中,引用了陈乐素关于"光武赐倭王印"的论述;第七章的"魏志倭人传的研究观察"中,几乎全文翻译了《魏志倭人传研究》;第九章的"现代民国学者的古代日本研究"中,选译了《后汉刘宋间之倭史》的前三节,指出这是"较为精细的新研究,且是最近民国青年史学者的真实有益的研究成果"②,并因此而感叹"现代中国人的日本观察及研究终于认真了起来"③。

更为重要的是,除上述表层的学术意义,陈乐素的研究同时具有站在中国学者的立场与日本学界进行对抗的深层意义。这主要体现在如下三个方面。

其一,通过日本古代史的研究否定了日本的"神国观"。1930年前后正值日本国粹研究盛行的时期,《古事记》《日本书纪》内神话的"史学地位"随之提升。在出版界,本居宣长的《古事记传》重新再版,《日本国粹全书》《新解日本神典及神之道》等著作不断问世,将"记纪神话"等同于历史的学说,为后来日本侵华时期大肆宣传的"神国思想"奠定了基础。而陈乐素在1930年发表的《魏志倭人传研究》《后汉刘宋间之倭史》等文,明确论证了《古事记》及《日本书纪》中存在的谬误,批判了日本学者"知错不改"的研究倾向,并分析了日本人即便对其持怀疑态度却"不敢非议"④

---

① "卷头言",《日本研究》1930年第1期。
② 〔日〕中山久四郎:『大日本史講座』第17卷,東京:雄山閣,1930,第86頁。
③ 〔日〕中山久四郎:『大日本史講座』第17卷,東京:雄山閣,1930,第46頁。
④ 陈乐素:《日本古代之中国流寓人及其苗裔》,《日本研究》1930年第3期。

的原因。在《古代日本及其新文化》中更是明确指出："日本中小学校的本国史教科书必然的以神代为起始，其次是神武天皇，而日本的历史年表又必然的记神武纪元在公元前六百六十年；其中记事有许多令人不能置信。日本古代史之所以缺乏真实的报告，主要的原因是受了明治以来的国策所束缚，不容许动摇所谓神国的观念。"①

其二，通过梳理古代中日交流史对抗日本学界的"去中国"倾向。陈乐素发现日本史籍中存在有意抹杀中国影响古代日本之史实的现象，并指出这与德川光圀编纂《大日本史》时列中国于诸蕃"盖同一心理也"②，即日本人的"自大思想"③。因此，日本史籍中对国内的事情"犹或肯存其真，而于对外关系，则于稍具卑野外之迹者，便一概没杀，而不肯着一字。此所以误认卑弥呼为神功，而于遣使中国等事讳而不言，后之读其书者，亦存自大之心，虽有知其缪而亦讳而不言也"④。另外陈乐素还注意到，尽管日本文学自奈良朝至明治维新皆深受汉文之影响，但当时的日本文学史著作"顾皆以和文为主，不及汉文学"⑤。在此需补充的是，谢六逸编著的我国首部日本文学史专著《日本文学史》（1929）中，并未论及《怀风藻》，若查看此书的参考书目或可推测内在之缘由，因为五十岚力的《新国文学史》、芝野六助译编的《日本文学史》⑥等相关著作均选择性地"遗忘"了《怀风藻》。与之相对，陈乐素则将其作为中国文化影响日本的典型事例"挖掘"了出来。

其三，通过中日朝战争史的研究，揭示了日本妄图通过吞并朝鲜进而侵占中国的野心。在1931年发表的《光绪八年朝鲜李（大院君）案与朝日定约史稿》序言中，陈乐素指出："斯事之起，虽起于李昰应，然影响所及，及于中日；研究近代远东史者，欲知朝鲜沦亡之源者，欲知日本吞并朝鲜之手段，计划与步骤者，欲知清廷对于藩属之政治措施者，似均有助焉。"⑦ 在日本全

---

① 陈乐素：《古代日本及其新文化》，《思想与时代》1947年第44期。
② 陈乐素：《魏志倭人传研究》，《日本研究》1930年第1期。
③ 陈乐素：《日本古代之中国流寓人及其苗裔》，《日本研究》1930年第3期。
④ 陈乐素：《日本古代之中国流寓人及其苗裔》，《日本研究》1930年第3期。
⑤ 《近江奈良朝之汉文学及日本汉文学史》，《日本研究》1930年第1期（这是一篇介绍日本汉文学史著作的短文，并没有署名，但从内容来看，笔者推断为陈乐素所撰）。
⑥ 详见谢六逸《日本文学史》，北新书局，1929，第131页；〔日〕五十岚力『新国文学史』，早稻田大学出版社，1912；AN. G. Aston著，芝野六助訳補『日本文学史』，大日本圖書，1908。
⑦ 陈乐素：《光绪八年朝鲜李（大院君）案与朝日定约史稿》自序，《日本研究》1931年第9期。

面侵华期间发表的《第七世纪中叶的中日战争》中,陈乐素深入分析了日本自古以来的侵华思想,揭示了7世纪的"白江之战"、16世纪丰臣秀吉发动的朝鲜战争、20世纪30年代的全面侵华战争之间所具有的内在关联,指出侵占朝鲜对日本而言自始至终都是"手段"而非"目的",丰臣秀吉征战朝鲜之时拟定的"三国大计"①已暴露了日本的侵华野心,而"现代日本军阀所唱的大陆政策,却是秀吉精神的继承,而秀吉的精神就是日本精神"②。

最后需要特别提出的是,陈乐素在担任《日本研究》主编之初,曾计划编印三种丛书:"一、日本古籍丛书。所有日本与朝鲜古籍,完全用中国文字写成,除古事记等是日本式的中国文外,其余都是纯中国文,将来都要陆续编印,这是研究日本古代文化的最重要资料;二、日本研究古籍丛书。这是我国关所日本及朝鲜的一切古籍;三、满蒙丛书。这是我国关于满蒙的史籍及最近日俄人士调查研究报告。"③ 陈乐素的设想虽然未能马上实现,却体现出他极为超前的学术眼光。正如刘岳兵所言,关于第二种的"日本研究古籍丛书",在半个世纪之后国内才出版了《中日关系史资料汇编》(1984)、《中日关系史文献论考》(1985)等相关文献。而关于编印"日本古籍丛书"的夙愿,直到21世纪之后才随着《域外汉籍珍本文库》(2009)、《日本汉文史籍丛刊》(2012)等书籍的问世"真正开始实现"④。

结 语

自20世纪80年代以来,在诸多中国学者的努力下,陈乐素曾关注的日本古代史、中日交流史及日本侵华史等研究领域可谓硕果累累,论著不断。但陈乐素早在20世纪三四十年代撰写的具有"拓荒"及"对抗"意义的学术研究似乎并未被后人借鉴与继承。究其原因,首先是受资料收集条件所限。因相关成果主要散见于《日本研究》《思想与时代》等民国期刊,且刊物本身长久以来未被关注,导致登载其中的文章难以进入相关学者的视野。

---

① 具体指"一种未来之中国日本朝鲜处置计划,预备战胜后迎接天皇迁都北京,太子守日本本土,而自己坐镇宁波"(详见陈乐素《第七世纪中叶的中日战争》,《思想与时代》1943年第22期)。
② 陈乐素:《第七世纪中叶的中日战争》,《思想与时代》1943年第22期。
③ 《编辑部启》,《日本研究》第1卷第1期、第2期、第3期。
④ 刘岳兵:《中日文化交流史的回顾与展望——一种粗线条的学术史漫谈》,《日本学刊》2015年第2期。

其次，因陈乐素自九一八事变后转为宋史研究，其早期的日本研究经历只会在其学术简介中以"一笔带过"的形式出现。如此一来，陈乐素的日本研究成果陷入了一种"尴尬境遇"，既不易被专门研究日本史的学者发现，也不会被专门研究中国史的学者重视。

若依据学界的最新研究成果，陈乐素的论著中或许存在某些需修正之处，但他早期的中日关系史研究成果绝不应埋没在历史的尘埃之中。笔者才疏学浅，仅以拙文对前辈学者的主要成果略做梳理，希望抛砖引玉引起相关专家的关注，也希望此类成果能够得到学界的重新评价及定位。

On the Study of the History of Sino Japanese Relations by Scholars of the Republic of China
—Centering on the Historian Chen Lesu

Abstract: As a famous historian and philology expert in China, Chen Lesu's achievements in the research field of song history have attracted much attention, but his early research on the history of Sino Japanese relations has rarely been mentioned. This paper comprehensively combs the research papers published by Chen Lesu in the 1930s and 1940s involving the ancient history of Japan, the history of cultural exchanges between China and Japan and the history of Japanese invasion of China, and makes a horizontal and vertical analysis between China and Japan in the historical context at that time. It is found that such achievements not only have "pioneering" academic value, At the same time, it contains the deep significance of standing in the position of Chinese scholars against Japanese academic circles.

Keywords: Chen Lesu; History of Sino Japanese Relations; History of Ancient Japanese

书　评

谁能摹画出时代的空气?
——严安生《陶晶孙坎坷的生涯——另一类型的中国人留学精神史》读后

刘晓峰*

> 啊啊！不断的毁坏，不断的创造，不断的努力呦！
> 啊啊！力呦，力呦！力的绘画，力的舞蹈，力的音乐，力的诗歌，力的律吕呦！
>
> ——《立在地球边上放号》

至今犹记第一次打开《女神》阅读时的心情，海一样激越的诗情澎湃湍发于眼前曾带给自己怎样的冲击。透过充满《女神》作品中那些直白的呼喊，谁都会感觉到一份恢宏气魄与伟大的创造精神。《女神之再生》《凤凰涅槃》《天狗》《晨安》《炉中煤》《匪徒颂》这些诗篇，无不洋溢着这种精神。但同时，每一个阅读者大概也和我一样，感觉到杂质的存在——那些由成串的外文字母和成堆的人名组成的特殊杂质。事实上这样的杂质在创造社同人如成仿吾、郁达夫等人那里是一种常见的通病，它让人觉得作品有些夹生，同时让人不由自主地猜想，写作这样作品的作者曾经有过怎样的阅读经历？他们的创作的气氛是怎样一种氛围？阅读严安生《陶晶孙坎坷的生涯——另一类型的中国人留学精神史》（岩波书店，2009），解开了这个在我心中埋藏许多年的谜，这实在是一次愉快的阅读。

研究不同时代留学生精神世界的变化，是极为艰难的学术课题，严安生是敢于直面这样艰难的学术课题的少数学者之一。1992年他撰著的《中国人留学日本精神史》于日本岩波书店出版，该书的一个主要视角，就是

---

* 刘晓峰，清华大学历史系教授，博士生导师，主要研究方向为日本史、中日文化交流史。

力图复原近代日本的思想氛围，找到不断变化的日本社会思潮对鲁迅、秋瑾、陈天华等一代中国留日学生产生的影响。这本著作后来先后得到日本第19届大佛次郎奖、第四届亚洲太平洋奖，为中国学界争得一份荣耀。18年后，严安生追踪留日中国知识分子精神轨迹的研究又取得了突出成就。这就是2009年3月由岩波书店出版的《陶晶孙坎坷的生涯——另一类型的中国人留学精神史》。皇皇400页的大作中，作者倾十余年学力剥茧抽丝，对日本大正时期（1912~1926）留日中国学生精神发展过程做了深入梳理和分析。这部书，注定会成为研究留学生文化历史的又一部扛鼎之作。

近代一反历史上中日之间的师生关系，对中国来说是文化逆向输入的时代。日本和中国的文化联系千丝万缕，正因如此，在追溯近代以来学术史或文化史发展时，哪怕是事关欧美，我们都经常会碰到日本背景或日本源头。1895年以降，东洋日本是集聚出国留学的中国知识分子人数最多的地方。明治维新后发展起来的日本，是近代中国汲取世界文化营养的重要源泉。欧美的思想经由东洋传入，东洋就为这种传播提供了一个变数。所谓南橘北枳，叶徒相似，味实不同。来自日本的欧美知识，虽然同样是欧美的知识，中间却又平添日本人的理解、研究，多少变化出别的味道来。最好的例子是李冬木先生对鲁迅国民性问题的研究。我们都知道，鲁迅关于中国国民性的论述，深受史密斯《中国人气质》的影响。但李冬木先生别具只眼，指出真正影响鲁迅的，是日人涩江保译述的史密斯。鲁迅文章中的很多话，直接就来源于涩江保翻译过程中加进去的插话。这些插话既是鲁迅所接触者为涩江保日译本最直接的证据，也丰富了鲁迅讨论中国国民性问题的思想来源。另外一个方面是近代日本自身的变化。从1868年明治维新开始，日本社会就一直处在风雷激荡的社会变化中，几乎每个历史阶段，其社会思潮和文化背景都各有转换。所以同样留学日本，因为留学的时间不同，所受文化熏染不同，不同世代的留日学生的思想会有很多变化。只是这样的变化很难说清楚——文化氛围一如空气，你接触时仿佛无处不在，但伸手去捕抓却两手空空。离开对近代日本社会深入的了解，对于近代日本社会思潮准确的把握，实在很难在这样的领域有所作为。

严安生的新作集作者18年的学术努力，在我看最大的贡献就是写出了"空气"，活脱脱写出了一个时代的氛围。《陶晶孙坎坷的生涯——另一类型的中国人留学精神史》集中精力挖掘"第二世代"留学日本的中国留学生的精神世界。这一世代中最具代表性的是郭沫若、郁达夫、成仿吾等创造社成员。但作者却没有选择这些曾叱咤风云的代表性人物。被选择为传主的陶晶孙，在中国本土知识框架中，是一个无论在现代文学史还是文化史上地位都根本谈不上显赫的人物。他参与了创造社早期活动，却并非骨干和中坚。同人中他的知名度远逊于广为世人所知的郭、郁、成诸位。他的作品，长期以来也并不为人所关注。然而，作者这样选择正反映了本书的立意和写作的别具匠心。在作者看来，要理解第二代留学生的精神世界，理解对留学生们影响至要的大正日本教养主义，陶晶孙更具有代表性。他少年时随父留日，读的小学是夏目漱石曾经就读的小学，中学是全日本赫赫有名的"一高"——东京第一高等学校，大学是九州帝国大学和东北帝国大学。他接受的教育是当时日本最好的教育，是接受大正日本的教养主义洗礼最彻底的人物。他并不算成功的人生经历，正是大正时期教育的成果。盖作者倾力希望刻摹出来的，不是某一个具体的个人，而是大正时期从"一高"至"八高"的校园文化氛围，是深受德国影响的日本的教养主义教育发展史，是飘荡在日本大正时代校园特殊的空气。

　　在近现代日本文化发展史上，大正文化是非常特殊的一段。第一，这个时期思想领域极度活跃。1905年日俄战争的胜利，让很多日本人觉得日本国已经是一个优等生。但是在很多日本知识分子看来，西化道路并没有就此走到尽头，个人层面的、精神层面的追求"个人思想解放"的西洋化才刚刚开始，日本进入了"第二次开国"。第二是社会层面的宽松。明治天皇的死标志着一个威权时代的结束。换言之，明治年间积聚下来的各种社会矛盾，在大正时期进入必然的显性化过程。这些社会矛盾的存在早在日俄战争结束之际出现的"日比谷烧打事件"中就已经可以看到端倪——参与打砸抢烧而被定有罪的91人中劳动者、小商小贩居多，并且大多是30岁以下的市民。从台湾出兵到甲午战争，每次战争日本都得到了巨额的赔款。而日俄战争的胜利却没有使日本如愿得到巨额战争赔款，在这场战争中得到好处的，只有拥有特权能与军需、公债挂上钩的军阀、财阀和一部分政客，这当然引起民众层面极度不满。进入大正时期，很快就出现了高举拥护宪政的旗帜，以打破旧阀族势力为目标的社会运动。新思想的深入传播和社会运动的蓬勃发展，构成了大正时期特殊的时代氛围。第三是教育的爆炸式发展，学校成倍增加，大批涌入日本旧制高校的学生，成为未来文学发展的生力军。郭沫若、郁达夫、成仿吾、陶晶孙这些创造社骨干就出身于旧制高校。大正日本的社会氛围，大正校园的教养主义教育氛围，构成第二代留学生们面对的新世界。郭沫若、郁达夫、成仿吾、陶晶孙们在日本，呼吸体会到的就是这样一个和鲁迅、秋瑾、陈天华们完全不同的特殊时代氛围。他们疯狂地阅读，疯狂地吸纳全世界最优秀的文化，并以广博的知识修养为骄傲。他们结社，他们串联，他们热心奔走中日两国之间，他们群聚啸傲，一个个胸怀开创新文化、新时代的梦想。他们和鲁迅一代的留学生，是完全不同的留学新世代。

怎样的文章高手才能摹画出时代的空气？对于我这样几十年从事日本史教学的教师，如何向学生传达并让他们切实体会到日本历史中一个时代向另一个时代的转化，可以说是至难的目标。走进近代日本社会，在近代日本社会文化发展脉络中回望一代留日学人的成长，严安生的《陶晶孙坎坷的生涯——另一类型的中国人留学精神史》却真的为我们描摹出了整个大正时期的时代氛围。这部著作视角独特、对史料梳理细致、学术分析深入，日语表达流畅而到位，从文笔、才华到学力都可圈可点，注定是中日学术发展历史上的路标性学术著作。

（『陶晶孫その数奇な生涯—もう一つの中国人留学精神史』，岩波書店，2009）

汉字：文言的互化与他者的意义

顾 春[*]

2003年,《汉字论》由岩波书店付梓成书,其中汇集了子安宣邦1999年至2002年多篇关于汉字、训读、国语与日本近代批判的论文。2021年,该书的中文译本作为生活·读书·新知三联书店"子安宣邦作品集"出版。在该书中,作者以后现代主义批判的立场,从他者的角度审视日本在民族意识自觉中以文字寻找文化根基的思想历程。这在日本汉字论的研究中有着作为思想史的独特意义,也是日本学界对汉字、汉文进行思想史研究的首部著作[①]。该著作穿透几百年来隐秘在文化自我认同深处的汉字意识形态,批驳了为构建大和精神之文化独立性而摒弃他者性的种种言说,并将这些言说中以他者的错置与自我的凸显所未能消弭的历史真实清晰地呈现在读者面前。

《汉字论》由六章构成：何为"汉语"、《古事记》——一个汉字书写的文本、对他者的吸收及自我内部的融会——汉文训读意识形态、作为译词的现代汉语、汉字与"国语的事实"——时枝诚记"语言过程说"的成立、汉字及固有语言的自我认同。六部分具有彼此内在的逻辑联系,第一、二章首先从日语中汉字与汉语的定位、训读对于日语书写体系成立的作用,揭示出汉字借物观与本居宣长训读的事后性遮蔽了汉字对于塑造概念意象的作用。第三章从训读对于概念生成的意义,批判以往内化外物的精神分析视角。[②] 第四章分析近代学术制度确立过程中,传统概念借由被赋予新概念而转用再生的汉字词,以跳脱新意得以复活传统话语的过程和机制。第

---

[*] 顾春,北京工业大学文法学部副教授,主要研究方向为近代中日思想文化。
[①] 〔日〕中村春作:『日本思想史研究の課題としての漢字,漢文,訓読』,『日本思想史学』44, 2012, 第75頁。
[②] 〔日〕子安宣邦:《汉字论》,顾春译,生活·读书·新知三联书店,2021,第70页。

五、六章，作者对民族主义情愫下的一般国语学和帝国主义语境中的语言过程说，同时展开猛烈的批判。

一　日语文体的诞生及汉字借物观

何谓日语中的"汉语"？在《汉字论》的开篇，作者首先援引现代国语学者山田孝雄的定义：除古代形成的汉语外，由汉字组合而成的新词、译词均属日语中的"汉语"，随即引出该书的命题：若近代日本通过翻译西书创造的和制新词亦属日语，那么，汉字于日语究竟意味着什么？作为思想载体的文字，显然不仅是思想表达的记录符号，同时是思想传播、互动乃至新知产生的媒介。然而，日本学界对日语中汉字的态度虽不统一，但有如"国语的入侵者""日语之不幸""汉字不适合论""汉字衣裳论"等抱持排斥态度的言说却也司空见惯。于是，子安将审视的目光聚焦在它们的立论基础——汉字借物观与日语书面体成立的滥觞之上。

日本人使用汉字记录自己的语言之后，汉文的书写形式逐渐演变为日文文体，先后出现了"汉文体"、"变体汉文"、"汉文训读体"及"和汉混淆文"①等。汉文训读原本是便于理解汉文的一种手段，尽量保留汉字的直译。这种训读方法逐渐衍生出文体上的"汉文训读体"，并发展为"和汉混淆文"。"和汉混淆文"不单纯是汉语词、和语词在词面上的混合体，在语法、文体修辞等方面也是混合的。也就是说汉文对和文的语法和文体修辞同样具有作用力，站在和语的角度，也可以将其理解为"和习"，即汉文的日本化。

《古事记》文本并存着三种不同的文体，序以汉文体著成，正文主要采用变体汉文，歌谣使用万叶假名。《古事记》不仅是首部以变体汉文，即日语文体书写的古典文献，而且是第一部由神话记述国家起源、王权正统性的国家史书。因此，欲塑造大和民族文化固有性与纯正性，势必要在排除《古事记》中的"汉意"后才能完成。本居宣长对《古事记》加以"古训"，并由此完成的大著《古事记传》是复兴日本固有之"古道"的国学集大成之作。子安指出这种发现固有"和语"以及构筑在纯正和语上的发现"古道"的工作，是以曲解历史的真实展开的。记录《古事记》的

---

① 现代日语的"汉字假名混合文"便是文言体"和汉混淆文"的一个现代变形。

变体汉文并非在阅读汉文并将之转译为和语——长期训读基础上形成的文体，而成为太安万侣将汉字努力改造为借来的表音文字，使之如实地记录口诵古语的一番费尽苦心的学术作业。本居宣长逾越千年时空的阻隔所进行的"古训"还原，在西宫一民阅读者与创作者的两条阅读曲线中，找到了与创作者一致性的理论依据。但它实际上是以一种翻译（宣长"古训"）向另一种翻译（《古事记》原有之训）的复原努力。宣长借助"古训还原"实现了"古语之貌"的创生，并提出高于道德的美学概念"物哀"，同时将之升华为日本人的特有气质——敷岛大和魂。汉字是借来之物，必须是表音的符号，这是日本最初自我认同所不可缺少的逻辑起点。但《古事记》的原有之训真的可以还原吗？不仅龟井孝那篇轰动学界的《〈古事记〉是否可读》已做出回答，早在江户时期的古文辞学派也已认识到了这一点。

书中援引先于宣长的古文辞学派开创者荻生徂徕的观点"和训不过是一种和译"，"只是训读者们未能意识到"。[1] 荻生徂徕始终坚持与训读不同的汉文读法——直读，并由此开创了古文辞学。其继承者太宰春台在《和读要领》中也明确指出借训读之力"中华之书"演变为"国字草子"。由此，书中强调日语假名混合文的产生与汉文文本的训读化（和训化）密不可分，翻译是一种文化移植，它承认和接受原文献所蕴含的文化价值，同时也以认同该文化是优势文化为前提。[2]

在文化移植的过程中，汉字所承载的意义体系发生了怎样的变化？子安认为古文辞学的悖论建立在汉文与和文的意义变迁之上，而这同时也成为儒学日本化的过程。古文辞学、国学诞生的过程中，自我认同意识无形中指导了原有意义的本土加工和转化，而在这种转化中训读同样起到不可或缺的作用。

二 从主体的觉醒到国家伦理：汉字的现代性与保守性

《汉字论》第三章分解并再现了以汉字训读为中介完成的儒学日本化的过程。日本自江户时代逐渐形成了以否定德川幕府理学（朱子学）为

---

[1] 〔日〕子安宣邦：《汉字论》，顾春译，生活·读书·新知三联书店，2021，第61页。
[2] 〔日〕子安宣邦：《汉字论》，顾春译，生活·读书·新知三联书店，2021，第63页。

宗旨的古学派与国学派。古学派的学术底色是文献学的方法论，旨在从朱子的四书中心主义回归"六经"经典。它的集大成者荻生徂徕倡导不仅要直接以汉文古典的语言和思维阅读经典，还应直接用汉文进行书写，讲究"不以今文视古文，不以今言视古言"，但目的仍然在于重新定义儒学义理。国学派则通过对日本古典著作的阐述构筑起日本古道论，强调神道皇统，本居宣长无疑是日本江户国学思想的巅峰。可以说，古学对儒学的日式改造使日本的儒学道统得以成立，可谓日本自文化中心主义之滥觞，国学派则摒弃中国古典以《古事记》《万叶集》等日本典籍为载体，努力将由汉字所渗透到文本中的文化意义排除净尽，以此完成大和精神与日本道统的自立。这种自觉性不仅被认为是日本现代性的起点，还对日本近代国体论、尊皇论有着重要影响，对于近代消解以中国为中心的华夷秩序、建立以"道统优越"之所在的、以日本为中心的东亚新秩序同样具有深刻意义。

　　子安这样整理了佐藤喜代治描述日语吸收汉文的过程："日本人至今不是以固有的而是外来的语言进行学问的思考与研究"，但"这并不是说日本人自身不具备发展与理性表达相匹配的语言能力"。[①] 恰恰相反，日本对待外来文明具有卓越的内化能力。子安指出佐藤的逻辑倒置在于：汉字并非创造自身文明的一部分，而仅是丰富了自己。在子安看来，"使用外来语言进行训读的翻译工作创造了本土语言本身，或固有语言的内部"[②]。于是，在佐藤的逻辑推演之下，语言的不对等出自本身的优越性与特性，是"诚"之所在，日语精神之所在。"诚"到"忠信"概念的转化亦有训读作为介质。忠信＝MAKOTO，诚＝MAKOTO，于是忠信＝诚。以训读MAKOTO实现此岸和彼岸的意义错置，国民道德——忠信便在这样的概念置换中完成了。汉意的透明化，即汉文的意识形态在自身语言中通过涤荡他者的意义空间，完成自我同一性的建构。

　　不过，子安的矛头所向不止于此，更在将国家推向战争的思想根源。日本近代伦理学的话语创制及国家伦理的复活与训读意识形态下的概念重构，有着异曲同工之处。他考察明治学院派运用狄尔泰、海德格尔等阐释学的方法，通过语言的表达、阐释在日常生活中对应存在的事实，赋予死

---

① 〔日〕子安宣邦：《汉字论》，顾春译，生活·读书·新知三联书店，2021，第68页。
② 〔日〕子安宣邦：《汉字论》，顾春译，生活·读书·新知三联书店，2021，第68~70页。

语以活力，及复活儒家保守主义立场的过程与机制。在急进的近代化面前，日本走向帝国主义，天皇制国体赋予近代民族国家以"神国"性，并成为统合民族精神与调动资源的有效手段。以往国学与儒学的对立在此达成共识，儒学的"忠""信"复苏后，与神道合流。明治至昭和，以天皇为象征的政教一体、国家伦理对国民道德提出了新的要求。以往在天皇旗帜下推进的近代化此时因不合国情成为反拨的对象，日本近代的文化变异中存在着西方与中国两个"他者"的面相。

三 语言的主体性与"日语的性格"：不可回避的他者

在向民族国家转型的过程中，无法回避语言的问题。子安从国语史中再次确认了江户时代起流淌在深层的自我认同的意识形态：由于汉字这一他者的存在，作为国语的日本固有语言意识的觉醒，在排除表意的汉字之后，日语体系中凸显的是复语尾、助词等发挥语法功能的部分——使魂魄相连的"玉之绪"，被明治国语学家山田孝雄以"国语的法格"加以命名。在山田的理论中，语言主体在"国语的法格"下对汉字进行训读，并直接促成了汉字记录法的诞生。但这一"他者"被视为入侵性的存在，因为只有与国学者保持意识形态的统一，只有从固有的口诵古语，加之以超越"空疏""汉意"的"物哀"式浪漫情感，才可能创造出"民族的""日本的"国语与大和魂。

时枝诚记与上述国语学者不同，它承认汉字对日语的绝对影响，并在对索绪尔的误读及否定之上，展开"主体性"的国语学建构，提出反映说话主体心理过程的"语言过程说"。虽然他批判日本套用西方历史语言学的语音中心主义，但站在帝国主义的历史语境中，那种对语言本质的"主体性"框定，使"语言的本质"跨越国家、民族，从民族的"国语"转为具有日语性格的语言。这样的定义，是否迎合了以对抗西方解放"东方"之名而构筑的所谓东亚协同体的政治立场？书中用五、六两章对民族主义立场下语音中心主义的操作性与语言过程说的帝国主义情结加以剖析，对言说背后重塑自我认同的精神分析法进行了批判。

索绪尔通过区别语言、言语，共时、历时，内部、外部等概念，构筑了共时性的语言学，把言语活动分为"语言"（langue）和"言语"

（parole）。① 外部要素对语言内部所产生影响的结果，并非语言的内部性，历史语言学却将外部，如意识形态、社会、历史等非语言因素导致的结果内在化。这正是索绪尔所反对的，他批判历史语言学、特别是语音中心主义那种将政治性等外部因素的结果消解在语言内部的意识形态。为此，所谓民族国家的统一的语言便不可能是语言内部的产物，对其加以的"某种特定的语言"的想象不过是一种暗含强烈政治意味的操作。

柄谷行人曾用日本近代由语音中心主义向语言民族主义嬗变的逻辑批判日本民族国家起源和历史神话的意识形态，指出江户国学派将在古语语音中寻找作为民族统一性的大和魂的浪漫式美学思考与西方语音中心主义在口语里寻找"血脉"和"根"的逻辑是并行和异曲同工的。②

不过，时枝诚记确实敏锐地抓住了汉字与欧洲拼音文字的实质性差异：文与言的结构性分离。而这一差异性特征，使汉字可以统合东南亚书写系统而不受到发音的困扰。在西方，拉丁语解体、各区域方言构造新的书写系统促成了身份认同与民族国家的成立。与这一过程相反，日本的现代"国语"，是在统一的民族国家意志形成之后，由政府自上而下推动完成的国语标准化改革，是使以往偏口语化表达的和汉混合书写方式取代传统汉文体作为正统书写体的一种国家"启蒙运动"，这缘于日本现代国家的后发性以及由此引发的西化，其实中国的情形也有类似，东亚语言的同文性在这里发生了变化。

---

① 索绪尔将确定语言单位与描写系统内单位间的关系作为语言学研究对象，并由此构建系统理论，提出语言符号观，强调语言符号的任意性原则。言语活动中的"言语（parole）"是个人的说话，"总是通过语言（langue）来表现自身"，而"语言（langue）则完全独立于个人，它不可能是个人的创造，其本质上是社会的，并以集体为前提。它唯一的本质的特征，是声音和表达某一概念的听觉形象的结合"。他将语言解释为一种社会心理现象。他的语言共时性指共存的语言状态，历时性指时间流程中语言各个要素在语言系统之外的变化。语言的组织、系统为语言的内部要素，一切与系统和规则有关的都是内部的，一切在任何程度上改变了系统的，都是内部的。一切跟语言的组织、语言的系统无关的都是语言的外部要素，如语言的民族性、政治性、书面语与口语的关系等。索绪尔同时认为语言独立于文字系统，文字也是外在的。在历史语言学那里，口语已是所谓的书写语言，由于被书写的语言无法保证就是口语的描摹，而且通过历时性或外部的作用，譬如学校规范化的教育等都会对口语产生影响。

② 〔日〕柄谷行人：《日本现代文学的起源》，赵京华译，生活·读书·新知三联书店，2003，第 207 页。

四 作为方法的"他者"与文明互鉴

《汉字论》不仅在思想史层面,更在学理层面,对日本自古至今构建学术话语及意识形态的思想轨迹进行了抽丝剥茧般的入微分析。将研究对象"他者"化、"方法"化是子安一贯秉持的方法论。他以"作为事件的徂徕"(1990)开创"论述的转换"即"自文本外部的论述环境来加以解读""对象文本中所具备的独特论述意义"①的方法,通过阐析言说及其变迁的构造,将近代知识话语相对化并加以批判性反思,而掀起思想史研究的一股新潮流。② 在"作为方法的江户"③"作为方法的亚洲"④ 中,这一方法论更加丰满。子安从时间和空间两个维度,从江户重新审视以明治为日本近代起点的内部思维模式;以去实体化、相对化、方法化的亚洲形成外部视角,促成日本近代史话语结构的转变。可以说,《汉字论》是这一方法论在日语成立史中省察汉字观及其精神结构变迁的又一次示范,这种省察与追问虽针对其外部论述空间,但指向日本文化的基底,因而不可谓不彻底和不决绝。

自 20 世纪 90 年代后殖民主义思潮兴起,汉字、汉文、训读成为批判近代民族国家、近代教育制度与语言编制的一个重要向度。《汉字论》不仅揭示了隐蔽在"和语""国语""日语"背后的训读与汉字意识形态及其精神图谱,还将构成其话语体系的种种言说绘制为一张解锁近代民族主义的思维地图,为思想史研究提出崭新的问题意识与转型性视角。为此,它也引

---

① 〔日〕子安宣邦:《东亚儒学:批判与方法》序,陈玮芬等译,台北:喜马拉雅基金会,2003。该书对"事件"有如下解释:"事件(event)"是在外部或社会空间中发生的事,把徂徕学或徂徕的言论——言谈说辞——用事件来把握,意味着它们发生于徂徕以外的社会空间,或徂徕文本之外的论述空间(文本与文本间的空间,inter-textual;P. Ricoeur),而且论述(discourse)本来就是事件。论述是对外的表白,假使论述所发生的外在空间叫作论述性空间(或论述间的空间,inter-discoursial space),论述在论述空间中出现后,有时反应哗然,有时孤掌难鸣,从这一点来看,论述就是事件(《东亚儒学:批判与方法》,第 59 页)。
② 〔日〕苅部他編,田尻祐一郎:「総論」『日本思想史講座 3 近世』,ぺりかん社,2012;田尻祐一郎:「戦後の近世思想史研究をふりかえる」,『日本思想史学』第 48 号,ぺりかん社,2016。
③ 〔日〕子安宣邦:『方法としての江戸』,東京:ぺりかん社,2000;〔日〕子安宣邦:《江户思想史讲义》,丁国旗译,生活·读书·新知三联书店,2017。
④ 〔日〕子安宣邦:《近代日本的亚洲观》,赵京华译,生活·读书·新知三联书店,2019,第 11 页。

起思想史、语言学等多领域或扬或抑的不同凡响。①

苏美尔人的楔形文字、古埃及圣书文字、甲骨文是世界最古老的三种具有独创性的文字，而其中沿用至今的只有汉字，现有的其他文字均在这些文字体系之上形成。如腓尼基字母发展了阿拉米字母和希腊字母，前者派生出希伯来、阿拉伯、印度字母，后者则衍生出拉丁、西里尔字母。腓尼基字母是现今使用的字母文字之祖。即便独立性极强的汉字，在其发明、演化的过程中，也经历了多种源头和来自不同文明的影响。

文明是在交流和碰撞中产生的，农业、技术、宗教等世界的文化源地，均起源于"居天下之中"交流的中心地带。子安宣邦在《汉字论》创作缘起的那次研讨会上意识到：日语、中文与西方语言间的转译与意义再生，民族国家的语言的确立，使原本统合于汉字书写系统中的意义发生了变化。不过，不论是发生在一千多年中的汉语和化，还是以近现代为滥觞的和制汉语的中国化，就其本质均是以汉字为媒介的思想传播及意义再生，而在中日之间作为造成文明冲击的第三方西方同样参与了语言民族化的历史进程。那么，应如何看待汉字？——"不可回避的他者"，似乎同样也是认识我们的汉字所无法回避的视角。

---

① 如小森阳一的《日本近代国语批判》之"发现'日语'"便包含了对子安等多位研究者的吸收和反思；野村雅昭则站在和语、汉语、洋语（外来语）都是日语的角度上对《古事记》的汉文书写加以反驳。〔日〕小森陽一：『日本語の近代』，東京：岩波書店，2000；〔日〕小森阳一：《日本近代国语批判》，陈多友译，吉林人民出版社，2003。野村雅昭：『漢字の未来』，東京：三元社，2008。

《朱子家礼》在近世日本的接受与实践
——评田世民《近世日本儒礼实践的研究》

周 江[*]

【摘 要】 田世民所著《近世日本儒礼实践的研究——以儒家知识人对〈朱子家礼〉的思想实践为中心》一书以近世日本的儒家知识人对于儒教礼仪规范之书《朱子家礼》的接受方式及多样形态为研究对象,以详实可靠的文献资料为支撑,从儒礼实践、特别是丧祭礼的表象,提炼出深刻的思想内涵,且历时性地比较分析了近世日本知识人在丧祭礼上的同与异,充分彰显了中华传统文化海外传播的影响力与生命力。与此同时,该书还体现了作者敢于颠覆传统、挑战权威、提出新见解的创新精神。

【关键词】 儒礼实践 《朱子家礼》 近世日本 丧祭礼 创新

中华传统文化经典之一的朱子学,早在13世纪即传入东邻日本及朝鲜等国。朱子学在日本传播、渗透并于近世时期实现本土化的漫长过程,成为中日两国思想文化领域共同关注的热点之一。而隶属于朱子学范畴的《朱子家礼》同样对日本近世社会及思想领域产生了深远影响。一部《朱子家礼》因何走进近世日本知识人的视野?他们在生活中是如何具体而微地践行《朱子家礼》中的丧祭礼仪?这种传承与践行又折射出近世日本知识人怎样的儒礼思想?近世日本知识人乃至社会的思想面貌呈现何种态势?诸多疑问萦绕于心,而诞生于2012年的《近世日本儒礼实践的研究——以

---

[*] 周江:北京外国语大学日本学研究中心博士研究生,信阳师范学院外国语学院讲师,研究方向:日本思想史和日本文化研究。

儒家知识人对〈朱子家礼〉的思想实践为中心》一书，则适时并及时开启了系统解答这些疑问的智慧之门。

《近世日本儒礼实践的研究——以儒家知识人对〈朱子家礼〉的思想实践为中心》一书，由台湾大学出版中心于2012年4月出版发行，作者是台湾淡江大学日本语文学系助理教授田世民先生。日本京都大学大学院教育学研究科教授辻本雅史为该书作序。该书有中文版，也有日文版。日文版『近世日本における儒礼受容の研究』于2012年3月由东京"ぺりかん社"出版。

要知道，田世民先生的著作出版之前，有关儒礼的海外影响研究仍属罕见。2003年由学者王维先和宫云维共著发表的论文《朱子〈家礼〉对日本近世丧葬礼俗的影响》[①] 简要探讨了《家礼》对近世日本社会的影响，进而说明儒学是如何渗透到日本人的现实生活中。但之后关于此话题的研究空缺数年。尽管2017年起又有几篇论文继续探讨《朱子家礼》对近世日本的影响，[②] 但也只是寥若晨星且不成体系。而田世民先生的著作视角新颖独特，从理论延展至实践，系统探讨了近世日本的儒家知识人如何看待和接受《朱子家礼》以及在社会生活中如何付诸实践的具体内容。由此可见，田世民先生的研究开创了学界关于儒礼实践对近世日本影响研究的先河，尤其是他将重点置于近世日本各学派、各学者的"儒礼实践"过程，着眼于怎样将"礼"之言论践行于人们的日常生活中，更是意识超前、价值非凡。刊行于《日本学研究》2018年第1期的一篇名为《日本研究指南——日本研究必读书100册》[③] 的论文中，将田世民先生的这本书列为"思想史"领域内研究必读书籍。该书日文版于2012年一经刊出，便在翌年公开发表三篇日文书评[④]，评者对该书的

[①] 王维先、宫云维：《朱子〈家礼〉对日本近世丧葬礼俗的影响》，《浙江大学学报》（人文社会科学版）2003年第6期。

[②] 代表论文有：彭卫民《日本江户时代知识人对朱子〈家礼〉的继受》，《云南社会科学》2017年第5期；彭卫民《朱子〈家礼〉思想在日本江户时代的传播与影响》，《国际汉学》2019年第4期；〔日〕吾妻重二、古宏韬《日本近世的儒教丧祭礼仪——〈家礼〉与日本》，《人文论丛》2019年第1期；〔日〕松川雅信、张琳：《崎门派'家礼'实践与近世日本社会》，《现代儒学》2021年第1期。

[③] 〔日〕安井真奈美著，党蓓蕾译：《日本研究指南——日本研究必读书100册》，《日本学研究》第28辑，2018，社会科学文献出版社，第223~239页。

[④] 〔日〕石黒衞：「書評 田世民著『近世日本における儒礼受容の研究』」，『日本思想史学』，第45号，2013，第224~228頁；〔日〕松川雅信：「書評 田世民著『近世日本における儒礼受容の研究』」，『立命館史学』，第34号，2013，第123~128頁；〔日〕黒田秀教：「書評 田世民著『近世日本における儒礼受容の研究』」，『懐徳』，第81号，2013，第39~44頁。

《朱子家礼》在近世日本的接受与实践

主要内容都做了简要概括并客观严谨地评论该书的优缺点,但评论皆有片面分析、不够充分之嫌。且中文版刊出后至今未有中文书评问世,故在此评论该书具有一定的学术价值和现实意义。

全书由绪论、六章和结论共同构成,另附参考书目、人名索引、名词索引等相关内容,资料翔实,内容丰富,既有科学的理论指导,也有具体的实践阐释,更有第一手儒礼实践的史料分析,可谓典型的"知行合一"。

绪论部分以"东亚视阈中的近世日本儒礼实践研究"为题,分别从研究缘起、文献回顾、研究方法及旨趣三个方面,全面展示了近世日本在儒礼特别是《朱子家礼》范畴内的丧祭礼的接受、传承、变化及发展方面的基本态势。作者还特别强调:"近世日本没有儒者不关心深系儒家实践思想的礼,对于礼尤其是家礼的讨论更是不容小觑。由于《家礼》正是这日常礼法实践之权威性的典范,江户期知识人对丧祭礼的讨论便集中于此,并力求在社会生活当中具体地加以实践。"[①]

第一章以熊泽蕃山的儒礼葬祭论和《葬祭辩论》为探讨对象。熊泽蕃山基于其师中江藤树提出的"时所位论"[②]的观点,主张"水土体现了人情风俗"的"水土论",从民众的普通安定生活的优先角度出发,对缺乏现实性的儒礼实践持消极态度。蕃山的"水土论"与他的儒礼观息息相关。如何进行依据儒家"孝"思想的丧葬礼仪成为儒家知识人面临的重大问题。但主张"水土人情"的蕃山是允许火葬的。不过,作者也论及,熊泽蕃山虽然容许火葬,但绝非否定儒葬,并主张根据人的身份地位或经济能力去选择合适的葬祭礼仪。

第二章、第三章是一个相对集中的单元,分别以"崎门派朱子学者对《朱子家礼》的实践论述"和"浅见絅斋的《朱子家礼》实践及其礼俗观"为题,从理论与实践两个方面,结合浅见絅斋编著的《丧祭小记》及其

[①] 田世民:《近世日本儒礼实践的研究——以儒家知识人对〈朱子家礼〉的思想实践为中心》,台北:台湾大学出版中心,2012,第6页。
[②] 中江藤树在《翁问答》一书中提倡有名的"时所位论"。他强调学者应该依照时间、场所、地位,亦即个人所处的实际情况采取符合"时中"的行动,并主张不应拘泥圣人的礼法,而应以"中庸"之道为要。熊泽蕃山继承其师藤树的时所位论,并且进一步发扬光大。蕃山认为,对于圣人于特定时空所制定,而不合今日时宜的"儒法",主张不应毫无批判地盲从。应该根据日本的"水土"来实践圣人之道。(出自田世民《近世日本儒礼实践的研究——以儒家知识人对〈朱子家礼〉的思想实践为中心》,台北:台湾大学出版中心,2012,第25~26页。)

· 237 ·

《朱子家礼》校订本内容,专门阐释了崎门派对《朱子家礼》的继承与发展。崎门派的实践性言论集中在"神主""棺材"和"坟墓"三大问题,由对这三大问题的探讨也就衍生出崎门派的生死观与鬼神观。由此可见,崎门派忠实于朱子《家礼》,但不是完全照搬,而是依据日本的风俗习惯来进行丧祭礼仪。

《丧祭小记》是浅见絅斋于1691年编纂的丧祭礼的专门书籍。其宗旨即基于《朱子家礼》的丧祭礼如何实践于日常生活中。浅见絅斋曾在《丧祭小记》跋文中言及:丧祭礼的具体实践应该"以其不易固有之心,行乎不易固有之道。而参以人情之宜,酌以方俗之变,为其所得为以称有亡之节"[1]。《丧祭小记》中众多的礼式和器物的项目主要依据《朱子家礼》。絅斋痛骂火葬是"愚俗",是"极为不孝不义"之举。同时,他对"异性养子"也是予以否定的。《丧祭小记》既是絅斋基于《朱子家礼》所作的关于通礼和丧祭礼的入门书籍,也是引领丧祭实践的指南书。

第四章《水户藩的儒礼实践》紧扣由德川光圀所颁布的《丧祭仪略》(1666年)这部丧祭礼书,来探讨水户藩对儒礼的采纳与实践。透过第一手资料的梳理,指出《丧祭仪略》抄本具有AB两个系统七种版本,并分析其内容的变迁和意义。《丧祭仪略》从A系统至B系统的变迁过程,显示了水户藩执行儒家丧祭礼的实践过程。作者还特别指出水户藩与崎门派在继承《家礼》方面的差异。

第五章与第六章又是一个相对独立的单元,分别题作"怀德堂知识人的儒礼实践——以中井家的家礼实践为中心"和"怀德堂诸儒的儒礼祭祀与无鬼论"。作者认为,怀德堂文库所藏史料不仅是中井家历代的葬仪记录,也细致地展示了中井家家礼的生成与延续,是一份难得的重要史料。与此同时,作者还专门考察了怀德堂的儒礼祭祀与怀德堂知识人的无鬼论之间的关系,强调指出,"怀德堂知识人诉诸祖先祭祀之内面心态的无鬼论,正是借学问的力量去对抗世间陷于俗信的人情以及寺请制度底下的佛教祭祀。换句话说,怀德堂知识人是在正视人情与通盘掌握市井现实之上,始提出'无鬼而祭祀'的主张"[2]。

---

[1] 田世民:《近世日本儒礼实践的研究——以儒家知识人对〈朱子家礼〉的思想实践为中心》,台北:台湾大学出版中心,2012,第97页。
[2] 田世民:《近世日本儒礼实践的研究——以儒家知识人对〈朱子家礼〉的思想实践为中心》,台北:台湾大学出版中心,2012,第246页。

结论部分，作者分别从礼文、礼器、礼意三个方面，具体阐释了近世日本知识人在儒礼实践上与《朱子家礼》的不同表现，并总结了近世日本知识人之儒礼实践的个性特征。

总之，该书以日本近世为经，以承继《家礼》的各派知识人的思想实践为纬，较为全面地还原了近世日本社会的思想面貌，并由此呈现以下几大特色。

第一，从儒礼实践之表象，提炼出深刻的思想内涵，为读者深度了解近世日本知识人在儒礼实践中的思想主张指明了方向。

如绪论部分，作者就明确指出近世日本知识人实践《朱子家礼》中的丧祭礼，其理论依据即来自儒家的生命连续、视死如生的生命论、生死论等思想内蕴。以此观之，近世日本知识人有关《朱子家礼》的思想实践，成为探讨儒礼主题思想的重要线索。

还有第二章，作者由崎门派的实践性言论所集中的三大问题的探讨上，高屋建瓴地指出崎门派颇具宗教色彩的生死观与鬼神观。"事死如事生"是儒教的丧祭礼中重要的关键词。死是生的延续，对父母生前的侍奉到死后转变为对鬼神的祭祀。丧祭礼满足人们的心理需求，可理解为具有宗教性的一面。作者由此指出，日本的儒学多被指出缺乏宗教性，但是崎门派的宗教意识很是值得关注。崎门派的生死观体现在安葬父母的葬礼和日常生活里祭祀祖先的活动中。这些丧祭礼是子孙的"义务"。子孙尽敬诚之心来祭祀，祖先的神灵（鬼神）自然会汇集于祠堂，达到互相"感格"的境地。絅斋他们不是停留在语言层面上理解朱子学，而是重在生活中践行朱子学的礼，进而继承了《朱子家礼》，他们敢于与现实社会中普遍流行的佛式葬祭相对抗（与人们普遍的宗教意识相对立），汲取朱子的"真意"、钻研《朱子家礼》，以明示丧祭礼本应有的样子。

再如第三章，作者紧扣浅见絅斋对《朱子家礼》的诠释及实践，包括丧祭礼书的编撰和具体礼仪的实践，顺理成章地探讨了浅见絅斋在家礼实践中的礼俗观。礼为了实践而存在，在日常生活中如不实行便也失去礼的存在价值。絅斋从正面接受了具有此特性的《朱子家礼》，致力于社会生活中的实践。否定"火葬"和"异姓养子"。在絅斋看来，礼与俗并非两相对立。他完全认同《朱子家礼》所体现的本旨精神的普遍性和正当性，却也同时认为具体的礼节、器物应以日本的风俗习惯为前提，从中加以权衡和设法。这是力求与世俗调和以践行《朱子家礼》的精神。一如作者所言：

"浅见絅斋强烈意识到日本与中国之自他社会原理的歧异,这一点从他的礼俗观可以看得出来。絅斋曾说过'朱子若生于日本,一定也是这么做'之类的话,所以他设计了可行之于日本社会、且符合《家礼》礼意的仪式器物。为了能够将丧祭礼落实于日本社会,他认为这么做是最合适的方法。这个方法可以说是努力调和'俗'以实践'礼'的方法。"①

第二,历时性地比较分析了近世日本知识人在儒礼实践上的同与异。

作者通过科学的分析与梳理,把近世日本知识人在儒礼实践上的代表主要归纳为以下四大类:熊泽蕃山、崎门派、水户学、怀德堂。该书结合详实具体的史料文献,以《朱子家礼》为坐标,既历时性地阐释了这些儒者在儒礼实践上对《朱子家礼》的传承、变通与发展,又共时性地比较了他们在思想与实践上的差异。这种视角与方法,并不是重构思想论述的思想史,而是动态地揭示了近世日本社会中儒礼实践的多样形态与思想指向,为广大读者进一步研究日本近世社会中儒教所具有的多义性指明了方向。

比如第四章在论及水户藩的儒礼实践时,该书在前面第二、三章及此章的文献资料、实践记载的基础上,明确地指出水户藩与崎门派在继承《家礼》方面存在的差异。具体而言,水户藩不仅根据《家礼》,更采用同时代的明朝文物以建立一藩国的体制;而崎门派则完全秉持《家礼》本文和朱子的思想学说治礼的立场,并且公开拒斥后世明儒的学说。

亦如文中所言:"总而言之,近世日本知识人对于朱子《家礼》的看法、接受程度虽不尽相同,但都无法否认其向世人揭示行礼典范的价值,而且对于儒家传统礼仪都心向往之,向儒家的礼乐文明效法,在各自的生命和思想中做出他们的回应。"②

第三,敢于颠覆传统,挑战权威,提出新见解,展示新视角。

诸如,第一章里,针对学术界一直以来都毫无批判地将《葬祭辩论》一书视作为熊泽蕃山的著作一说,作者参照村田荣三郎所做的考察与辨析,更主要的是加上他本人对该书内容的追本溯源及具体礼仪的分析推断,认为《葬祭辩论》一书的作者有待进一步的商榷:"如同前面所分析的,实有

---

① 田世民:《近世日本儒礼实践的研究——以儒家知识人对〈朱子家礼〉的思想实践为中心》,台北:台湾大学出版中心,2012,第122页。
② 田世民:《近世日本儒礼实践的研究——以儒家知识人对〈朱子家礼〉的思想实践为中心》,台北:台湾大学出版中心,2012,第265页。

必要对蕃山著作说重新进行检讨"①，并声称这本书"是近世前期以儒家立场批判火葬的代表之作"②，且是致力于忠实继承与践行《朱子家礼》的崎门派的重要参考书目，"《葬祭辩论》不应仅视其为佛教葬祭和火葬的批判书，如本文开头所述，这本书在理解崎门学者的言论上扮演了桥梁的角色，起到了衔接的作用"③。作者的这种不人云亦云的批判精神，不仅颠覆了传统儒学遵从权威的认知，也为学界后人树立了严谨科学的探究榜样，实属难能可贵。

另外，该书还能超越学界较多关注儒礼思想如何影响日本的理论研究，而着重从儒礼实践的独特视角去系统探讨《家礼》在近世日本的接受与践行，这也是作者新观念、新视角、新见解的具体展示。

第四，文献资料详实充分，分析阐释系统科学。

全书每一章的文献资料都相当充实丰富，为作者的理论建立了牢固的支撑。

比如第四章"水户藩的儒礼实践"，作者仔细调查、梳理了日本各地所藏的《丧祭仪略》文本。作者分门别类地将这些文本分作为 AB 两个系统七种版本（A 系统 4 种、B 系统 3 种），通过细致地分析梳理，指出 A 系统和 B 系统各自的特征及差别：A 系统的内容较为简略，而 B 系统附有"伊藤兼山葬仪"④ 等内容；A 系统的内容接近 1666 年原颁行本，B 系统附有 1714 年之伊藤兼山葬仪的记录，成立时间晚于 A 系统；A 系统都附有"明制坟墓图"，但 B 系统没有。作者在诸本《丧祭仪略》的分析阐释后得出结论：水户藩在实践儒礼时积极采纳明朝有关丧祭礼仪的文化。"题点"仪、以及

---

① 田世民：《近世日本儒礼实践的研究——以儒家知识人对〈朱子家礼〉的思想实践为中心》，台北：台湾大学出版中心，2012，第 55 页。
② 田世民：《近世日本儒礼实践的研究——以儒家知识人对〈朱子家礼〉的思想实践为中心》，台北：台湾大学出版中心，2012，第 54 页。
③ 田世民：《近世日本儒礼实践的研究——以儒家知识人对〈朱子家礼〉的思想实践为中心》，台北：台湾大学出版中心，2012，第 54 页。
④ 伊藤兼山担任过水户藩"执政"要职，在藩内的众家臣中可以算是领导性的人物。根据二代藩主德川光圀的葬仪记录，兼山在光圀的葬仪时，其见识和能力受到肯定，被任命为葬地总执事，指挥上下。于 1714 年 5 月 20 日辞世。值此伊藤兼山执政的葬仪，必定在藩士和众家臣的协力之下慎终举行。"伊藤兼山葬仪"是对《丧祭仪略》付诸应用和实践。《丧祭仪略》本身对葬仪之仪式的记述较为简略，兼山的葬仪记录等于是补足了仪节细目等说明的部分，在水户藩内具有典范性的意义。（出自田世民《近世日本儒礼实践的研究——以儒家知识人对〈朱子家礼〉的思想实践为中心》，台北：台湾大学出版中心，2012，第 139 页。）

依吉凶礼区分使用奇偶数,这些都是传统礼书所不具载的明朝习俗。这种建构在第一手抄本史料之上的梳理与分析为读者在资料的整理与认知上也提供了明确而可行的方略。

再如第三章之后的"附表"内容,作者将《家礼》《丧祭小记》《家礼训蒙疏》三种文献分别在文书、通礼、冠礼、婚礼、丧礼、祭礼方面的不同要求一一列表,既展示了它们在法式、器物、礼节上的特点,又能令读者一目了然,尽收眼底。这些层面不仅充分体现了作者收集文献的广博,更再现了作者梳理解读文献资料的深厚功底。一如辻本雅史教授在序中所言:"在从事这项研究时,并不限于容易入手的已出版文献,而着手调查、发掘稿本和抄本等私人文书的第一手史料,并进行解读的工作。"①

当然,人无完人,金无足赤,该书也有不足之处。作为探讨近世日本儒礼思想实践的著作,该书不仅要罗列践行《家礼》实践的具体环节,以阐释其蕴含的儒礼思想,还应该探究日本近世儒礼实践的本土化过程所吸纳融合的本土思想文化的成分,比如神道的丧祭礼和神道思想的影响份额等。尽管该书也有所涉及,但不够充分。然而,瑕不掩瑜,且这种相对的薄弱正为学界在此方面的进一步深挖提供了明示,以引导学界持续深入的关注。

综上所述,该书以近世日本的儒家知识人对于儒教礼仪规范之书《朱子家礼》的接受方式及多样形态为研究对象,以详实可靠的文献资料为支撑,以儒家知识人在儒礼中的丧葬礼仪的实践为依据,全方位地展示了近世日本儒家知识人对儒礼的接受与实践的多样形态,进而剖析了构成这种理论与实践百态的内在缘由及思想意义。一如辻本雅史先生在序中所言:"本书的目的即是阐明近世儒家知识人在接受《文公家礼》(《朱子家礼》)时所呈现的多样实态。其中,在厘清知识人在面对有关丧祭礼的思想课题所呈现的多样思想面向这一点上,揭示了重大的成果。"②

不仅如此,该书的研究视野并不仅仅局限于日本思想史研究,还强调《家礼》是东亚儒教圈所共有的儒礼生活的实践文本,并将关注的视野延伸至朝鲜及东南亚儒家知识人的立场。可以说,这部颇具学术广度和深度的

---

① 田世民:《近世日本儒礼实践的研究——以儒家知识人对〈朱子家礼〉的思想实践为中心》,台北:台湾大学出版中心,2012,第12页。
② 田世民:《近世日本儒礼实践的研究——以儒家知识人对〈朱子家礼〉的思想实践为中心》,台北:台湾大学出版中心,2012,第12页。

厚重之书，不仅实现了超越"一国思想史"的研究目标，也成为中华传统文化海外传播研究的崭新坐标，更是彰显了优秀的中华传统文化经久不衰、惠及全人类的自信与魅力。

The Acceptance and Practice of Zhu Zi's Family Rituals in Pre-Modern Japan
—A Review of Tian Shimin's Research on the Practice of Confucian Ritualism in Pre-Modern Japan

Abstract: Tian Shimin's book "Research on the Practice of Confucian Ritualism in pre-modern Japan-Centered on the Thought and Practice of Confucian Intellectuals on Zhu Zi's *Family Rituals* is based on the Confucian intellectuals in modern Japan about the book Zhu Zi's *Family Rituals*, a book on Confucian etiquette norms. Reception methods and various forms are the research objects, supported by detailed and reliable literature, and extracts profound ideological connotations from the practice of Confucian rituals, especially the appearance of funeral and ritual, and diachronically analyzes the Confucianism of Japanese intellectuals in pre-modern period. The similarities and differences in funeral and ritual fully demonstrate the influence and vitality of the overseas dissemination of Chinese traditional culture. At the same time, the book also reflects the author's innovative spirit of daring to subvert tradition, challenge authority, and propose new insights.

Keywords: Practice of Confucian Ritualism; Zhu Zi's *Family Rituals*; Pre-Modern Japan; Funeral and Ritual; Innovation

《日本学研究》征稿说明

1. 《日本学研究》是由"北京日本学研究中心"与"教育部国别和区域研究基地——北京外国语大学日本研究中心"共同主办的综合性日本学研究学术刊物（半年刊、国内外发行），宗旨为反映我国日本学研究以及国别和区域研究最新研究成果，促进中国日本学研究的进一步发展。本刊于2021年入选为 CSSCI 收录集刊。

2. 本刊常设栏目有：特别约稿、热点问题、国别和区域、日本语言与教育、日本文学与文化、日本社会与经济、海外日本学、书评等。

3. 来稿要求和注意事项

（1）来稿要重点突出，条理分明，论据充分，资料翔实、可靠，图表清晰，文字简练，用中文书写（请按照国务院公布的《简化字总表》书写，如果使用特殊文字和造字，请在单独文档中使用比原稿稍大的字体，并另附样字）的原创稿件。除特约稿件外，每篇稿件字数（包括图、表）应控制在 8000～12000 字为宜。

（2）来稿须提供：①一式两份电子版论文（word 版 + PDF 版）、②文题页、③原创性声明（可在北京日本学研究中心官方网站 http://bjryzx.bfsu.edu.cn/下载），所有文档通过电子邮件发送至本刊编辑部邮箱（rbxyjtg@163.com）。

（3）论文内容须包括：题目（中英文）、内容摘要（中英文）、关键词（中英文）、正文、注释（本刊不单列参考文献，请以注释形式体现参考文献）。可在北京日本学研究中心官方网站（http://bjryzx.bfsu.edu.cn/）下载样稿，并严格按照撰写体例要求撰写。

（4）文题页须包括：论文的中英文题目、中英文摘要（约200字）、中英文关键词（3～5个）、作者信息（姓名、单位、研究方向、职称、电子邮箱、手机号码及通信地址等）、项目信息。

（5）来稿电子版论文中请隐去作者姓名及其他有关作者的信息（包括"拙稿""拙著"等字样）。

（6）论文中所引用的文字内容和出处请务必认真查校。引文出处或者说明性的注释，请采用脚注，置于每页下。

4. 本刊所登稿件，不代表编辑部观点，文责自负。不接受一稿多投，本刊可视情况对文章进行压缩、删改，作者如不同意请在来稿中声明。

5. 本刊采用双向匿名审稿制，收到稿件后3个月内向作者反馈审稿结果，3个月后稿件可另作他投。

6. 来稿一经刊登，每篇文章将向作者寄赠样刊2册，不支付稿酬。

投稿邮箱：rbxyjtg@163.com
咨询电话：（010）88816584
通信地址：邮政编码100089
中国北京市西三环北路2号 北京外国语大学216信箱
北京日本学研究中心《日本学研究》编辑部（收）

《日本学研究》稿件撰写体例要求

1. 稿件用字要规范，标点要正确（符号要占1格），物理单位和符号要符合国家标准和国际标准，外文字母及符号必须分清大、小写，正、斜体，黑、白体；上、下角的字母、数码、符号必须明显。各级标题层次一般可采用一、1、(1)，不宜用①。

2. 字体、字号、页面字数要求：

(1) 关于字体，中文请采用宋体、日文请采用明朝、英文请采用 Times New Roman 字体撰写。

(2) 关于字号，论文题目请采用14号字、正文请采用11号字、正文中标题请采用12号字、英文摘要和关键字请采用9号字撰写。

(3) 关于页面字数，每页请按照39字×44行撰写。

3. 参考文献具体格式请按照以下规范撰写。

【专著】〔国籍〕作者：书名，出版社，出版年，参考部分起止页码。

章宜华：《二语习得与学习词典研究》，商务印书馆，2015，第1~15页。

〔日〕日原利国：『春秋公羊伝の研究』，東京：創文社，1976，第17頁。

Halliday M. A. K. *An Introduction to Functional Grammar* (2nd edition), London: Edward Arnold, 1994, pp. 24 – 25.

【期刊】〔国籍〕作者：文章名，期刊名，卷号（期号），出版年。

沈家煊：《语言的"主观性"与"主观化"》，《外语教学与研究》2001年第4期。

〔日〕服部良子：「労働レジームと家族的責任」，『家族社会学研究』2015年第2期。

Ono Hiroshi, "Who Goes to Colledge? Features of Institutional Tracking in Japanese Higher Education," *American Journal of Education* 109 (2), 2001.

【报纸】〔国籍〕作者：文章名，报纸名，刊行日期。

刘江永：《野田外交往哪里摇摆？》，《人民日报（海外版）》2011年10

月 22 日。

〔日〕丸岡秀子：困難な"家ぐるみ離農"，『朝日新聞』1960 年 9 月 11 日付。

【学位论文】〔国籍〕作者：题目，授予单位，授予年。

王华：《源氏物语的佛教思想》，山东大学博士学位论文，2009。

〔日〕久保田一充：『日本語の出来事名詞とその構文』，名古屋：名古屋大学，2013。

【译著】〔国籍〕作者：书名，译者，出版社，出版年，参考部分起止页码。

〔德〕胡塞尔：《现象学的观念》，倪梁康译，上海译文出版社，1987，第 29 页。

【网络电子文献】〔国籍〕作者：题目，引用网页，日期。

北京日本学研究中心：《日本学研究》征稿说明，https://bjryzx.bfsu.edu.cn/publisher1.html，2021 年 6 月 10 日。

注：外国出版社或学位授与单位请注明所在地名。中国出版社或学位授与单位所在地可省略。

4. 初校由作者进行校对。在初校过程中，原则上不接受除笔误以外的大幅修改。

《日本学研究》编辑委员会
2021 年 6 月 10 日修订

图书在版编目(CIP)数据

日本学研究. 第 33 辑 / 郭连友主编. -- 北京：社会科学文献出版社，2022.12
ISBN 978 - 7 - 5228 - 0935 - 9

Ⅰ.①日… Ⅱ.①郭… Ⅲ.①日本 - 研究 - 丛刊 Ⅳ.①K313.07

中国版本图书馆 CIP 数据核字（2022）第 195837 号

日本学研究　第 33 辑

主　　编 / 郭连友

出 版 人 / 王利民
责任编辑 / 卫　羚
责任印制 / 王京美

出　　版 / 社会科学文献出版社·人文分社（010）59367215
　　　　　地址：北京市北三环中路甲 29 号院华龙大厦　邮编：100029
　　　　　网址：www.ssap.com.cn

发　　行 / 社会科学文献出版社（010）59367028
印　　装 / 三河市龙林印务有限公司

规　　格 / 开　本：787mm × 1092mm　1/16
　　　　　印　张：16　字　数：262 千字

版　　次 / 2022 年 12 月第 1 版　2022 年 12 月第 1 次印刷
书　　号 / ISBN 978 - 7 - 5228 - 0935 - 9
定　　价 / 128.00 元

读者服务电话：4008918866

版权所有 翻印必究